中山間地域の「買い物弱者」を支える

移動販売・買い物代行・送迎バス・店舗設置

関 満博

新評論

はじめに

　私が中山間地域に意識的に入り始めたのは2000年夏の頃からであった。すでに16年を重ねる。それまでは、モノづくり産業を中心に大都市、企業城下町、特定生産物産地などを訪れていたのだが、岩手県北上山中で農産物加工所というものに出会い、地域経済社会問題の中に「中山間地域問題」というものがあることを知った。以来、活動の主たる範囲を中山間地域と見定め、島根県、高知県、鹿児島県、大分県、富山県、栃木県、岩手県等に通う日々を重ねてきた。
　当初の関心は農産物加工、農産物直売所、農村レストランであり、日本の中山間地域、農山村地域が新たなうねりを引き起こしていることに関心を惹きつけられた。その後、中山間地域農業そのものにも惹き込まれ、中国山地や富山の集落営農、また、東北や鹿児島で起こり始めていた大規模受託経営の現場などにも通う日々が続いた。

　そのような歩みを重ねていると、中山間地域の小さな集落で不思議な思いをさせられることが多かった。人口が大幅に減少した山間の大字というべき地区で、古老から「このあたりには、以前は商店が数十軒並び、パチンコ屋、映画館、呉服屋、旅館まであった」と聞かされたが、そこには草むした空間しか残っていなかった。「このような場所に映画館」とは信じ難い気分にさせられたが、そのような話は各地で聞かされた。そして、残された人びと、その多くは高齢の方ばかりであったが、食料品の買い出しなどはどうしているのか気になった。「食べ物はなんとかなっている」と聞かされる場合が多かった。その頃は、今ほどの高齢化は進んでおらず、なんとかなっていたのかもしれない。
　そのような経験を重ねていくうちに、中山間地域の小学校区である大字ほどの地域で人口減少が進むと、数十軒とされた商店街は次第に商店が減少し、最後には「酒店」とお客の来るときだけ開ける高齢女性による「理容店」だけになってしまうことが痛感された。そして、それも消え去り、地区には商店が一つもなくなっていく。その少し前には食料品店が閉鎖され、「買い物問題」が

浮かび上がってきていた。特に、2000年代中頃からは最後の拠り所とされていたJAの店舗が閉鎖され、問題は一気に浮上していった。高齢化のいっそうの進展と店舗の閉鎖が、問題の厳しさを浮き彫りにしてきたのであった。

　2011年3月11日の東日本大震災、岩手県、宮城県、福島県の沿岸地域は津波により市街地は流失した。残された人びとは高台の避難所、仮設住宅に入居していった。当初は、支援物資が届いたものの、その多くはレトルト食品であり、しばらくすると、とても耐えられなくなっていく。牛乳、パン、納豆、豆腐等の日配品、さらに生鮮野菜、鮮魚、精肉が欲しくなっていく。当初、これらについては、被災した地元で育ったスーパーが果敢に盛岡、仙台に調達に走り、被災数日後から青空市を開催していく場合が少なくなかった。そして、その青空市の開催を高台の避難所に伝えに行くと、避難している人びとからは「足（クルマ）がなくて行けない。こっちに来てくれ」と要請される。それに対し、スーパー側は移動販売にも踏み込んでいった。
　被災からの復旧は、地元スーパーの青空市、移動販売、そして仮設店舗と進んでいった。そして、しばらく経つと、広大な空間となっていた津波浸水域では仮設の店舗の建設が始まっていく。そのいずれの被災地域でも、食料品店に次いで仮設店舗で開始されるのは、「理・美容店」であったことは新たな発見であった。少しお腹が収まると、次は身だしなみということかもしれない。さらに、地方においては、理・美容店は人びとのコミュニケーションの場でもあった。仮設の理・美容店からは笑い声が絶えなかった。それからしばらくしてから、飲食店、菓子屋、パン屋、日用品店が仮設で再開されていった。
　被災から四年以上過ぎた宮城県南三陸町、津波被災地の嵩上げ工事が進み、高台では病院の建設も進められている。だが、高台の仮設住宅に暮らす人びとは、「病院よりも、なにより食品スーパーが欲しい」と語っているのであった。
　人口減少が急激に進み商店が閉鎖されていく中山間地域と、これから立ち上がろうとしている巨大津波の被災地は、向かっていくベクトルは異なるが、人びとの暮らし、買い物という点からすると、折り重なる部分がある。いずれにおいても、食料品調達が最大の課題であり、また、中山間地域でほぼ最後まで

残り、あるいは、津波被災地などで食料品店に続いて再開されるのは「理・美容店」であった。この点、被災地には時間がかかろうとも事態が改善されていく可能性はあるが、中山間地域の場合には、そのような期待をすることは現実的ではない。中山間地域では、人口減少と高齢化の中で事態はますます難しい方向に向かっていくようにみえる。

　このような状況の中で、2008年に刊行された『買物難民』（杉田聡、大月書店）は、この問題に大きく光を当てるものであり、各方面で関心が一気に高まっていった。国においても「地域生活インフラを支える流通のあり方研究会」が組織され、『報告書』（経済産業省、2010年5月）が公刊された。さらに、研究者からは「フードデザート（食の砂漠）」問題（岩間信之『フードデザート問題』農林統計協会、2011年）も提起されていく。そして、2014年春に提出された「地方創成会議」による「ストップ少子化・地方元気戦略」の問題提起、その後の増田寛也氏による『地方消滅』（中公新書、2014年）は、人口減少、高齢化の進展の中で、特に条件不利地域における社会と暮らしのあり方を問うものであり、人びとに大きなインパクトを与えた。

　そして、このような問題に「現場」はどのように対応しているのかに関心を移していくと、各地で実に多様な取り組みを重ねていることを知ることができる。伝統的な移動販売が人びとの生命線になっているケース、新たに買い物代行や配食サービスに踏み込んでいるケース、送迎バスを出している食品スーパー、さらには100年以上前から住民自治組織が共同売店を設置してきた沖縄のケースなどを知ることができる。この問題は今に始まったことではなく、地元の英知の結集により、各地で深く取り組まれてきていたのであった。そして、その担い手は、住民組織、地元の食品店・食品スーパー、商工会などの経済団体、社会福祉協議会、生協、さらに、新たなNPOなどであった。

　ただし、いずれにおいても、急角度に進む人口減少、高齢化の中で事業採算性は難しいものになり、また、担い手の高齢化も進んでいる。「現場」からは、資金的な困難、後継者難が語られてくる。100年も続く沖縄の辺境の共同売店の年配の女性店長からは人口減少し高齢化が著しいことを背景に「経営が厳し

く、ほとんどボランティア。この集落には店はここだけ。やめるわけにはいかない。」「地元の区の幹部に『どうするねん』と尋ねると、誰も応えず『沈黙が拡がる』」と語っていた。

　他方、明らかに赤字でありながらも、無料送迎バスを9路線も展開している秋田県最奥の地方スーパーマルシメの若き経営者は、「地域に育てられたことへの恩返し」「店売りだけではなく、地域のあらゆることに対応していくことが必要」と語っているのであった。

　このように、条件不利地域の「買い物」は、古くからの問題であり、そして、人口減少、高齢化が急角度に進んでいる現在、一気に拡がりのある問題として注目されるようになってきた。中山間地域の問題に関わり始めて16年、そのわずか16年の中でも、この問題の重要性を痛感させられたのはこの5〜6年のことである。それだけ、中山間地域などの条件不利地域で人口減少、高齢化が際立ってきたということであろう。

　そのような意味で、本書はこの問題に対する研究の予備的なものに過ぎず、全国の取り組みの中から問題を象徴的に示しているケースを採り上げ、その意味するもの、今後の課題を明示し、この問題に対する議論を深め、さらに具体的な取り組みを進めていくための基礎的条件を提示することを目的とした。これらの「現場」では「音を立てて」人口が減少している。住み慣れた地域で、人びとが「普通の生活」をおくっていくためのあり方が問われているのである。

　なお、本書を作成するにあたっては、実に多くの方々の支援を得ている。全国の各方面の方々から情報をいただき、現地の案内もしていただいた。その数はあまりにも多く、お名前を上げないが、ここで深く感謝を申し上げたい。また、いつものように編集に携わっていただいた新評論の山田洋氏、吉住亜矢さんに、深くお礼を申し上げたい。まことにありがとうございました。

2015年9月

関　満博

目　次

　　はじめに …………………………………………………………………… 1

序章　人口減少、高齢化と中山間地域における「買い物弱者」……15

　　1．人口減少、高齢社会と事業所数の減少 ……………………………15
　　2．「買い物弱者」問題の構図と取り組み――本書の構成――………19

第Ⅰ部　中山間地域の移動販売、買い物代行、バス送迎

第1章　大分県佐伯市／買い物弱者を支える多様な展開
　　　　　買い物代行、配食サービス、移動販売、出張美容室 …………30

　　1．佐伯市番匠商工会による〈買い物代行〉…………………………32
　　2．NPOと飲食店による〈配食サービス〉……………………………39
　　3．個人営業のバス型移動販売（ママサン号）………………………42
　　4．中山間地域を走る出張美容室（やすらぎの山中家）……………47
　　5．縮小時代の中山間地域と移動販売 …………………………………51

第2章　高知県土佐市／30年にもわたるバス型移動販売
　　　　　地元スーパーのサンプラザとハッピーライナー号の展開 ……58

　　1．移動販売の輪郭 ………………………………………………………59
　　2．サンプラザと移動販売の展開 ………………………………………62
　　3．ハッピーライナーの仕組みと現状 …………………………………65
　　4．持続性のある事業に向けて …………………………………………73

5

第3章 鳥取県日野町・江府町／山間地の閉鎖店舗を引き継ぎ、移動販売店舗5店、移動販売車5台を展開（安達商事）……76

1. 店舗を引き継ぎ、移動販売を展開 ……76
   - (1) 日野町、江府町の事情 ……77
   - (2) 5店舗を引き継ぎ、移動販売を積極化 ……82
2. 最後の1マイルの移動販売から、地域の安心・安全まで ……86
3. ひまわり号に同乗して ……90
4. どのように継続していくか ……94

第4章 秋田県横手市／無料送迎バスを運行する地元スーパー 山間地に9路線を展開（マルシメ）……97

1. 条件不利の秋田県横手市 ……97
2. 地元貢献を深く意識するマルシメとスーパーモールラッキー …… 104
3. 無料シャトルバスの運行 …… 108
4. 無料シャトルバス事業の成果と課題 …… 113

第5章 岩手県西和賀町／社協、スーパー、ヤマト運輸が連携する買い物支援 買い物代行と見守り（まごころ宅急便）…… 119

1. 急角度の人口減少、高齢化が進む西和賀町 …… 119
2. 「まごころ宅急便」の始まり …… 121
3. 「まごころ宅急便」の仕組み …… 128
4. 「まごころ宅急便」からの拡がり …… 135

第6章 北海道札幌市／店舗、宅配に加え、移動販売車75台を展開 北海道全域を視野に入れる（コープさっぽろ）…… 138

1. コープさっぽろの歩みと事業の輪郭 …… 144
2. 移動販売車「おまかせ便カケル」の展開 …… 149
3. 発祥の地「夕張」での展開 …… 155

(1) 人口激減の夕張市 …………………………………………… 156
　　(2) 夕張の炭住を行く …………………………………………… 160
　4．人口減少、高齢化における宅配と移動販売 …………………… 164

第Ⅱ部　中山間地域に店舗を展開

第7章　宮城県丸森町大張地区／住民出資の共同売店を展開
食料品店が閉鎖、商工会主体にスタート（大張物産センターなんでもや） ……………………………………………………………… 170

　1．大張物産センターなんでもやの設立 ……………………………… 170
　2．進化するなんでもや ………………………………………………… 175
　3．人口減少、高齢化の進む中でのなんでもや ……………………… 180

第8章　岩手県北上市口内町／共同売店化する農産物直売所とJA売店跡の再開
人口減の旧町の仕事と暮らしを支える（あぐり夢くちない、店っこくちない） ……………………………………………………… 184

　1．口内町と農林産物直売所（あぐり夢くちない） ………………… 185
　2．まちづくりに向かうNPO法人くちない ………………………… 192
　3．人口減少、高齢化の中山間地域の暮らしの支援 ………………… 195

第9章　島根県美郷町／閉鎖されたミニスーパーを商工会有志で復活
調剤薬局を組み合わせる新たな取り組み（産直みさと市）… 200

　1．50年で人口が3分の1になった島根県美郷町 …………………… 201
　　(1) 急激な人口減少と高齢化の進展 ……………………………… 202
　　(2) 美郷町の事業所の急激な減少 ………………………………… 206
　2．美郷町商工会と「産直みさと市」の展開 ………………………… 210
　3．新たな可能性に向かう取り組み …………………………………… 218

第10章 沖縄県／100年の歴史を重ねる共同売店
人びとの暮らしを支える仕組みと課題 ……………… 221

1．奥共同店にみる共同売店の成立と発展 ……………………… 222
　（1）本島最北の国頭村奥区で成立 …………………………… 224
　（2）地区の産業拠点として機能 ……………………………… 227
　（3）売店、ガソリンスタンド、製茶工場が残る現在 ……… 230
2．沖縄の地域条件と共同売店の展開 …………………………… 234
　（1）本島北部（山原）の地域条件と人口減少 ……………… 235
　（2）共同売店の機能と新たな分解の方向
　　　──直営、請負、個人商店化、閉鎖に分化・再編 …… 239
　（3）沖縄の辺境で続く共同売店
　　　──本島北部と離島 ………………………………………… 242
3．辺境の高齢者を支える共同売店 ……………………………… 245
　（1）本島の辺境、北部東海岸に立地
　　　──高齢化した地区唯一の店として残る（国頭村／楚洲共同店）……… 246
　（2）本島北部中心都市の名護市東海岸の辺境に立地
　　　──高齢者のみの地区に残る（名護市［旧久志村］／嘉陽共同店）…… 251
　（3）いったん閉鎖し、区所有の直営で再開した売店
　　　──地区に必要なものとして再認識（東村／川田区売店）……………… 254
4．新たな地域条件の下での模索 ………………………………… 259
　（1）本島北西部に残り、高齢者を支える
　　　──量販、コンビニとは別の世界を形成（喜如嘉共同店）…………… 260
　（2）リゾート開発が進む中の共同売店
　　　──新たな環境条件にどのように向き合うか（東村／慶佐次共同売店）…… 265
　（3）都市化が進む本島中部西海岸の共同売店──ミニスーパー化して存続
　　　（恩納村／恩納共同組合［共同売店］）……………………… 270
5．沖縄共同売店の意義と未来 …………………………………… 273

| 補論 | 各地の多様な取り組み |

1 島根県雲南市（旧掛合町）／集落に唯一残った商店が1996年から移動販売
　中山間地域の高齢者を週1回訪れる（泉商店）………………………… 287
2 島根県松江市／ほっかほっか亭から食品加工、配食・買い物代行サービスへ
　故郷の活性化を目指す社会企業家（モルツウェル）…………………… 292
3 福島県相馬市／朝市とリヤカー「海援隊」を展開
　最後の1人まで支援したい（相馬はらがま朝市クラブ）……………… 297
4 高知県四万十市（旧西土佐村）／地区唯一のJA店を引き継ぐ
　住民が出資する株式会社（大宮産業）…………………………………… 304
5 島根県松江市（旧鹿島町）／閉鎖されるJA店を引き受ける
　過疎の漁村で雇用とサービスを提供（マルコウ、まるちゃんストア）…… 309
6 岡山県赤磐市仁美地区／高齢者ボランティアが店舗と配達
　「年金をもらっている」人びとの取り組み（まちづくり夢百笑）………… 315
7 島根県雲南市（旧掛合町）／廃校に住民組織がマイクロスーパーを開店
　ボランタリーチェーンに加入する（はたマーケット）………………… 322
8 北海道／地元最有力コンビニチェーンが過疎地に進出
　最後の500mまで来ている（セイコーマート）………………………… 328
9 島根県美郷町（旧邑智町）／山間地集落のデマンド交通の取り組み
　地元NPOが住民をワゴンで有償輸送（別府安心ネット）…………… 335
10 島根県吉賀町／山間地でデマンドバスを運行
　通学と通院を意識した展開（吉賀町バス）……………………………… 342

| 終章 | 条件不利地域の暮らしを支える | ……………………………… 351

1．買い物弱者を支える「方式」と「担い手」……………………………… 351
2．中山間地域と買い物弱者問題を追い求めて——あとがきにかえて……… 358

本書の初出等について

　本書の各章の多くはすでに公表された論文である。ただし、表現上の統一と重複をできるだけ避けるために、大幅な加筆、修正等を行った。また、売上額、従業員数、肩書等は、特に必要のない限り、発表時のまま利用した。なお、各章の初出誌は以下のとおりである。

序　章　書き下ろし
第1章　「中山間地域の買い物弱者と移動販売―大分県佐伯市の多様な取り組み」(『商工金融』第64巻第11号、2014年11月)
第2章　「中山間地域の買い物弱者を支えるバス型移動販売―高知県土佐市のサンプラザとハッピーライナー号の展開」(『日経研月報』第439号、2015年1月)
第3章　「鳥取県の山間地で閉鎖店舗を引き継ぎ、移動販売―店舗5店、移動販売車5台を展開(安達商事)」(『日経研月報』第447号、2015年9月)
第4章　「中山間地域に無料送迎バスを運行する地元スーパー―秋田県横手市で9路線を展開『マルシメ』」(『日経研月報』第442号、2015年4月)
第5章　「社協、スーパー、ヤマト運輸が連携する買い物支援―岩手県西和賀町の買い物代行と見守り」(『日経研月報』第444号、2015年6月)
第6章　「店舗、宅配に加え、移動販売車75台を展開―北海道全域を視野に入れる(コープさっぽろ)」(『日経研月報』第448号、2015年10月)
第7章　「中山間地域で住民出資の共同売店を展開―宮城県丸森町の『大張物産センターなんでもや』」(『日経研月報』第440号、2015年2月)
第8章　「共同売店化する農産物直売所とJA売店跡の再開―岩手県北上市口内町の『あぐり夢くちない、店っこくちない』」(『日経研月報』第443号、2015年5月)
第9章　「中国山地最奥の町で商工会が閉店スーパーを復活―島根県美郷町で調剤薬局を組み合わせる『産直みさと市』」(『日経研月報』第446号、2015年8月)
第10章　書き下ろし
補論－1　「島根県雲南市(旧掛合町)集落唯一の商店が19年前から移動販売―30軒の高齢者を週1回訪れる(泉商店)」(『月刊「商工会」』第664号、2014年11月)
　　　2　「島根県松江市 弁当屋から買い物弱者の食生活を応援へ―故郷の活性化を目指す社会企業家〈モルツウェル〉」(『月刊「商工会」』第670号、2015年4月)
　　　3　「福島県相馬市／朝市とリヤカー『海援隊』を展開―最後の一人まで支援したい(相馬はらがま朝市クラブ)」(関満博編『震災復興と地域産業 6 復興を支えるNPO、社会企業家』新評論、2015年、第13章)

4 「地区がJA出張所のスーパーとスタンドを引き継ぐ―高知県四万十市／株式会社大宮産業の展開」(『地域開発』第556号、2011年1月)
5 「島根県松江市（旧鹿島町）閉鎖されるJAミニスーパーを引き受ける―過疎の漁村で加工企業が幅広く展開『マルコウ、まるちゃんストア』」(『月刊「商工会」』第647号、2013年6月)
6 「岡山県赤磐市（旧吉井町）高齢者ボランティアが店舗と配達―『年金をもらっている』人びとの取り組み〈まちづくり夢百笑〉」(『月刊「商工会」』第674号、2015年9月)
7 「島根県雲南市（旧掛合町）廃校に住民組織がマイクロスーパーを開店―ボランタリーチェーンに加入する〈はたマーケット〉」(『月刊「商工会」』第671号、2015年6月)
8 書き下ろし
9 「山間地集落の過疎地・福祉有償運送の取り組み―島根県美郷町のNPOが住民をワゴンで運ぶ（別府安心ネット）」(『地域開発』第604号、2015年4・5月)
10 「山間地でデマンドバスを運行―通学と通院を意識した展開（島根県吉賀町）」(『地域開発』第605号、2015年8・9月)

終　章　書き下ろし

中山間地域の「買い物弱者」を支える
―― 移動販売・買い物代行・送迎バス・店舗設置 ――

関　満博

序章 人口減少、高齢化と中山間地域における「買い物弱者」

　2010年を前に日本の総人口は減少局面に入ってきたが、地方圏ではすでに30年ほど前から人口減少過程に入っているところが少なくない。地方で人口減少過程に入ると何が起こるのか。まず、小学校が統廃合され、次に中学校、そして、高校も統廃合されていく。この10年ほどの間に全国で約5000の小中学校が姿を消した。この小中学校の統廃合は、地元の人びとへの心理的な影響がかなり大きいとされている。

　そして、これと同時に起こるのが高齢者（老年人口、65歳以上人口）数の増加となる。人口減少の中で高齢者数が増加することから、高齢化率が急激に上昇する。いわば「高齢化の第1段階＝前期高齢地域社会」となる。日本の地方圏の多くはこの段階にある。特に、日本の特殊事情として、いわゆる団塊世代が65歳を超えてきたことから、この数年、高齢化率は急上昇してきた。そして、しばらく経つと、今度は人口減少の中で高齢者の絶対数が減少するという事態となる。人口減少、高齢化の著しい高知県や島根県の山間部のあたりは、この「高齢化の第2段階＝後期高齢地域社会」というべき未経験ゾーンに入ってきた。

　さて、このような人口動態が地域や事業にどのような影響を与えるのか。地域の商店、サービス業等の中小企業はどのようになっていくのかが問われることになる。特に、条件不利の中山間地域などで、商店などが閉鎖され、「買い物弱者の問題」が大きく浮上してくることになろう。

1．人口減少、高齢社会と事業所数の減少

　戦後しばらくの日本は起業の活発な社会であり、経済の高度成長の中で、急速な事業所数の増加をみせた。その多くは小規模零細であり、当時の日本の産

業社会は「過小過多」といわれたものであった。「過小」は「少」ではなく「小」と示されていた。要は、「小さすぎる企業が多すぎる」というのであり、日本の中小企業政策は「大規模化」「共同・協同化」等を推進してきた。

　だが、1980年代の中頃を屈折点に、その後、日本の事業所数は減少過程に入る。この30年ほどの間に事業所数は半分に近いものになった。いつのまにか「過小過多」は死語になっていった。市場から退出する事業所ばかりが多く、逆に、その頃から新規創業は停滞していく。社会の成熟化、若者の数の減少、大規模スーパーの登場、製造業における機械設備投資の高額化などが、多くの産業分野の新規参入の壁を厚いものにしてきた。特に、この十数年、一国の基幹産業である機械系の要素技術部門の新規創業はゼロに近い。現在はそのような時代になっているのである。

▶仮設商店街にみる津波被災地の現実

　東日本大震災による津波被災の大きかった岩手県大槌町、人口に対する犠牲者の割合は8％強もあったのだが、さらに、商工会の会員の犠牲者は24％にも上った。その多くは、海辺に近い市街地に立地していた。そのため、震災からの復興の過程で、すでに3分の1の事業者は再開できなかった。残りの3分の2の事業者の多くは、中小企業基盤整備機構が提供した無償の事業用仮設施設に入った。被災地全体に約4000区画ほどが提供され、被災事業者の多くはそのような仮設施設に入居し、営業を再開した[1]。

　建築基準法では仮設施設の利用期間は2年3カ月間とされているのだが、復興が進まない状況の中で、そのようなわけにはいかず、現在ではおおむね5年とされている。すでに2015年9月で入居後4年が経過した。残りはほぼ1年となった。このような事態の中で、宮城県気仙沼市の復興商店街南町紫市場（54事業所が入居）が将来に向けたアンケートを実施した。「5年が経ったら、どうするのか」を問うものであった[2]。

　「自力で再建する」と答えた事業者はわずか5～6軒に過ぎなかった。その他の事業者の答えは「自分は高齢化している。後継者もいない。したがって新たな投資を行うことはできない。できればこの仮設が朽ち果てるまでいたい」。

あるいは「行政が公共的な施設を建設し、格安の家賃で入れてくれるのであれば、自分の代だけは続けたい」というのであった。

この答えは、日本の小規模事業者、特に小さな自営的な商店、サービス業に従事する事業者に共通するのではないかと思う。人口が減少し、市場が縮小して事業も日に日に小さくなっている。将来展望に乏しく、後継者を期待することはできない。高齢化し、後継者もいない事業者には、金融機関も貸出しすることは難しい。小規模事業者のうち80％を占めるとされる「地域需要志向型[3)]」事業者は、地方の人口減少を痛感しているのである。

特に、一気に人口が減少している被災地では、数年後の本設の頃には、事業者は3分の1ぐらいになると語られている。宮城県南三陸町の浸水域で被災3カ月後という早い時期に最初に自力で果敢にプレハブ店舗をオープンさせた女性経営者は、「当時、私は63歳。まだがむしゃらにできた。数年後の本設の頃は70歳になる。後継者もいないし、難しい」と語っていた。60代前半と70歳前後、このあたりが大きな分岐点になっているようにみえる。日本の小規模事業の経営者は、この世代が圧倒的に多い。後継者が期待できない現状では、これからの10年ほどで、日本の小規模事業者の大量退出が懸念される。

図序―1　地方の人口減少、高齢化の二つの局面

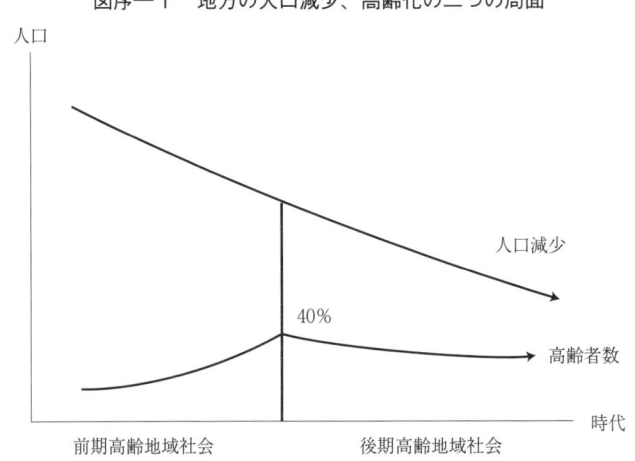

▶前期高齢地域社会と後期高齢地域社会

　図序－1は、日本の地方圏の人口減少、高齢化を図式化したものである。地方の人口減少は北海道の産炭地や薪炭産地であった中国山地、あるいは沖縄の山原(やんばる)等では、1960年代に入ってからの石油へのエネルギー転換により、60年代の10年ほどで、人口は3分の1の減少となったが、多くの日本の中山間地域などでは、人口減少は1980年代中頃から起こっている。さらに、2005年頃からの10年で10％前後の人口減を経験したところが少なくない。それは今後も続く。

　ところが、高齢者をめぐる状況はそれほど単純ではない。図序－1にみるように、日本の場合、地方が人口減少局面に入ると、むしろ高齢者の絶対数が増えていく。高齢化率は急角度に上がっていく。日本の大半の地方圏は現在、そのような段階にある。この第1段階を「前期高齢地域社会」と呼ぶことにする。

　ところが、高齢化率が40％前後に達すると、状況が大きく変わる。今度は人口減少に加え、高齢者の絶対数が減少していくのである。この第2段階を「後期高齢地域社会」と呼ぶことにする。そして、その後、高齢化率の上昇はやや緩やかに50％ほどのところに向かっていく。すでに高知県や島根県の山間部のあたりはこのような状況にある。「限界集落」という言葉が生まれた高知県の仁淀川上流域などはその典型であろう[4]。

　さて、この地方の前期、後期の高齢地域社会はビジネス、あるいは地元商店等に、また高齢者の買い物にどのような影響を与えていくのか。当然に、地元の小さな商店は存続できず、退出していく。買い物弱者問題が先鋭化するであろう。本書第2章で詳細にみるが、先の高齢化の先端地域である仁淀川流域で興味深いことが起こっていた。

　仁淀川河口の土佐市をベースにするサンプラザという地方スーパーがある。土佐市を中心に16店舗を展開している。ライバルスーパーもあり、30年ほど前のシェア拡大競争の時代にバス型移動販売車を用意し、仁淀川上流域に向けた移動販売を開始した。そのあたりでは、すでに人口減少が始まり、商店の閉鎖も始まっていた。ただし、当時はまだ高齢者が増加する前期高齢地域社会であったのだろう。スーパー側の負担は大きいものの、なんとか採算ベースに乗せていた。

だが、仁淀川上流のあたりは、早くも1990年代の中頃には後期高齢地域社会となり、お客（高齢者）の数が減少していく。地元の小さな商店は次々に閉鎖していく。スーパー側としてもとても採算ベースに合わず撤退を考えたのだが、社会的責任を痛感、最高8台を数えたバス型移動販売車を6台に減らし、さらに、市内の介護施設等も巡回コースに入れることで継続してきた。それも2000年代の中頃になると難しいものになっていく。

　2009年には高知県が移動販売の社会的意義を認め、車両の更新の際に車両代の4分の3を補助することになり、現在も継続されている。また、現在では高知市郊外の高齢化が進む住宅団地からも要請され、巡回していた。前期高齢地域社会の場合は、高齢者が増加するということで事業ベースに乗ることもあるが、後期高齢地域社会になるとそれは難しいものなる。仁淀川流域から四国山地全域にかけて、後期高齢地域社会をめぐる問題が表出しているのであった。

　人口減少の中で、高齢者の多くは地元に残って暮らしていくことを選択していく。その場合、買い物弱者問題が大きく浮上していく。人口減少（市場縮小）により地元の商店の多くは経営が成り立たず、閉鎖されていくことになろう。このような人口減少、高齢化といった基礎的条件の下で、新たなあり方が問われているのである。

2．「買い物弱者」問題の構図と取り組み
――本書の構成――

　従来から障害等のある要援護者に対して、社会福祉協議会などが買い物支援、配食サービス等を行ってきたものの、近年の高齢化の進展、人口減少（市場縮小）は著しく、近くの食料品店の閉鎖などにより、「買い物弱者問題」はより広範な問題として認識されるようになってきた。その背景には、幾つかの要因が認められる。

▶「買い物弱者問題」の背景
　第1に、地域需要が縮小し、事業的な採算が合わなくなり、商店の閉鎖など

により地域的な供給が低下すること。そして、その需給ギャップが生じていく場合に「買い物弱者問題」が表面化してくる。この点、クルマ社会の浸透、道路事情の改善、届け出制に移行した2000年の大規模小売店舗立地法（大店立地法）が重大な影響を与えたとされる。地方に大型量販店が大量に進出し、他方での買い物客の行動範囲が拡がり、さらに、地元の小規模事業者の事業が縮小していったことも重要であろう。この大店立地法により、地方の商店街は一気に壊滅的な状況に追い込まれたとされている[5]。

　第2に、買い物客自身の高齢化などにより、クルマに乗れなくなるなど、買い物行動の範囲が狭まってきたことも指摘される。特に、現在、中山間地域の65歳以上の女性高齢者の場合、約70％は運転免許証を保有していないとされる。今後の高齢世代では、運転免許証の保有率は上がるとみられるが、それでもかなりの数の高齢者の行動範囲は、相当に限られたものになるであろう。

　このように、近年の「買い物弱者問題」は、2000年代以降の高齢化の進展、大規模量販店の全国への展開と商店街の衰退などを背景に、極めて現代的な問題であることが指摘される。

　そして、中山間地域などの条件不利地域で、日常の買い物の場であったはずの近くの食料品店が閉鎖されると、一気に問題が表面化してくる。特に、2000年に大店法から大店立地法に変わった以降、地元の小規模店舗は大規模量販店の地方展開に対して必死の取り組みをみせたのだが、力尽きて閉鎖に向かったところが少なくない。そして、最後の身近な食料品店、日用品店が閉鎖されてはじめて、人びとは近くの商店の重要性を知ることになる。

　したがって、現代の「買い物弱者問題」は、日本の、特に地方圏の人口減少、高齢化という構造的な要因に加え、クルマ社会の進展、大規模量販店の広範な地方展開、さらに、人びとの安易な消費行動の積み重ねなどといった要素により増幅されたものだといってよい。私たちは、そのような枠組みの中で暮らしているのである。

▶経済産業省の三つの提案

　このような状況に対し、経済産業省は「日常の買い物をしたり、生活に必要

なサービスを受けたりするのに困難を感じている人たち」を「買い物弱者」と位置づけ、全国に600万人いると推定している[6]。その背景としては「高齢化や人口減少などの影響で、身近な場所から買い物をするための店が撤退する地区が増えています。そのうえ、高齢のために自動車を運転できない等の理由で遠くの街まで出かけることが困難に感じる人々が多くなっています[7]」としている。

そして、このような事態に対して、各地で興味深い取り組みが重ねられている。それらの著名なケースの概要は、経済産業省『買い物弱者を支えていくために〜24の事例と7つの工夫〜[8]』に掲載されている。そこでは、全国各地の買い物弱者を応援するためには、身近な場所に①「店を作ること」、家まで②「商品を届けること」、そして家から③「人々が出かけやすくすること」が必要と指摘している。

これら三つの提案はもっともなものだが、市場原理がベースとなっているわが国では、急角度で進む人口減少、高齢化の中で取り組んでいくことはいずれも容易なものではない。市場原理によって問題が深刻化しているのであり、それを乗り越えていくための強い意思が必要とされる。

▶近くに「店を作る」

民間ベースの小規模な「店」が成り立たなくなったことが、問題の一つの背景なのであり、経済産業省がいうような近くに「店を作る」ことは容易なことではない。

この点、本書第10章で扱うが、沖縄で100年以上も前から設置されている「共同売店」が、近年、大きく注目されている。沖縄の辺境の地であった本島北部の山原では、字（区）単位で生活防衛のための「共同売店」を住民全体の出資によって設置し、運営してきた。沖縄全体で最盛期には約130店を数えたのだが、その後の沖縄の道路条件の改善、大型店の進出等により、現在は約70店に縮小している。近年、経営難により閉鎖されることが多いが、再び必要性が住民により再認識され、復活している場合もある。この沖縄の共同売店は住民の強い意思の下で設置運営されているものとして注目される。

また、近年において地方のJA店舗の閉鎖により、買い物の場を失った地域で、住民や商工会により店舗が再開される場合も散見される。本書第7章の宮城県丸森町の「なんでもや」をはじめ、全国的にみると、広島県安芸高田市（旧高宮町）の川根振興協議会[9]、本書補論4の高知県四万十市（旧西土佐村）の大宮産業、京都府京丹後市常吉地区の常吉村営百貨店などが知られる。また、閉鎖JA店を個人が引き継いだケースは各地でみられる。本書補論5の「まるちゃんストア」はそうしたものの一つの典型であろう。

　また、近年、全国的に農産物直売所[10]が設置されているが、近くに食料品店がなくなる中で、一般食料品も取り扱うミニスーパー的なものも登場している。本書第8章の岩手県北上市口内町の「あぐり夢くちない」のケースが注目される。さらに、閉鎖されたスーパーを商工会の有志が再建した本書第9章の島根県美郷町の「みさと市」、廃校跡に住民組織が全日食チェーンのマイクロ・スーパーを開店した本書補論7のケース、さらに、年金世代がJA売店を復活させた補論6の「まちづくり夢百笑」のケースなども、今後の条件不利地域で「店を作る」一つのあり方として注目されよう。

▶「商品を届ける」

　買い物弱者に直接「商品を届ける」ものとしては、伝統的には「移動販売」があり、さらに最近においては「宅配」や「買い物代行」が模索されている。

　この「移動販売」に関しては、以前から行商の形で行われていたのだが、現在は一部に都会の豆腐屋のようなリヤカーによるものもあるが、一般的には自動車によるものになってきた。また、この移動販売については、青果、果物、パン、鮮魚、灯油などの特定品目を扱うものから、生鮮食料品、日用品全般を扱うものまである。本書第1章でみる「出張（移動）美容室」や近年拡がりをみせている「出張歯科」なども、このような範疇に入るであろう。利用される自動車としては日本固有の軽トラから、1.2～3トントラックの改造車、さらに、マイクロバス、大型バスの改造車まである。

　買い物弱者との関連からすると、生鮮食料品から日用品までの多様な商品を搭載して訪れる移動販売が歓迎されている。また、その担い手は専業の個人営

業、小売店の事業、また、本書第2章、第3章でみるスーパーや第6章でみる生協によるものまである。全体的にみると、多様な商品を扱う場合、仕入がポイントになり、個人営業ではなかなか難しい。卸売市場、あるいはスーパーや生協店をベースにしていくことが基本のようにみえる。最近、都市部で拡大している「とくし丸[11]」のケースも地元スーパーをベースにするものである。

　本書では、これらの中から、第1章で個人でバス型移動販売を手掛けている大分県佐伯市のケース、地元スーパーの事業部として取り組んでいる第2章の高知県土佐市のサンプラザのケース、閉鎖された生協店、JA店を買収し、そこを基礎に移動販売に展開している第3章で扱う鳥取県日野町の安達商事のケース、第6章で扱う北海道全体に拡がる生協組織であるコープさっぽろによる全道に75台の移動販売車を展開するケース、地区に最後まで残った商店（よろずや）が展開している補論1の島根県雲南市（旧掛合町）の泉商店のケースに注目していく。

　この点、東北大震災の被災地では、不便な場所に仮設住宅が設置される場合が多く、それらに対して移動販売、買い物代行も広く行われていた。本書では、それらの中から、補論3で福島県相馬市で取り組まれている「リヤカー海援隊」に注目していく[12]。

　また、買い物代行に関しては、ネットによる発注が普及し始めているが、高齢者には難しく、電話注文をベースにした地元商工会によるもの、全国企業のヤマト運輸によるもの、社会企業家によるものなどがある。本書では、地元商工会によるものとしては、第1章の大分県佐伯市番匠商工会の取り組み、ヤマト運輸によるものとしては、第5章の岩手県西和賀町の「まごころ宅急便」のケース、そして、社会企業家によるものとしては、本書補論2で島根県松江市のモルツウェルをみていく。

　さらに、この「買い物代行」から進化するものとして、「配食サービス」に踏み込む場合も少なくない。1日28万食を提供する最大手のワタミタクショクの他にも、本書第6章のコープさっぽろなど多くの企業も取り組んでいるが、地域の最後の1マイルまでを視野に入れ、地域の素材をベースに地域の普通の食を提供する地域独自の取り組みが注目される。本書第1章の佐伯市宇目地区

の取り組み、本書補論2のモルツウェルもそのような方向に向かっているのであった。

▶「人々が出かけやすくする」
　経済産業省が提案する三つ目の取り組みは「人々が出かけやすくする」というものである。人口減少と高齢化が進む中山間地域では、元々、交通過疎であることに加え、近年、路線バスの廃止、便数の削減が進められている。高齢の人びとにとって、町に買い物に出かける機会が乏しいものになってきた。このような状況に対しては、オンデマンド型のバス・タクシーの運行、たま、地元スーパーによる送迎バスの運行が観察される。
　オンデマンド型のバス・タクシーに関しては、全国的にかなり多くの取り組みが重ねられている。具体的には「ダイヤありの路線迂回型」「ダイヤありの送迎型」「ダイヤなしの送迎型（フルデマンド）」が模索されている[13]。全国の各地では、地域条件やコストパフォーマンスに沿って具体的な形が選択され、実験的な取り組みが重ねられている。フルデマンドが最も丁寧なものだが、コストは大きい。また、買い物を意識したものに加え、通院、通学をも意識した形が模索されている。本書では補論10で、島根県最奥の吉賀町で実施されている通学、通院も意識した「ダイヤありの路線迂回型」のケースを採り上げていく。
　また、交通過疎地においては、NPO、社会福祉協議会等の非営利団体による「過疎地有償運送」「福祉有償運送」が2006年に認められ、各地で具体的な取り組みが開始されている。このようなケースについては、本書第8章で岩手県北上市口内町、また、補論9で島根県美郷町別府地区の取り組みを採り上げた。いずれも地域のNPO団体が運行するものであった。
　さらに、地元のスーパーが独自に送迎バスを運行している場合もある。デマンドタイプとしては鹿児島県阿久根市のAZ、路線バスのスタイルを採っているのは本書第4章で採り上げる秋田県横手市のマルシメのケースがある。また、補論7で扱う廃校跡にマイクロ・スーパーを設置した島根県雲南市（旧掛合町）では、狭い大字の範囲で送迎を行っている。

このように、「人々が出かけやすくする」というテーマに関しては、デマンド交通、送迎バス・タクシーなどが模索されている。交通過疎地においては、通院、通学、買い物が大きなテーマとなり、地域条件を視野に入れた取り組みが重ねられているのである。

　以上のように、人口減少、高齢化が進み、「買い物弱者問題」が大きく登場してくる中で、実に多様な取り組みが開始されている。移動販売、買い物代行、送迎バス、オンデマンド交通、そして、店舗の設置などが重ねられている。これらの中でも移動販売は最も歴史が古く、多様な取り組みが重ねられてきたが、人口減少、高齢化の中で事業的には難しいものになってきた。その他の取り組みの多くはこの10年、20年のものであり、試行錯誤を重ねている。まだ、仕組みとしては発展途上なのかもしれない。

　その間、中山間地域などの条件不利地域では、人口減少、高齢化はさらに際立ち、東北のある山間地の移動販売車の最終立ち寄り地点では「おらぁ、納豆も豆腐も食うようねぇ、刺身などしばらく食ったことねぇ」という事情になっている[14]。各地区を回る移動販売車の場合、最終地に近くなると品物もなくなっていくのである。

　このような環境にある人びとが普通の暮らしを営めるようなものとして、きめの細かい丁寧な取り組みが求められている。地方圏で人口減少、高齢化が急角度に進んでいる現在、人びとが住み慣れた地域で暮らしを立てていく基本として「買い物」の問題が登場している。本書では、この問題を中山間地域を焦点にみていくが、それは次第に都市部の問題にもなってきた。私たちは人口減少、高齢化の中でどのように暮らしていくかが問われているのである。

1）　東日本大震災の被災事業者に無償提供された中小企業基盤整備機構による事業用仮設施設については、関満博・松永桂子編『震災復興と地域産業 4 まちの自立を支える「仮設商店街」』新評論、2013年、を参照されたい。
2）　気仙沼復興商店街南町紫市場については、関満博『東日本大震災と地域産業復興Ⅲ』新評論、2013年、第5章を参照されたい。

3）『中小企業白書』2014年版。
4）高知県の仁淀川流域については、大野晃『山村環境社会学序説』農山漁村文化協会、2005年、関満博編『6次産業化と中山間地域——日本の未来を先取りする高知地域産業の挑戦』新評論、2014年、第3章、第4章を参照されたい。
5）このような点については、矢作弘『大型店とまちづくり』岩波新書、2005年、新雅史『商店街はなぜ滅びるのか』光文社新書、2012年、が示唆的である。
6）経済産業省『地域生活インフラを支える流通のあり方研究会報告書』2010年5月、32ページ。
7）経済産業省『買い物弱者を支えていくために～24の事例と7つの工夫～』ver2.0（案）2011年3月、2ページ。
8）前掲書、3ページ。
9）広島県安芸高田市（旧高宮町）の川根振興協議会については、小田切徳美『農山村再生——「限界集落」問題を超えて』岩波書店、2009年、同編『農山村再生の実践』農山漁村文化協会、2011年、第1章、松永桂子『創造的地域社会』新評論、2012年、第1章が有益である。
10）農産物直売所については、田中満『人気爆発 農産物直売所』ごま書房、2007年、関満博・松永桂子編『農産物直売所／それは地域との「出会いの場」』新評論、2010年、を参照されたい。
11）本書第3章で取り扱う安達商事のケースを参考に、とくし丸の事業が全国で推進されている。2012年1月、徳島市でスタートした軽トラによる移動スーパー「とくし丸」の運営会社㈱とくし丸は、2015年3月現在、徳島県内で地元スーパーのキョーエイ（8台）とニコー（2台）の計10台を運行しているが、地方スーパーをベースに個人事業主との契約による全国展開に踏み出している。キョーエイ（徳島市、2012年2月開業）、ニコー（徳島県阿南市、2013年3月）、フクヤ（本部京都府舞鶴市、2014年4月）、サニーマート（高知市、2014年6月）、丸正総本店（東京都新宿区、2014年7月）、ニチエー（広島県福山市、2014年9月）、いちい（福島市、2014年10月）と続いている。このとくし丸の事業は、特に都市部の買い物弱者対策としてかなりの有効性を持っているようにみえる。このとくし丸の輪郭については、「食品販売車、家の前まで——『とくし丸』便利さ快走」（『日経MJ』2015年1月30日）が詳しい。
12）東日本大震災の被災地における移動販売、住民支援の店舗の設置等については、関・松永編、前掲『震災復興と地域産業 4 まちの自立を支える「仮設商店街」』、関満博・松永桂子『震災復興と地域産業 5 小さな"まち"の未来を映す「南三陸モ

デル』』新評論、2014年、関満博編『震災復興と地域産業 6 復興を支える NPO、社会企業家』新評論、2015年、を参照されたい。
13) 箱島孝太郎「人口低密度地区におけるデマンドバス導入可能性の検討」前橋工科大学、平成17年度卒業論文。なお、このオンデマンド交通に関しては、工学系の研究者の間で広く検討、実証実験が重ねられている。代表的なものとしては、東京大学大学院新領域創成科学研究科設計工学研究室（代表大和裕幸教授）による「東大オンデマンド交通プロジェクト」が知られる。
14) 高橋純一「高齢者を見守るネットワークシステム『絆－ONE』～古里の親を見守りたい」（『月刊 LASDEC』第509号、2013年5月）。

第Ⅰ部　中山間地域の移動販売、買い物代行、バス送迎

第1章　大分県佐伯市／買い物弱者を支える多様な展開
買い物代行、配食サービス、移動販売、出張美容室

　人口減少、高齢化が進む日本、中でも国土の約70%を占める中山間地域は事態の進行が早い。この10年ほどで人口が10%前後減少し、高齢化率が40〜50%になってきた町村も少なくない[1]。条件不利の中山間地域では買い物のできる店舗がなくなり、高齢化し、クルマを運転できない高齢者は生活困難な事態に追い込まれている。このような状況は、大都会の古い住宅団地でも発生しており、「買物難民」「買い物弱者」として採り上げられている[2]。
　とりわけ、交通条件の厳しい中山間地域の買い物に出られない高齢者の増加、他方での店舗の閉鎖、このような状況にどう対応していくべきかが問われている。大分県佐伯市、ごく最近まで高速交通体系に恵まれず（2015年3月、蒲江〜延岡間の自動車専用道路が開通し、東九州自動車道は全通した）、広大な面積の条件不利の中山間地域を抱えている。また、地形的に九州山地の支脈に囲まれ、河川の流域を軸に独立的な地形を形成している。そのため、流域全体が一つになった広域市町村合併により中山間地域の旧町村の問題がむしろシャープに現れ、それに対し、多様な取り組みを重ねていることでも注目される。
　この佐伯市、2005年3月3日に、旧佐伯市を中心に旧南海部郡（みなみあまべ）の8町村（上浦町、弥生町（やよい）、本匠村（ほんじょう）、宇目町（うめ）、直川村、鶴見町、米水津村（よのうづ）、蒲江町）が合併して成立した。面積は903.4km²と九州最大となった。一級河川の番匠川（ばんじょう）を基軸に、標高1607mの傾山を最高峰に幾つかの河川を集めた流域を展開、四つの有人離島（大入島（おおにゅう）、大島、屋形島、深島）を有している。山間部から広大な流域、市街地（城下町、港湾）、そして豊後水道から日向灘に面してリアス式海岸と有人離島が展開するという日本の地形上、歴史上の特徴をトータルに備え、多様性に富んだ地域構造を形成している。
　合併の年の国勢調査（2005年10月1日）人口は8万3318人、高齢化率25.4%であったが、2015年3月末（住基台帳）では7万5674人、高齢化率は35.3%と

図1—1　佐伯市の概念図（合併前）

注：全体が現在の佐伯市

なった。この10年ほどで人口は7644人の減少、減少率は9.2％であった。また、広域合併市に共通する特徴だが、山間部から市街地方面に向けての移住も進んでいる。

　この広大な中山間地域を抱える佐伯市では、特に旧町村の高齢化し、買い物弱者となっている人びとに対して、多様な興味深い取り組みを重ねている。地元佐伯市番匠商工会による「買い物代行」、NPO法人宇目まちづくり協議会による「配食サービス」、個人事業者のバス型移動販売車による「移動販売」、軽トラ、1.2〜2トン車による「移動販売」などが多面的に行われている[3]。さらに、最近では、地元事業者が美容の設備を積み込んだ「出張（移動）美容室」を走らせている。おそらく、全国の市町村の中で、これだけ多様な取り組みをみせているところはない。本章では、これらのケースを採り上げ、中山間地域の買い物弱者に対するあり方を多方面から考えていくことにしたい。

1．佐伯市番匠商工会による（買い物代行）

　佐伯市の最奥の山間部を形成する旧宇目町の面積は266km²、佐伯市の面積の約30％を占め、36集落（行政区）から構成されている。佐伯市の中心部からは約40km、曲がりくねった山道のためクルマで約1時間、タクシーで6000～7000円はかかる。合併の少し前の2004年10月1日の宇目町の人口（住基台帳）は3469人を数えていたのだが、2015年3月末現在、2936人に減少している。約10年で人口は約15％減少し、高齢化率は47.6％となった。約1350世帯のうち、独居老人が220～230人、2人世帯が300強とされている。また、65歳以上の女性の約70％は自動車運転免許証を保有していない。

　市町村合併後に新たに合併した佐伯市番匠商工会（宇目、本匠、弥生、直川）[4)]の会員数は421名だが、宇目地区の範囲では約120名とされていた。ただし、山間地の宇目地区の場合、農林業事業者会員が50名ほどいる。残りの約70会員が、商店、飲食店、サービス業、建設業、製造業等となろう。また、この旧宇目町の範囲では、金融機関はJAバンクの支店（1）とATMが1カ所、ゆうちょ銀行の支店2店である。なお、内科（1）、歯科（1）、理容（3店）、美容（4店）がある。タクシー会社は1社、乗用車2台、ジャンボタクシー1台を保有していた。広大な宇目からすると「買い物に行けない」「店がない」とされていた。

　また、合併前の宇目町では高齢者に対するタクシーの半額補助を実施していたのだが、現在は佐伯市がコミュニティバス2台を宇目地区で運行している。集落によっては週に1日だけ。また1日3回の運行であることから、便の間隔が開きすぎて買い物後の待ち時間が長いという声も少なくない。

▶県の事業として始まり、地元に定着

　このような事情の中で、宇目町時代の2002年8月1日から2003年1月30日の6カ月間にわたって、「コミュニティビジネス実現化モデル事業商工会宅配モデル事業」が実施された。「高齢者等の生活支援に軸足を置き、地域の実情に

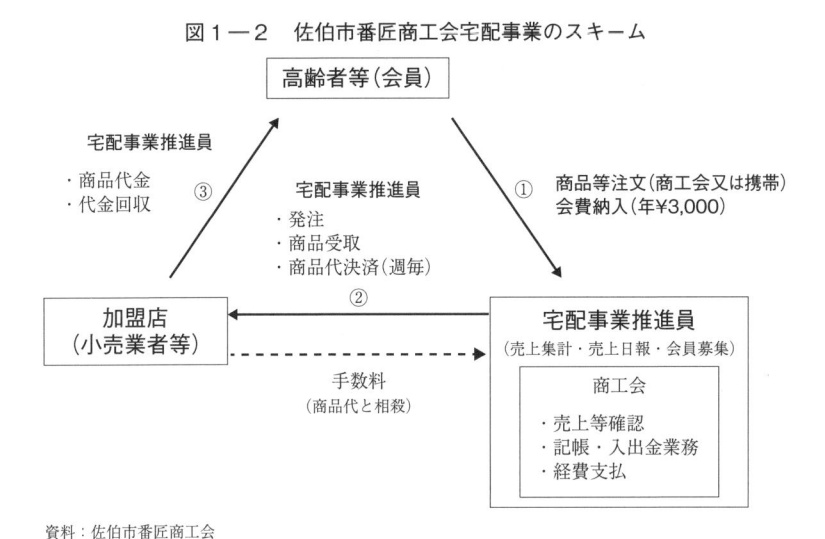

図1-2　佐伯市番匠商工会宅配事業のスキーム

```
                    高齢者等（会員）
宅配事業推進員      ↗            ↘
・商品代金      ③   宅配事業推進員   ①  商品等注文（商工会又は携帯）
・代金回収           ・発注              会費納入（年¥3,000）
                    ・商品受取
                    ・商品代決済（週毎）
   加盟店      ←――――②――――    宅配事業推進員
（小売業者等）                    （売上集計・売上日報・会員募集）
               - - - - - - - - →   ┌──────────┐
                  手数料            │   商工会    │
               （商品代と相殺）     │・売上等確認 │
                                    │・記帳・入出金業務│
                                    │・経費支払   │
                                    └──────────┘
```

資料：佐伯市番匠商工会

合った計画的な宅配事業をモデル的に実施する」というものであり、大分県から委託された大分県商工会連合会が各商工会に再委託する形で行われた。実施商工会は宇目町、緒方町、国東町の三つであった。再委託金として各商工会に194万5000円が支給された。宇目町の場合は、事業の趣旨に賛同する商工会会員23事業者が参加し、宅配員2人を雇い実施した。宅配車（軽トラ）2台は地元の社会福祉協議会から借りた。

この大分県の事業の評判は良く、2003年度以降は宇目町の単独事業として取り組まれていく。宇目町が社会福祉協議会に委託し、宇目商工会に再委託する形をとった。再委託金は年間400万円、宅配員を2人雇用した。実施商店は19事業者、任意の宇目町宅配事業加盟店組合を組織した。買い物代行の対象は宇目町の全世帯であった。

2005年3月の市町村合併により、宇目町は佐伯市の一部（宇目地区）となった。そのため、2005年4月以降、この事業は佐伯市の事業となって継続されている。ただし、再委託金は2006年度までは年間400万円であったのだが、事業が次第に軌道に乗ってきたとの判断の下に、2007年度は360万円、2008年度以

森竹治一佐伯市番匠商工会長　　　保冷機能のついた宅配車

　降は300万円に減額されている。他方、2013年12月には補助（大分県4分の3、佐伯市5分の1、残りは事業者）により212万円で保冷仕様の軽トラを取得し、利用している。なお、この事業については、佐伯市番匠商工会の森竹治一会長（元宇目町会議員、理容業）が意欲的に取り組んでいた。
　なお、佐伯市の本匠・弥生地区（旧本匠村、旧弥生町）、直川地区（旧直川村）も2008年度から宇目地区と同様の宅配事業を地区商工会支所を軸に開始した。ただし、本匠・弥生地区の場合は、近年、佐伯市街地との間に民間主導の大型商業施設集積の佐伯コスモタウンが生まれ、多くの住民はクルマで買物に行くことから宅配の需要が少なくなり停止、また、直川地区は地元事業者の共同商業施設であるアトレに再委託されていたが、2013年夏にアトレ自体が休止（閉店）となり、買い物代行事業も休止された。

　▶買い物代行の事業スキーム
　買い物代行のスキームでは、まず、宇目地区の高齢者等が会員になる。年会費は3000円である。2014年3月現在の会員数は約180名、年々少しずつ増えている。会員の平均年齢は80歳前後であった。他方、加盟店は商工会会員の小売店、飲食店、果樹園（ぶどう）、農園（米、シイタケ）等であり、現在は19事

表1−1　佐伯市宇目宅配事業加盟店一覧

店名	地区	取扱商品
スーパーやの	小野市	食料品、日用雑貨、惣菜、弁当、雑誌
みやもと	千束	食肉、惣菜、弁当、仕出し
宮野饅頭	宮野	饅頭
うえだ鮮魚店	小野市	鮮魚、仕出し
佐保商店	小野市	酒類、タバコ、食料品、日用雑貨
フジキヤ商店	木浦鉱山	食料品、日用雑貨、酒、衣料品
七輪の店　由紀ん子	小野市	食肉、惣菜、弁当
さなえちゃん	上津小野	寿司、惣菜
杜のT−shop	田原	パン、から揚げ
竜田農園	南田原	米、シイタケ
江藤商店	塩見園	食料品、日用雑貨、タバコ、酒類
戸高商店	重岡	食料品、日用雑貨、タバコ、酒類
高治商店	重岡	食料品、日用雑貨、タバコ
矢野商店	小野市	酒類
炭小屋	小野市	弁当、惣菜
豆腐工房　とら吉	小野市	豆腐
やさい屋	小野市	野菜、果物、花
高橋葡萄園	蔵小野	ぶどう
小野京子	重岡	回転焼き、鮎うるか

資料：図1−2と同じ

業者から構成される。宅配事業推進員（宅配員）の女性2人は地区を二つに分け、月曜日から金曜日までの週5日間対応する。なお、この事業のスタート時には、行政区長、民生委員、老人クラブが住民に説明会を実施した。

　会員は地区担当の宅配員に電話（固定電話、携帯電話）で注文する。注文は9時から16時頃まで受け付ける。それらを集計し、午前中は前日の午後に受けたものを含めて10時頃から動き出す。各商店を回り商品をピッキング（調達）し、各会員に配達する。午後は13時45分頃からピッキングに向かい、2〜3時間をかけて配達する。昼までの注文は夕方までには届ける。また、会員が加盟店に直接電話していることもある。この仕組みは、会員が加盟店を選べるとこ

伊藤由枝さん（左）と工藤弘美さん

ろに一つの特徴がある。なお、配達途中に電球の取り替え、電池交換、熨斗袋への記名などを手伝うこともある。高齢者の見回りにもなっている。

　加盟店から徴収する手数料は試行錯誤を重ね、現在では販売額の13％（酒類6％、タバコ3％）としていた。会員からは商品と交換の際に現金を受け取り、加盟店には1週間分を翌週に支払っていた。なお、2008年からは、会員外からの依頼も受けている。会員外の場合は、1回につき100円の手数料をとっていた。この会員外利用者が増加する傾向にあった。2013年度の実績では会員外の利用回数は年間335回にのぼった。

　宅配員は17時30分には商工会に戻り、売上金の計算と現金の確認を終えて帰宅する。宅配員の人件費は1人年間約150万円に設定されていた。現在の宅配員は伊藤由枝さんと工藤弘美さん、商工会から4〜5kmほどのところから通っていた。「信頼されている」「トラブルはない」「やりやすい」「1日が早くて、楽しい」と語っていた。

▶事業の実績と課題

　図1－3、図1－4は2010年度から2012年度までの3年間の利用実績をまとめてある。

図1－3　2010〜2012年度　宅配利用者数月別推移

(単位：人)

宅配利用者数

平成22年度　総利用者　13,702人
平成23年度　総利用者　14,301人
平成24年度　総利用者　17,926人

資料：図1－2と同じ

図1－4　2010〜2012年度　宅配利用売上金額月別推移

(単位：千円)

宅配売上金額

平成22年度　総利用額　8,397,697円
平成23年度　総利用額　8,338,135円
平成24年度　総利用額　10,786,083円

資料：図1－2と同じ

2010年度の利用者は1万3702人（1日平均約55人）、売上額840万円（1日平均約3万4000円）から徐々に増え、2012年度は1万7926人（約72人）、1079万円（約4万3000円）に増加。2013年度は延べ利用者1万6915人（約68人）、売上額は1247万円（約5万円）を計上した。

　このように、宇目地区の商工会による買い物代行サービスは、2002年から数えて10年以上の実績を重ね、会員数も徐々に増加している。2013年度は7人増加した。そのような状況の中で、佐伯市番匠商工会は2012年7～8月にかけて「商工会宅配ニーズ調査」を実施し、宇目地区の500世帯から回答を得ている。

　それによると、「商工会による宅配サービスの認知度」（回答数500）は、「利用している」（16.2%）、「知っているが利用したことがない」（74.6%）、「知っているが内容までわからない」（1.4%）、「知らない」（7.0%）、「無回答」（0.8%）であった。かなり高い認知度ではないかと思う。

　「利用している」人に対して満足度の自由記入があるが、満足な点については「商品の量に関係なく運んでくれる」「新鮮さ、価格が買いにいっても同じだから」「宅配員がニーズにあった商品を持ってきてくれる」「宅配員の感じが良い」「便利」「急な時に助かる」「好みのものを持ってきてくれる」などが上げられていた。

　逆に不満な点も指摘されていた。「土日祭日も宅配してもらいたい」「Aコープが加盟店ならよいのに」「毎日来てもらいたい」「野菜の鮮度が悪い時がある」「寿司が高い」などが上がっていた。

　このような声に対して、商工会サイドは「まだまだサービスという点で消費者の満足度を高められる余地は十二分にあり、またそれを高めることによって買い物弱者のより充実した支援が可能になってくると考えられる」としていた。

　佐伯市宇目の商工会による買い物代行サービスは10年以上の実績を重ね、地域に定着していた。人口減少の中でむしろ高齢者は増え続けるという現象の下で、利用する会員数も徐々に増加している。しばらくはこのような状況が続くものとみられる。そして、その先になると、人口減少に加え、高齢者も減少する局面が訪れる。

　現状、佐伯市の補助によって収支を合わせているが、現状の会員数では自立

した民間事業としては成り立たない。そのような事情から、「自立」か「支援」かという論議を内に抱えながらも、佐伯市と佐伯市番匠商工会による宇目地区の買い物代行事業が推進されているのであった。

2．NPOと飲食店による〈配食サービス〉

　先の買い物代行に加え、宇目地区では「配食サービス」事業も開始されている。この「配食サービス」事業は、障害者や高齢になり調理もできなくなった人びとに対するサービスとして全国的にも推進されている。業界最大手のワタミタクショクの場合は、全国で毎日28万人の利用者がいるとされている。

　このような全国チェーンによる配食事業に加え、全国チェーンが事業的に入りきれない条件不利の各地で、地域に密着した地元の高齢者の口に合う配食事業も開始されている。宇目の場合は地元に設立されたNPO宇目まちづくり協議会（2012年3月設立）が母体になり、地区の飲食店「由紀ん子」の若い女性経営者小野由紀子さん（1971年生まれ）が担い手となって推進されていた。

　この「由紀ん子」自身、宇目地区の数少ない飲食店の一つであり、従来から「惣菜」「出前」を提供していた。先の佐伯市番匠商工会の「買い物代行サービ

宇目地区の中心部(小野市)にある飲食店「由紀ん子」

ス」の加盟店にもなっている。由紀ん子の看板をみると、お弁当、ランチ、炭火焼、からあげの他に、日替わり御膳、七輪焼御膳（いのしし、しか、うし、とり）、冷し梅うどん、団子汁御膳（いのしし）、鹿のステーキ丼、豚焼肉丼、串カツ膳、しょうが焼御膳などが提供されている。

▶配食サービスの事業スキーム

　先の買い物代行が浸透していく中で、食事の用意のできない高齢者が増加していることが認識され、NPO宇目まちづくり協議会が「食事の宅配サービス」の必要性を痛感、旧宇目町の中心部（小野市）にある飲食店「由紀ん子」の小野さんと検討を重ね、2013年2月から配食サービスを提供し始めている。なお、NPO宇目まちづくり協議会は、以前から山間地の高齢農家から野菜を預かる庭先集荷（15戸ほど）を行い[5]、地元の農産物直売所で販売していた。その売れ残りなども地域資源の有効利用を意識し、由紀ん子の配食サービスの材料に利用していた。

　先の買い物代行（週5日）は商品が中心であるのに対し、「食べる」ことは毎日であることから通年サービス（正月3日間だけ休み）とし、夕食を中心に

図1－5　由紀ん子の配食スケジュールのチラシ、両面になっている（2014年）

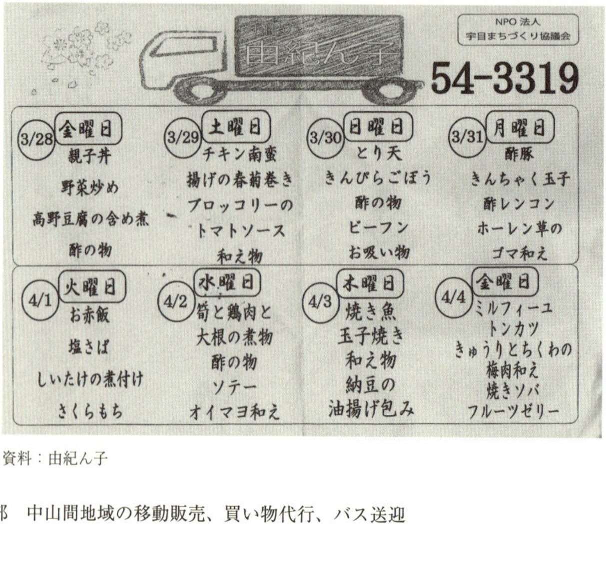

資料：由紀ん子

昼食も受けていた。入会金等は取っておらず、電話で受け付ける。昼食の場合は10時までに依頼があれば対応、主軸の夕食の場合は14時まで受け付け、料理し、15時には出発、15時30分から16時の間に配り終わる。おばあちゃんたちは、その時間を楽しみに待っている。1食4～5品のおかずにご飯と味噌汁が基本的な構成であり、1食500円としていた。2014年3月末（金）に訪れたが、その日は昼食が2軒、夕食が15軒であった。スタートして1年強であり、当面の平均的な状況であった。小野さんは「現在、各地を回り、営業している」と語っていた。事業として自立していくには、利用者の拡大が不可欠であろう。16日分の日替わりメニューのチラシが各世帯に配布されていた。

▶高齢化と配食サービス

　この事業に対しては、佐伯市は緊急雇用の制度を利用し、4人分の人件費を提供している。この4人が交代で料理し、配達に従事していた。緊急雇用は臨時的なものであり、小野さんは「緊急雇用がなくなったら、パートの形で2人ぐらいで続けたい」としていた。また、作られた料理は保温箱に入れて配達されるが、この保温箱はNPO宇目まちづくり協議会が大分県からの補助（2分の1）により200組を調達し、由紀ん子に貸与している。この保温箱は2時間ほど保温できる。1食を配達し、次回の配達で保温箱、容器を回収していく形をとっていた。なお、業界最大手のワタミタクショクは大分市内ではサービスを提供しているが、佐伯では行っていない。

「由紀ん子」代表の小野由紀子さんと保温箱　　夕食メニュー、これにご飯が付く

買い物代行の十数年の経験を踏まえ、宇目では次のステップとして「食事の宅配サービス」に踏み込んでいた。高齢化に伴い「買い物弱者」に加え、「食を用意できない高齢者」も増えていく。このような課題に対する一つの取り組みとして温かい食事を提供する「配食サービス」の必要性は高い。NPO法人と地元飲食店との連携により興味深い取り組みがスタートしているのであった。

3．個人営業のバス型移動販売（ママサン号）

佐伯市街地の池船町に地方青果卸売市場の佐伯青果市場㈱が立地している。創業は1948年、青果、果物を中心に扱っている。市場参加者は約80名、早朝から移動ぜりが行われていた。年配の男性仲買人に混じって、若い女性も参加していた。これらの若い人たちは、地元スーパーなどの仕入担当者であった。最初に野菜のせりが行われ、次に果物のせりが続けられていた。現在、佐伯市には民間の地方卸売市場はこの佐伯青果市場を合わせて3カ所（佐伯中央青果市場、佐伯大同青果市場）開かれているが、2015年春の東九州自動車道の全面開通後には、新設の佐伯堅田インターチェンジの付近に市内3市場が統合される計画になっていた。

移動販売の人も地方卸売市場の佐伯青果市場で仕入れる

2トンの移動販売車／主として沿岸の漁業集落を回る　　軽トラの移動販売車／道路事情の厳しい山間地を回る

　早朝の佐伯青果市場では、当然、市場であることから仲買人たちのトラックが大量に横付けされていたが、その中に軽トラ3台、2トン車1台の移動販売車が混じっていた。さらに駐車場の端にはバス型の移動販売車が3台まとまって駐車していた。佐伯青果市場の荻定社長に尋ねると、市場の開いている日には毎日8台の移動販売車が仕入れに来ると語っていた[6]。

▶バス型移動販売「ママサン号」の成り立ち

　広大な面積の佐伯市、特に西側の中山間地域の奥が深い。旧宇目町、旧本匠村、旧弥生町だけで面積は市域の約半分の472km²に及ぶ。これらの中山間地域は人口減少、高齢化が進み、店舗の閉鎖も重なるなど、住民の買い物は次第に難しいものになってきた。宇目地区については先にみてきたが、本匠地区、弥生地区も事情はほとんど変わらない。その本匠地区、弥生地区、さらに隣の津久見市のあたりを焦点に、バス型の移動販売車「ママサン号」3台が回っていた。

　このバス型移動販売車「ママサン号」の歴史は長い。ことの起こりは20年ほど前、佐伯で戦後の1947年に創業し、その後（1968年）に本社を熊本市に移し、最盛期には130店舗を展開する九州最大の「寿屋」というスーパー・デパートチェーンがあった。創業の地の佐伯には市の中心部の大手前商店街の端に売場面積1万8000m²のデパート「寿屋」を展開していた。

この寿屋がフランチャイズ方式で条件不利地域への移動販売を行うことを構想し、20年ほど前に九州全域に100台のバス型移動販売の担い手を募集している。寿屋と個人（事業者）がフランチャイズ契約を結び、寿屋が用意した小型のバス型移動販売車（ママサン号）を借り、寿屋から商品を仕入れ、販売に回るという方式であった。現在、地方スーパーがバス型移動販売車を展開しているケースとしては、直営で小型バス6台（ハッピーライナー）を動かしている高知県土佐市をベースにするサンプラザ[7]、広島電鉄系の広電ストアの路線バス（いすゞLV、1988年式）を改造した大型バスによる1日1カ所固定（11～16時）の移動スーパーマーケット（ヒロデンジャー1号）などが知られるが、かつての寿屋による100台のバス型移動販売車のフランチャイズ方式とは他に例がないのではないかと思う。

　この呼びかけに、佐伯では4人が応じた。この4人は早朝に寿屋で仕入れし、寿屋と同じ値段（特売品は除く）で佐伯郊外の中山間地域を回った。当時の佐伯郊外の人びとは、休日に佐伯市内の寿屋に買い物に行くことが楽しみであった。屋上に遊園地があり、観覧車も設置されていた。また、音楽を鳴らして訪れてくるママサン号は待ち遠しいものであったとされる。

　ただし、この寿屋は1990年代後半から経営が悪化、2001年末には民事再生法の手続きに入り、2002年2月には全従業員の解雇に至っている。事実上、寿屋は倒産し、その後、規模を縮小して「カリーノ」の名称で一部復活している。佐伯市の大手前商店街にあった店舗は解体され、土地は佐伯市が取得し、現在では青空駐車場になっている。

　このような事態の中で、「ママサン号」を処分することになり、佐伯の場合は3人が車両を譲り受けた。後藤真太郎氏（1952年生まれ）、河野信春氏（1963年生まれ）、岩尾利広氏（1965年生まれ）であった。ママサン号は日産シビリアンというマイクロバス（29人乗り）であり、幼稚園バスとして親しまれてきたものだが、それを移動販売車に改造していた。改造された新車で1000～1200万円ほどであり、譲り受けた3台のうち2台は新車に近いものであった。この3台の取得価格はそれぞれ違う。この3台は寿屋を離れてからも「ママサン号」を名乗っている。

出発前の「ママサン号」

▶ママサン号のビジネスモデル

　寿屋を離れて、個人営業に変わったわけだが、その後、仕入れの主軸を野菜、果物中心の地方卸売市場の佐伯青果市場に置いていく。特に、佐伯青果市場の駐車場の一角を借り（3台で月4万4000円）、コの字状に囲み、夜間の駐車、荷捌き等の場としていた。青果、果物は市場で仕入れ（3人で1口の共同仕入）、その他の精肉、鮮魚、加工食品、花、日用雑貨、菓子、パン（山崎製パン）、惣菜等は地元の業者と契約し、早朝時、この場に納品してもらっていた。
　これらの仕入先は主としてそれまで寿屋に納入していた業者を継承していた。寿屋閉鎖後の1カ月ほどの間に3人で各業者を回り、3台分ということで継続供給を受け入れてもらっていた。市場のスタートは8時30分、仕入れし、業者から納品されたものをバスに積み込み、10時には出発していく。
　3人のコースは別々であり、後藤氏と河野氏は佐伯郊外の本匠地区・弥生地区方面に向かい、隣の津久見市在住の岩尾氏は津久見に向かう。なお、津久見には仕入するための地方青果市場がない。各自1日20カ所ほどの立ち寄り点があり「定時定点」を原則に回る。市場の休みの水曜日が定休日、木・日、金・月、火・土に同じところを回る。1カ所に週2回訪れることになる。各自3コース（60カ所）ということになろう。バス型ゆえに細街路に入ることは難し

ママサン号の内部　　　　　左から、岩尾利広氏、後藤真太郎氏、河野信春氏

いが、「乗用車の入れる所には、入る」と語っていた。

　音楽を鳴らして到着すると、人びとが集まってくる。90％は女性、70歳以上である。到着後、踏み台を置いて中に入ってもらう。なお、バス型移動販売車の問題としては、高齢者にとって入口の段差が大きく、乗り込むことがたいへんと指摘していた。客は多いときで1カ所5～6人、ゼロの時もある。1日平均60人、客単価は1200～1400円とされていた。1カ所の滞在時間は10～20分である。レジは手打ちで行っていた。高齢で亡くなる方も多く、施設に移っていく高齢者もいる。逆に、クルマを運転できなくなりお客になってくる高齢者もいる。仕入商品は自己責任で調達しており、刺身、惣菜等が売れ残った時は、自分で食するか廃棄するしかない。時々、衣料品も積んでいた。

　商品構成は3台ともほぼ同様であり、大まかな商品構成は金額ベースで、野菜・果物（20％）、肉（10％）、魚（10％）、惣菜（5％）、日配品（20％）、食品（グローサリー）（20％）、パン・菓子（10％）、生活用品（5％）であった。

　19時頃には佐伯青果市場の駐車場に戻り、売上の整理、車両の清掃をして、駐車しておく。なお、冷蔵庫を載せていることから、夜間の電気は佐伯青果市場に供給してもらっていた。青果市場が拠点になり、興味深い仕組みが形成されていた。

　リーダーの後藤氏が2013年4月から2014年1月までの9カ月ほど入院したが、その間、お客からの「早くやって欲しい」との電話が多かった。後藤氏は完治

しないまま復帰していた。その間、後藤氏の回っていた地域には、佐伯の西隣の豊後大野市（旧三重町）をベースにしている別のママサン号が回っていた。

　このように、バス型移動販売車「ママサン号」は、地元スーパーのフランチャイズ事業として始まったが、その後、地元青果市場をベースに個人事業として展開していた。なお、宇目地区については、隣の宮崎県延岡市をベースにするバス型移動販売車がテリトリーにしている。佐伯をベースにする後藤氏たちはその一つ手前の本匠地区、弥生地区を中心にしている。暗黙の棲み分けができているようであった。なお、ママサン号の側からは、車両が老朽化し、修理費負担が重い、燃料費負担が大きいと寄せられていた。

　中山間地域で高齢化し、買い物弱者といわれる人びとが増えている状況の中で、店舗の形態をとり、「定時定点」に訪れ、人びとが手にとって買い物ができるバス型移動販売車の意義は大きい。人びとのコミュニケーションの場ともなろう。佐伯の郊外では、このような取り組みが重ねられているのであった。

４．中山間地域を走る出張美容室（やすらぎの山中家）

　商品やサービスを「移動、訪問」しながら提供するものとしては、古くから富山の薬売り、魚や野菜の行商などもあった。リヤカーに載せた夏のアイスクリーム販売や冬の焼き芋売りなども、このような範疇に入るであろう。店舗を持てない人びとは行商、移動販売に従事してきた。店舗の少ない地域では、それは歓迎されていたであろう。

　2011年３月11日に発生した東日本大震災、その後のまちの復旧過程をみているとある事実に気がつく。津波で流失したまちに仮設の商店、商店街が形成されていったが、まず最初に立ち上がるのが食料品店や食品ミニスーパーの青空店舗、そして、仮設店舗であった。さらに、そこを起点に郊外の仮設住宅への移動販売も行われていた[8]。支援物資のレトルト食品に飽きた人びとは、牛乳、豆腐、納豆、パン等の日配品を求め、さらに青果、果物、精肉、鮮魚を求めていった。

　それが一段落すると次に立ち上がっていったのは、いずれの被災地において

も「理・美容店」であった。お腹が満たされる頃になると、次は「身だしなみ」ということかもしれない。さらに、地方において理・美容店はコミュニケーションの場でもある。被災地の仮設の理・美容店では笑い声が絶えない。そして、そのあたりから飲食店、パン屋、日用品関連の店舗が立ち上がっていった。人びとの暮らしにとって理・美容店の重要性は実は相当に高いことが実感された[9]。

このような点を意識していくと、条件不利の中山間地域で理・美容業はどうなっているのかが気になる。広大な中山間地域、漁業集落、有人離島を抱える佐伯市において「出張美容室」が走っていた。

▶母の死を契機に、福祉部門への参入を考える

山中和浩氏（1961年生まれ）は佐伯市の出身、地元の宮大工の次男であったのだが、長兄が継がないことから高校卒業後、家業に入る。5年半ほど続けたが、怪我を契機に離職し、佐伯の機械工具商社に入る。さらに、大分市の同業に移る。その後、佐伯市が造成、分譲した下堅田工業団地にある佐伯市の第3セクターの佐伯メカトロセンターに金属加工の研修のために入った。課程が終われば同じ工業団地に立地する企業に就職する予定であった。だが、その直前にその企業が撤退したため、2002年11月、山中氏は42歳で独立創業していく。社名は㈲サンワ技研としていった。なお、この下堅田工業団地の一角には、佐伯市が設置したメカトロパークという名称の貸事務所（4棟）、貸工場（2棟、各共同利用）が用意されていた。インキュベーション施設ということであろう。サンワ技研は貸事務所1棟と貸工場の一部を借りている。

サンワ技研の登記上の事業は電動工具などの機械・工具の卸売業だが、実際にはユーザーの要望に応えて治工具等の特注品の製造の比重が高い（70％）。山中氏自身が溶接なども行っていた。従業員は山中氏を含めて4人（男性3人、女性1人）、有力得意先は兵庫県の鋸盤メーカーの大東精機、地元では工業団地内の隣にいる安川電機のロボット回りの仕事に従事するサイメックス、さらに、佐伯市内の有力機械メーカーのニシジマ精機などであった。

このような特注品の製作に従事していたのだが、山中氏は2007年に母を亡く

す。要介護状態になった母になにもしてやれなかったことを悔やみ、福祉関連の仕事を目指していく。その頃、甥で美容師の山中健伍氏（1981年生まれ）が福岡から帰郷してきたことから、「出張（移動）美容室」をイメージしていく。中山間地域の人びとや介護施設等を視野に入れ、現地に機材を持ち込み、施術していくことにする。このような事業形態は九州全体で3件、大分県では1件あった。

▶出張美容室「やすらぎの山中家」をスタート

2009年にそのための自動車を調達しようとしたのだが、見積りを取ると2900万円といわれた。そのため、山中氏は美容室車を自分で作っていくことにする。1.5トンの走行距離1万km程度の新古車を調達し、部材を集め、得意の溶接技術などを使って改造していった。当初は車両代を含めて1000万円ほどかかった。2台を制作してみて、1台700万円ほどで可能なことを実感していた。

2009年11月には1号車が完成したことを契機に、サンワ技研の中に福祉事業部を立ち上げている。この1号車はクルマの中に美容機材2セットを積み込み、現地で降ろして設置し、2人1組の美容師が施術する。「出張美容室・やすらぎの山中家」を名乗った。地元の週刊のPR紙（ぴっくあっぷ）、CATV等で宣

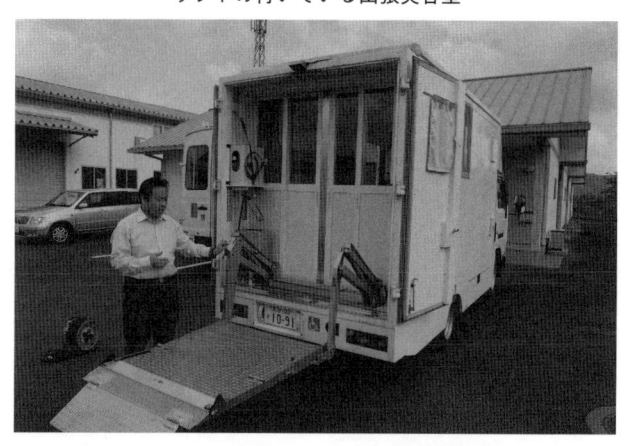

リフトの付いている出張美容室

車内でカット、シャンプー、パーマ等を行う

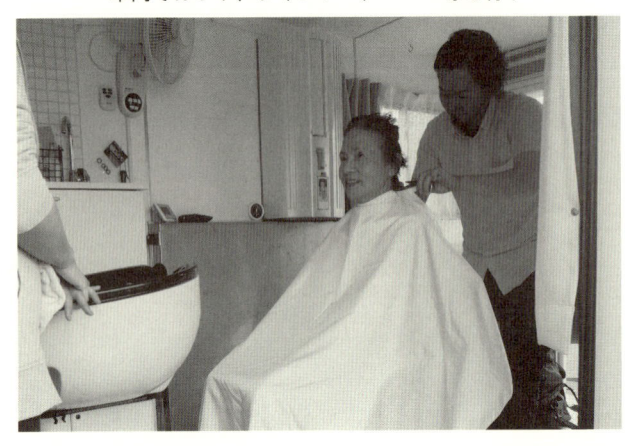

伝していった。介護施設等では基本は10人単位とし、カット料金を低めの2500円に設定、カラーやパーマの要望にも応える。また、個人のお客の場合はカット料金2800円でスタートした。施設では最大1日で22人の施術をしたこともある。カットばかりではなく、次第にカラーも増えてきている。ただし、施設に行っても客が1人の時もある。

すでに5年が経過し、地域での知名度も上がってきた。対象地域としては佐伯を中心に北は津久井、臼杵、西は豊後大野市の旧三重町あたりまでを視野に入れていた。先方からの要望に応えて日程調整をしていた。事務所の予定表は2カ月先までほぼ埋まっていた。

なお、福祉事業部の中心は甥の美容師山中健伍氏だが、もう一人の美容師の調達に苦しんでいた。このような福祉事業の場合、福祉美容師の資格が必要になる。そのための研修を受けなければならない。資格を取らせて現場に戻すと、直ぐに辞めてしまう美容師が少なくない。なかなか定着しない。2014年4月末には、研修前の若い女性美容師が加わっていた。

このような事情の中で、出張美容室の第2号車（1.5トン）が2014年4月末に完成した。当然、山中氏が自作した。この2号車は車椅子対応のリフトが付いており、クルマの中でカット、シャンプー、カラー、パーマが可能な施設に

左から山中和浩氏、山中健伍氏と出張美容室のスタッフ

なっている。先の1号車と2台体制となり、中山間地域や離島の漁業集落、さらに介護施設等に向かっていくことになる。今後はさらに山間部の狭い道路を意識し、軽トラの出張美容室の制作も視野に入っていた。

　広大な中山間地域が拡がり、沿岸には漁業集落、そして有人離島を抱える佐伯市の場合、先にみた買い物代行、配食サービス、多様な移動販売、さらに出張美容室が加わっているのであった。

5．縮小時代の中山間地域と移動販売

　1990年頃までの日本経済が拡大基調にあった時代には、経済活動の空間的拡がりは大きくなり、交通条件等の乏しい中山間地域、半島、離島までもがその恩恵にあずかることができた。例えば、離島の場合、年々、交通条件が良くなり、フェリー、高速船の時間が短縮され、就航回数も増えていった。人びとは利便性の高まる生活を謳歌することができた。

　だが、繁栄の頂点にたどり着いたと思ったその頃から、日本をめぐる環境は大きく変わっていく。すでに中山間地域、半島、離島等では人口減少、少子高齢化が始まっていくのであった。そして、都会は依然として若者を惹きつけて

いるものの、地方圏、中山間地域の置かれている状況は大きく変わり、これまでの満ち潮が引き潮に変わっていくことが痛感されていく。交通条件などの社会インフラは常に良くなるものと思っていたのだが、次第にフェリー、高速船は減便され、船体は周辺の途上国などに売却されていく。それは一時的なものではなく、構造的なものとなっていくのであった。四半世紀ほど前から、日本は中長期的に明らかに縮小時代に入っている。それは地方圏、中山間地域で痛感されるであろう。

▶縮小経済と事業所数の減少

　この点は社会インフラだけではない。拡大基調の時代にはその一つ前の時代には考えられないような新たなサービスや事業が生み出され、大きく拡がっていく。人びとの就業機会も量的、質的に拡大し、多様性に満ちていくであろう。それらの新たな事業の多くは大都市で生まれ、次第に地方都市、条件不利な中山間地域にも及んでいく。日本の事業所の数は1980年代中頃がピークとされるが、そこが拡大経済の頂点であったことを意味しよう。それ以後、日本の事業所数は一貫して減少していくのであった[10]。

　その場合、多くの事業部門はそれまでの規模を維持していくことは難しい。大きな構造調整期を迎えることになろう。人口減少や少子高齢化といった枠組みの中で、新たな存立基盤を形成していくことが求められていく。それに対応できるかどうかが問われていこう。情報収集・解析力、事業の方向の選択、企業としての勢い、意思決定能力等により、事業者の階層分解が進んでいく。事業所が劇的に減少する中で、新たな時代に対応できる企業とそうでない企業に分解していく。現在はその大きな調整過程なのであろう。私たちはそのような時代に生きているのである。

　中山間地域等の条件不利地域における人口減少、高齢化、事業所の減少は、そのような文脈でとらえていく必要がある。経済の拡大期に中山間地域にまで拡がってきた商店、飲食店、サービス業が次第に閉鎖されていくということは、そのような時代状況を映し出している。若者は都会に流れ、地元は高齢者ばかりになり、農地や山林は放置され、そして店舗、サービス業が消えていく。四

半世紀ほど前の頃から、中山間地域はそのようなサイクルに閉じ込められ、それが今後も深まっていくことが予想される。

▶限界集落化と買い物弱者

数年前から「限界集落[11]」という言葉が知られるようになり、中山間地域の問題が一気にクローズアップされた。この点、依然として「限界集落」という言葉の定義は定まらないのだが、おおむね「人口の50％以上が65歳を超えている集落」として受け止めている場合が少なくない。集落の半数以上が65歳を超えてしまうと、集落の活力は著しく低下し、修復不可能になっていく懸念が大きくなる。十数年のうちに中山間地域の集落の多くが消えてしまうことが予想される。

この点、大分県はこの65歳以上人口が50％を超えた集落のことを「小規模集落」と定め、その動きを注目してきた[12]。2008年3月末には大分県の全集落（自治区等）4193のうち小規模集落は444（10.6％）であったのだが、毎年増加し、2013年3月末には全集落4265のうち小規模集落は703（16.5％）に増加している。その増加のスピードは極めて早い。そして、このような傾向は大分県に限らず、全国的な現象となっている。

中山間地域が人口減少、高齢化に直面し、他方で交通の利便性も失われ、商店等がなくなると、生活物資を調達していくことも難しくなる。さらに高齢化が進むと食事の用意も難しいものになる。暮らしていくこともできなくなるであろう。このような事態に、どのように応えていくべきかが問われているのである。中山間地域は縮小する日本の最前線ということになろう。

▶民間、公共、中間組織による取り組み

このような事情の中で、広大な中山間地域、沿岸や離島の小規模集落を抱える佐伯市では、実に多様な取り組みが重ねられてきた。本章でみてきた幾つかの取り組みは、民間事業者独自の取り組み（移動販売車、出張美容室）、NPOによるもの（配食サービス）、さらに市の補助により経済団体の商工会が取り組んでいるもの（買い物代行）と多様なものが拡がっていた。また、民間事業

者の事業ではあったが、出張美容室は単なる収益事業ではなかった。社会課題の解決を深く意識するものであった。

　社会工学の人びとの間からは、近年「撤退の農村計画[13]」なるものも提示されている。集落維持が難しくなっている現状では、町場に近いところに集落ごと高齢者を移そうというものである。実際、深刻な要介護の高齢者を限界集落に置いておくわけにはいかない。その場合は集落を捨てて、人の気配の濃いところに少しずつ寄せていくということになるのかもしれない。人口減少と高齢化が急激に進む中山間地域、限界集落を抱えて苦しんでいる市町村は、ほぼそのようなスタンスにあるようにみえる。

　それでも、多くの人びとは暮らしてきた自分の地域、集落で生活し続けることを強く望んでいる。私たちはこのような難問に、どのように応えていくのか。民間の力と公共の支援、そして、中間的な組織の取り組みの組み合わせの中で、具体的な現場はそれを乗りこえていかなくてはならない。佐伯の各地で繰り広げられている取り組みは、人口減少、高齢化に向かう私たちにとって先駆的なものとしてみていく必要がありそうである。

1）　中山間地域と地域産業については、関満博・長崎利幸編『市町村合併の時代／中山間地域の産業振興』新評論、2003年、関満博編『地方圏の産業振興と中山間地域』新評論、2007年、関満博・足利亮太郎編『「村」が地域ブランドになる時代』新評論、2007年、関満博・松永桂子編『中山間地域の「自立」と農商工連携』新評論、2009年、同編『「農」と「モノづくり」の中山間地域』新評論、2010年、同編『「村」の集落ビジネス』新評論、2010年、関満博『「農」と「食」のフロンティア』学芸出版社、2011年、松永桂子『創造的地域社会』新評論、2012年、関満博編『6次産業化と中山間地域――日本の未来を先取る高知地域産業の挑戦』新評論、2014年、を参照されたい。

2）　「買物難民」の問題は、杉田聡氏（『買物難民』大月書店、2008年）により提示され、さらに、『「買い物難民」をなくせ！』（杉田聡、中公新書ラクレ、2013年）で深められている。現在では「買物難民」あるいは「買い物弱者」といわれている。
　　このような事情を政策の場で採り上げたものとしては、経済産業省『地域生活インフラを支える流通のあり方研究会報告書』2010年5月、があり、その後の議論の

ベースとなっている。また、経済産業省からの委託事業として行われた、野村総合研究所『平成22年度 中心市街地商業等活性化支援業務委託事業（流通事業者と地域の多様な主体との連携・協力の在り方に関する調査）報告書』2011年3月、農林水産省の『高齢者等の食料品へのアクセス状況に関する現状分析』2011年8月、がある。さらに、中山間地域問題の焦点の一つとされる広島県、島根県においては、広島県『過疎地域における生活支援配送システム実証実験等報告書』2011年8月、社団法人中小企業診断協会島根県支部『島根県中山間地域における買い物弱者・生活弱者の実態と支援策の提言報告書』2012年3月、がある。

　また、「社会経済の急速な変化の中で生じた『生鮮食料品供給体制の崩壊』と『社会的弱者の集住』という二つの要素が重なった時に発生する社会的弱者の健康悪化の問題」に注目する「フードデザート問題」という視点も登場している（岩間信之編『フードデザート問題』農林統計協会、初版2011年、改定新版2013年）。

3）　かつて、『行商人の生活』（塚原美村、雄山閣、1970年）のように「行商」をテーマにする優れた研究はあったが、近年の自動車を軸にする移動販売に関する研究は少ない。ようやく2010年前後から研究報告がみられるようになってきた。

　山梨県北都留郡周辺を扱った西平隆樹「山間地域における移動販売の展開と存在意義」（『経済地理学年報』第52巻第2号、2006年）、大阪市から東の生駒山地周辺でフランチャイズにより移動販売車16台を展開する昭栄鶏卵をベースにする研究報告の高橋愛典・竹田育広・大内秀二郎「移動販売事業を捉える二つの視点——ビジネスモデル構築と買い物弱者対策」（『商経学叢』近畿大学、第58巻第3号、2012年）、鳥取県日野町、江府町を焦点とし、撤退する生協店を引き継いでスタートした地方スーパー安達商事（店舗名「あいきょう」）の移動販売車「ひまわり号」（5台）に注目した倉持裕彌・谷本圭志・土屋哲「中山間地域における買い物支援に関する考察——移動販売に着目して」（『社会技術研究論文集』鳥取大学、第11巻、2014年）がある。なお、この安達商事については本書第3章でも扱うが、岩間編、前掲書にも報告がある。

　さらに、自動車を利用した地域サービス全般に目を向けた工学的な研究として、古川香散見『自動車を利用した地域サービスのあり方に関する研究』東京大学大学院新領域創成科学研究科修士論文、2012年、がある。また、移動販売車の日々の動きを追跡したものとして、宮下武久『移動販売車がゆく』川辺書林、2014年、がある。

　経営学に近いところでは、井上考二・鈴木佑輔「移動販売車を活用したビジネス」（『調査月報』日本政策金融公庫、第52号、2013年1月）がある。この井上・鈴木論

文では、移動販売車の拡がりを量的に分析し、さらに、二つのタイプに分けている。一つは、供給の"量"が消費者ニーズを満たしていない地域で、消費者の生活に欠かせない商品を販売する「必須型」と、二つに、供給の"質"が消費者のニーズを満たしていない地域で、消費者の生活を多様にする商品を販売する「多様型」に分けている。前者は「中山間地域型」「条件不利地域型」、後者は「都市型」といえるかもしれない。本章では、この前者の「必須型」というべきものに注目していく。

4）　佐伯市の場合、市町村合併以前は、旧佐伯市に佐伯商工会議所、他の8町村にはそれぞれ商工会が組織されていた。2005年の市町村合併に伴い、佐伯商工会議所はそのままだが、中山間地域の宇目、本匠、弥生、直川の四つの商工会は「佐伯市番匠商工会」に再編され、海側の上浦、鶴見、米水津、蒲江の四つの商工会は「佐伯市あまべ商工会」に再編された。現在の佐伯市には佐伯商工会議所、佐伯市番匠商工会、佐伯市あまべ商工会の三つの経済団体がそれぞれの地域を対象に存立している。

5）　中山間地域の「庭先集荷」については、高知県や島根県で先駆的な取り組みが行われている。高知県については、社団法人高知県自治研究センター『コミュニティ・ビジネス研究 2007年度 年次報告書』2008年、関、前掲『6次産業化と中山間地域』補論Ⅰ、島根県については、有田昭一郎「中山間地域の農産物直売所」（関・松永編、前掲『中山間地域の「自立」と農商工連携──島根県中国山地の現状と課題』第8章）を参照されたい。

6）　大分県企画振興部観光・地域局集落応援室によると、大分県内で移動販売車は100台を超える。佐伯管内だけでも20台はあるが、常時動いている移動販売車は10台ほどである。イベント時だけ動かす移動販売車も少なくない。2014年4月末段階で、筆者が佐伯市で確認できたのは、佐伯青果市場をベースにする8台、佐伯中央青果市場をベースにする4台であった。移動販売車は中山間地域の集落、臨海部・離島の漁業集落を中心に回っている。道路事情の厳しい中山間地域に向かう移動販売車は軽トラが多く、比較的集住し、駐車スペースのある漁業集落に対しては、1.2〜2トンの移動販売車が向かっていた。なお、有人離島の大入島（人口約1000人）では、以前は数台走っていたが、現在は1台（1.5トン車）が佐伯中央青果市場をベースにフェリー（1日27往復、乗船時間約10分）で渡り、月〜土の毎日通っている。島内の15カ所ほどを回っていた。事業主は「30年続けている」と語っていた。

7）　サンプラザについては、本書第2章で取り扱う。

8）　このような事情については、関満博・松永桂子編『震災復興と地域産業 4 まちの自立を支える「仮設商店街」』新評論、2013年、関満博・松永桂子『震災復興と地

域産業 5 小さな"まち"の未来を映す南三陸モデル』新評論、2014年、関満博編『震災復興と地域産業 6 復興を支えるNPO、社会企業家』新評論、2015年、を参照されたい。

9) 東日本大震災の被災地における理・美容の状況については、関満博『東日本大震災と地域産業復興 II』新評論、2012年、第4章（福島県浪江町）、同『東日本大震災と地域産業復興 III』新評論、2013年、第1章（岩手県山田町）、第3章（福島県楢葉町）、第5章（宮城県気仙沼市）を参照されたい。

10) このような日本経済、産業の構造的な問題については、関満博『空洞化を超えて』日本経済新聞社、1997年、同『新「モノづくり」企業が日本を変える』講談社、1999年、を参照されたい。

11) 中山間地域、限界集落の先駆的な研究としては、大野晃『山村環境社会学序説』農山漁村文化協会、2005年、がある。

12) 大分県は2007年度に大規模な「小規模集落実態調査」を実施し（大分県『小規模集落実態調査報告書——集落の今、そしてこれから』2007年12月）、「集落の衰退や消滅は、住民生活はもちろんのこと、水源涵養や県土保全上の影響も懸念されるため、極めて重要な課題である」と認識していく。そして、2008年度以降、「小規模集落対策」に意欲的に取り組んでいる。

13) 林直樹・齋藤晋編『撤退の農村計画』学芸出版社、2010年。

第2章　高知県土佐市／30年にもわたるバス型移動販売
地元スーパーのサンプラザとハッピーライナー号の展開

　人口減少、少子高齢化が進むわが国では、「買い物弱者」問題が大きくクローズアップされつつある。当初は山間地域などの条件不利地域の問題として取り扱われていたのだが、近年は都市部の高齢化した住宅団地でも同様の問題が表出している。それは成熟し、高齢化が際立つ先進諸国に共通する問題としても意識されつつある。

　この点、経済産業省はその背景として「高齢化や人口減少などの影響で、身近な場所から買い物をするための店が撤退する地区が増えています。そのうえ、高齢のために自動車を運転できない等の理由で遠くの街まで出かけることが困難に感じる人々が多くなっています[1]」としている。

　そして、このような事態に対して、各地で興味深い取り組みが重ねられている。そこでは、全国各地の買い物弱者を応援するためには、身近な場所に①「店を作ること」、家まで②「商品を届けること」、そして家から③「人々が出かけやすくすること」が必要と指摘している[2]。

　おそらく、こうした点を焦点に、今後、多様な取り組みが重ねられていくことになると思う。そのような中から、先の②を意識し、本章では「限界集落」という言葉の生まれた、高知県の仁淀川流域[3]で取り組まれている地方スーパー（サンプラザ）によるバス型移動販売事業に注目していく[4]。この取り組みは当初は競合店との差別化を意識して開始されたのだが、他店が移動販売から撤退し、さらに各地の店舗自体が閉鎖されていく中でそれらを引き継ぎ、地域貢献事業を強く意識して推進されている。人口（お客）が激減していく中で、ルートの再編などを重ね、行政の補助に加え、幅の広い主体との協働により、興味深い歩みを重ねてきた。本章では、その歩みと現状を眺めながら、今後の可能性と課題をみていくことにしたい。このバス型移動販売という興味深い取り組みからは、買い物弱者問題の基本的な構図と課題が浮き彫りにされるであろう。

1．移動販売の輪郭

　移動販売といえば、戦後すぐの生まれである筆者（1948年生まれ）には、自宅によく来ていた富山の薬売り、夏のアイスキャンディ売りや金魚売り、冬の焼き芋売り、さらに、ハンチングを被り風呂敷で包んだ大きな荷物を背負って訪ねて来た行商人が目に浮かぶ。医薬品の調達の難しかった時代には富山の薬売りは歓迎されていたようだが、小学校から帰宅すると、玄関で粘られて不要な商品を押し売りされ、困惑していた母の姿を思い出す。戦後しばらくまでは、そのような行商も少なくなかった[5]。

　▶現在の「移動販売」の諸類型
　現代の移動販売は一部に都市部における豆腐屋などのリヤカー販売もあるが、多くは自動車によっている。これらの移動販売は大きく分けて、供給量が消費者ニーズを満たしていない地域で、消費者の生活に欠かせない商品を販売する「必須型」と、供給の質が消費者のニーズを満たしていない地域で、消費者の生活を多様にする「多様型」に分けることもできる[6]。前者は「中山間地域

山間地に通う軽トラの移動販売（高知県幡多郡）

型」「条件不利地域型」、後者は「都市型」といえるように思える。東京大手町のビル街のあたりに昼時に現れるキッチンカー、あるいは、高級衣料品等を載せて都市郊外の住宅地を走る移動販売車等は「都市型」「郊外型」ということができそうである。また、東日本大震災の際に被災地支援に訪れたキッチンカー[7]や仮設住宅に向かう移動販売車[8]は「非常時型」「必須型」といえるかもしれない。

　これらの中で、本章では「中山間地域型」「条件不利地域型」に注目していく。そして、これらの地域では、現在、幾つかのタイプの移動販売車が走っている。一つ目につくのは日本固有の車両とされる軽トラであり、中山間地域の奥深くまで踏み込んでいる。保冷仕様のもの、そうでないものもある。保冷仕様でなければ「鮮魚」「刺身」「精肉」「牛乳」などは持ち込むことは難しい。しかも、パックされたものに限られている。キッチンカーとは異なり、車内での加工はできない。

　さらにトラック利用では、1.2～3トンほどの場合が少なくない。このクラスでは冷蔵庫を搭載している場合が多く、鮮魚、精肉類も扱える。さらに、第3章の安達商事が採用している3トントラックを改造し、荷台の片方が1m

原発被災地の閉鎖された店舗の代りに来ているボックス型移動販売車
（福島県南相馬市小高区）

ほど外にずれる仕組みのものもある。その場合には、真ん中が通路になり後方の階段を4〜5段上がって中で買い物することもできる。また、軽トラや2トン前後のトラックの場合、両脇と後ろが跳ね上がって開くタイプが主流であり、人びとは階段を上がる必要はない。また、ボックス型で客が中に入っていくものもある。さらに、小さなコンテナを大量に積んで現地で降ろして拡げるタイプもある。この場合は大量に積み込めるが、降ろした荷物をまた上げなければならず、1日3〜4カ所が限度とされている。開くタイプや客が乗り込むタイプの場合は1日20カ所前後を回るのが普通であろう。

▶バス型の移動販売車

　これらのトラックの改造車に加え、バス型移動販売車もある。大半は幼稚園バスサイズを改造したものであり、1.3トン仕様である。本章でみるサンプラザのハッピーライナー号、また、先の章の九州佐伯でみられるママサン号は、いずれもマイクロバスの日産シビリアン（最大積載量1300kg）を改造したものであった。さらに、大型路線バス（いすゞLV、1988年式）を改造したものとして知られる広島電鉄系の広電ストアが展開するヒロデンジャー1号は、閉鎖した食料品スーパーの駐車場に1日単位で訪れる移動スーパーというべきものである。大型バスサイズの場合、大量に商品を載せることができるが、反面、中山間地域に深く入ることは難しい。

　このように、移動販売車は軽トラから1.2〜3トン程度のトラック改造車、さらに小型バス、大型バスもある。また、荷台を開閉するものから、車両に乗り込むもの、さらに、コンテナを降ろして拡げるタイプのものまである。なお、この階段を上がるということは高齢者にとって難儀であろう。低床型のバス、トラックをベースにする移動販売車の開発が進められている。

　経営的には、個人営業が圧倒的に多い。その場合には、軽トラで1日の売上額5〜6万円程度、2トン前後のトラックで8〜10万円程度が損益分岐点となる。さらに重要なのは、低価格で仕入、品揃えができるかという点であろう。青果専業などの場合は青果市場仕入一本ですむが、食料品全般、生活用品まで取り扱うとなると、仕入ルートの確保がポイントとなる。食品スーパーや生協

をベースにするか、あるいは、卸売市場を拠点に他の商品を卸業者から納入してもらう体制が不可欠であろう。そして、商品の売価はスーパーとコンビニの間ほどが求められる。そのため、仕入価格が高いと、民間事業としては成り立たない。

　また、個人営業で行う場合、売れ残りは破棄せざるをえないが、経験を重ねるうちに利用者の好みもわかり、ほぼ売れ残らないノウハウが蓄積されていくようである。人口減少と高齢化が進む中山間地域では、近年、人口減少（客の減少）が顕著であり、事業が苦しいものになり、客の新たな掘り起こし、巡回経路の再編などが必要とされている。

　現在、地方スーパーなどの事業体が移動販売に向かう場合、個人とのフランチャイズ契約や、スーパー自身の別の事業部として進めている場合がみられる。現在、事業体が本格的に移動販売に踏み、実績を重ねているケースとしては、本章で扱う高知県土佐市のサンプラザの他には、本書第3章で扱う鳥取県日野町の安達商事、奈良県生駒市の昭栄鶏卵[9]、さらに本書第6章で扱うコープさっぽろが観察される。サンプラザ、安達商事、コープさっぽろは事業部として展開、昭栄鶏卵はフランチャイズ制を採用している。サンプラザも当初はフランチャイズ制であった。これらは、いずれも母体がしっかりしており、仕入体制が形成されている。

　このように、中山間地域を焦点とする移動販売はそれぞれの地域条件等により、興味深い仕組みを作り上げている。さらに、最近の傾向としては、都市部の住宅団地等の中の食料品店の閉鎖などにより、高齢化した住民から立ち寄りを要請されることも少なくない。中山間地域、条件不利地域で行われていた移動販売が、都市部でも不可欠なものとなってきたのである。

2．サンプラザと移動販売の展開

　高知県といえば、中山間地域問題の焦点の一つとされている。地形的には四国山地から鋭い尾根が海岸に至り、平野はほとんどない。約76万人とされる人口の約45％は高知市に居住し、東の辺境の室戸市、西の辺境の土佐清水市は人

口1万6000人前後に縮小している。人口の高知市への一極集中、東西の過疎化、そして、北部に拡がる急峻な中山間地域の人口減少、過疎化が指摘される[10]。

▶サンプラザの輪郭

　高知市の中心部から15kmほど西に向かったところに人口約2万8500人の土佐市がある。この高知県、大型商業施設で目立ったものとしては、2000年末に開店した高知市内のイオンモール高知しかない。コンビニエンスストアも最有力のセブンイレブンは進出していない。地元のスーパーとしては、サンシャイン（高知県内29店）、サニーマート（16店舗）、そしてサンプラザ（16店舗）が御三家とされている。当初、これらの地元スーパーはエリアを分けていたのだが、現在では入り乱れて激戦状態となっている。そこに、他県資本の香川のマルナカ（イオン・グループ）などが入ってきている。

　土佐市を本拠とするサンプラザの創業は1962年、「土佐スーパーマーケット」の名称で出発している。地元有力者数人が出資したものであり、現在でも清水家、笠原家、藤田家の三家の影響力が強い。現在の社長には笠原家の笠原雅志氏が就いている。当初はコンビニサイズの店でのスタートであった。社是は「誠実奉仕」とされていた。1960年代は全国的にスーパーマーケットが勃興した時代であり、急速に市場が拡大していった。高知県は全国的にみると無風地帯であり、有力3社はエリアを分けていたのだが、その後、イオンも参入するなど激戦の時代に入っていく。サンプラザの本拠である人口3万人弱の土佐市には、サンプラザ2店、サンシャイン2店、サニーマート1店に加え、香川のマルナカも進出している。

　現在のサンプラザは、スーパーマーケット10店、業務用食品スーパー4店、ホームセンター2店の計16店舗から構成されている。売上額145億円（2014年3月期）、従業員数979人（男性315人、女性664人、パート・アルバイトを含む）規模となっている。スーパー店舗の地域的配置は高知市8店、土佐市2店、いの町1店、南国市1店、佐川町1店、越知町1店から構成されている。地方店では佐川店の規模が比較的大きい。

▶移動販売車「ハッピーライナー号」の誕生と危機

　ハッピーライナー号が誕生するのは1985年7月、3台のバス型移動販売車でスタートした。当初は一般から事業者を募集するフランチャイズ制を採った。当時は地方スーパーマーケットの競争が激しくなり、差別化の一環としてスタートさせた。ライバルのサニーマートも移動販売に参入してきたが、その後、撤退した（サニーマートは2014年6月、軽トラタイプ［とくし丸[11]］で再参入している）。車両は幼稚園バスとして親しまれてきた日産シビリアンを日産の京都の子会社で改造したものであった。最大8台にまでなった。

　1990年代末の頃から高知県中山間地域の過疎化が激しいものになり、撤退する他社の市場を受け入れてきた。その結果、高知県で移動販売が事業的な形で残ったのはサンプラザだけとなった。当初は土佐市を中心にその上流の仁淀川流域を対象にしていたのだが、その後、各地から要請され、現在では13市町村に及んでいる。東は高齢化率54％（2010年国勢調査）で知られる大豊町までを対象にしている。また、最近ではスーパーが撤退した香南市（旧野市町）から要請され、さらに、高知市郊外の高台に展開している潮見台住宅団地のスーパーが2013年に撤退したことから対象にしていた。中山間地域から、都市部へと巡回の範囲が拡がっている。

　1996年の頃には8台を運行していたのだが、赤字路線ばかりとなり、原油価格高騰、車両の燃費悪化、さらに丁度車両のリースが切れる時期でもあり、社内では「止めよう」との議論となった。その頃（1992〜1999年）、教科書出版の東京書籍の小学校教科書（新編『新しい社会』4）にハッピーライナー号のことが掲載されていた。廃止の事態に対し、運転手の一人であった通称「森やん」が当時の笠原常務（現社長）に「教科書にのっちゅうがぜよ!? やめたらいかんやろ!!」の一言を発する。

　これを受けて、サンプラザは「なんとか続けられないか」と模索し、車両を8台から6台に削減、路線の見直し、中山間地域ばかりでなく高知市内の福祉施設などの可能性の追求、運転手のローテーションの見直しを重ねていく。その頃には「商売」としてではなく、「地域への貢献」を深く意識していく。従来のフランチャイズ方式を止めて、ハッピーライナー事業部としていった。運

転手は事業主から正規雇用の従業員となっていった。ただし、後にみるように、他の従業員とは異なる賃金体系となっている。

▶2010年から県の補助を得て新たにスタート

　1998年の頃から高知県に補助を要請するものの却下される。サンプラザ側は「大きな赤字がでなければよいか」と考えていった。そして、このようなサンプラザの取り組みが2006年頃からラジオ番組や県内外のマスコミに採り上げられていった。2007年8月には高知県との間で「地域見守り協定」を締結していく。これは県内では高知新聞社に次ぐものであった。買い物に来る高齢者に異変があれば、サンプラザ側が民生委員・児童委員協議会連合会に連絡する。実際、いつも出て来る人が来ないことから、自宅を訪問すると玄関口で倒れていたこともあった。ハッピーライナー号は乗せて下まで降ろし、救急車に引き継ぐことによって一命を取りとめた。

　高知県は2003年から独自に県庁職員を各市町村に常駐させる「地域支援企画員」制度をスタートさせているが[12]、各支援員からも移動販売の重要性が指摘されており、2009年10月には「中山間地域安心安全サポート体制支援事業」が県議会で可決されていく。そして、11月にはハッピーライナー事業が補助事業として選定された。なお、この補助事業は、生活物資の供給と地域の見守り活動を5年間継続することが条件になっている。

　その頃は、丁度、ハッピーライナーの車両の更新時期であり、4台（1台につき車両約600万円、改造費約600万円、計約1200万円）の車両に対して3分の2の補助を受けることができた。新ハッピーライナー号は2010年4月からスタートしている。

3．ハッピーライナーの仕組みと現状

　現在、バス型移動販売車のハッピーライナー号は6台走っている。これらのうち4台は土佐市内の閉鎖されている旧サンプラザ東町店の一部を拠点にし、2台は佐川町のサンプラザを基地にしている。いずれも品目は約150種、約500

土佐市の旧サンプラザ東町店の拠点／出発前のハッピーライナー号

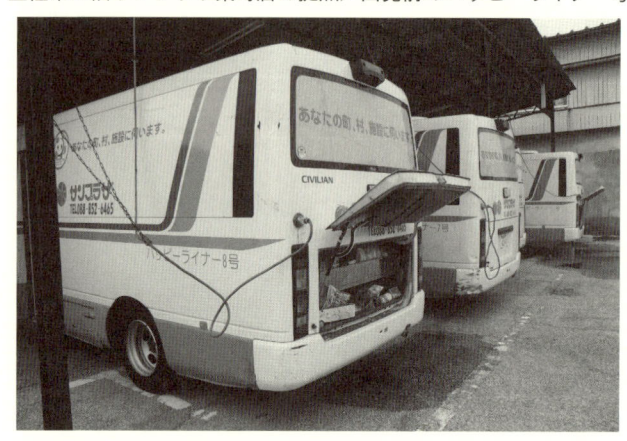

品目を載せて走る。1日の走行距離は約100km、各コース25～30カ所の停車ポイントを回る。停車ポイントに近づくとテーマソングを流す。「お母さんのお買い物。お父さんも一緒だよ。ほのぼの家族のサンプラザ」と歌っている。

▶ハッピーライナー号の事業

運転手は「キャプテン」の名称で呼ばれている。サンプラザの正規従業員であるが、賃金体系は他の従業員とは異なる。月の賃金は「売上額出来高制」であり、売上額の約6％を受け取り、年2回のボーナスは粗利益率に対して何％という形をとっていた。売れ残りの廃棄などがあると、ボーナスは減額される。2013年度の全体の売上額は約1.9億円、1台あたり約3160万円であった。この6％は約190万円となる。これにボーナスということになる。仕事の内容からして決して高いとはいえない。

キャプテンの年齢はバラバラであり、45歳から60歳ぐらいまで。長い人で15年の経験、短い人で4年ほどであった。運転手として独自に採用しているが、これまで他の部門の正規従業員からの移籍はない。週休2日制、日曜日は全て休暇となる。ローテーションは毎週月曜日と木曜日、火曜日と金曜日、水曜日と土曜日という週2回サイクルで同じところを回ることを原則としている。た

仕入商品の積み込み作業

だし、週に1回のところもある。西は須崎市、東は香南市（旧野市町）、北は険しい中国山地の大豊町、本山町、越知町、いの町、仁淀川町、津野町までに至る。

　仕入、品揃えは各キャプテン独自とされている。一般食品は旭食品（高知市）から各キャプテンが個々に仕入れている。牛乳、パン（山崎製パン、敷島製パン）はそれぞれから。また、野菜、精肉、鮮魚、惣菜はサンプラザから振り替える形で仕入れていた。なお、タバコ、酒は取り扱えない。価格はサンプラザとほぼ同じであるが、特売は行わない。キャプテンたちはコース、曜日によって客の好みを考えて品揃えしていく。野菜、果物、精肉、鮮魚、惣菜、寿司、弁当、調味料、パン、菓子類、アイスクリーム、熨斗袋、野菜の種、トイレットペーパー、ペットフードなどに及ぶ。バナナ、ヤクルト、弁当などが売れ筋であった。また、福祉施設では菓子類がよく売れる。従来、レジは手打ちであったのだが、2011年からはポスレジを導入し、買い物動向の分析もしている。客単価は約2000円であった。

　路線を変更したりして対応しているが、全体の印象としては1985年のスタートの頃に比べ、従来ルートの客は半分になり、特に、この数年急激に減少していることが痛感されていた。キャプテンからは「毎日のように葬式に遭遇す

図2-1　ハッピーライナー号の車内レイアウト

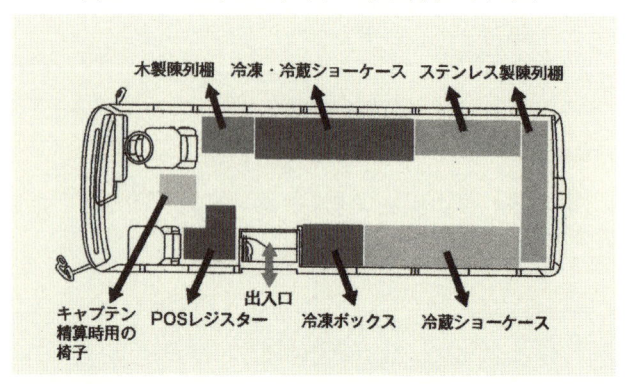

（車内レイアウト図：木製陳列棚、冷凍・冷蔵ショーケース、ステンレス製陳列棚、キャプテン精算時用の椅子、POSレジスター、出入口、冷凍ボックス、冷蔵ショーケース）

資料：サンプラザ

る」と報告されていた。高知県の中山間地域の高齢化も、新たな局面を迎えているのかもしれない。現在、車両代の3分の2が補助され、損益分岐点ギリギリの線であるが、燃料（軽油）の高騰等は相当に辛い。1日15万円の売上が目標とされていた。

　ハッピーライナー号は5年で15万kmも走る。この間、エンジン、トランスミッションを積み替える必要性も生じる。新ハッピーライナー号がスタートした2010年4月から5年が経つ。あと2～3年で買い換えの時期がくる。ただし、日産シビリアンは今後ディーゼル車は廃止し、燃料費の高いガソリン車だけになる。このことも一つの悩みとされていた。

▶ハッピーライナー号の半日

　2014年6月25日（木）午前中、山間部に向かうハッピーライナー8号（6台だが、2号車、6号車は欠番）に同行した。7時過ぎから積み込みを始め、9時30分には出発ということから、8時に現地に赴いた。キャプテンは黒岩保夫氏、10年の経験者であった。

　現場では車両ごとに仕入商品が用意されており、2時間ほどをかけてクルマに積み込んでいく。車両の中は通路を囲んで冷蔵庫、冷凍ボックス、商品棚が並び、所狭しと無駄なくきれいに格納されていた。にぎり寿司や季節柄カツオ

ハッピーライナー8号の車内

のたたきが目についた。

　9時30分に出発、事前に渡された8号車木曜日のコースは仁淀川沿いにいの町の上流方面に向かうものであった。いの町神谷、鹿敷、日高村名越屋をたどり、名越屋沈下橋で仁淀川を渡り、いの町野地、横野、さらに急峻な山上の越知町横畠などに向かう。26カ所の停車ポイントと到着、出発時間が明示されていた。最初の神谷到着が10時、最後のいの町小野の到着予定は18時であった。基地に戻るのは19時過ぎとなろう。「定時定点」が原則であった。

　国道からそれて仁淀川に沿って進み、途中のガソリンスタンドで給油し、山間部に入っていった。最初の停車ポイントの神谷では客は女性1人であった。第2ポイントに向かう途中でも停車すると女性2人の客がやってきた。第2ポイント（鹿敷）には予定通り10時30分に着くと、同時に手押し車の高齢の女性が近づいてきた。ここでは5人の客があった。最高齢は90歳であった。賑やかに楽しんでいた。

　また、このポイントには50歳前後の夫婦がトラック（1.2トン）に青果と果物を載せて合流してきた。女性たちは両方で買い物をしていた。この販売車は移動販売専門の個人事業主であり、夫人の兄がハッピーライナー号の元キャプテンであった。その馴染みの客を引き継ぎ、週2回移動販売をしていた。ハッ

第2章　高知県土佐市／30年にもわたるバス型移動販売　69

仁淀川にかかる名越屋沈下橋を渡るハッピーライナー8号

仁淀川上流域の斜面に張りつく越知町横畠集落

ピーライナー号にとってはライバルであり、また集客力を高める効果もあるようであった。

　11時からは小刻みに停車を重ねる。予定表よりも多く、戸別に対応している部分もあった。場所によってはキャプテンが自宅まで案内に行っていた。平均客単価2000円と聞いていたのだが、4000円の客もあった。バナナがよく売れていた。同行者が水分補給のためにペットボトルの三矢サイダーを購入したのだが100円であった。

　午前中の12時30分までの間に停車したのは、予定の9カ所ではなく12カ所であった。小雨のせいか客は少なく、全体で24人、女性22人、男性2人であった。年代は70代後半から90歳前後にみえた。客は「近くの店が3年前になくなり、これがあって助かります。クルマには乗れないし、下の店に行くにはタクシー代が片道3000円以上かかります」と語っていた。手押し車に詰めて帰る客、キャプテンに自宅まで運んでもらう客。仁淀川の上流域は急峻な地形であり、歩くだけでもたいへんな坂道ばかりであった。

　黒岩氏はニコニコと笑顔で対応し「誰が何を買うのかわかっており、売れ残りはまずない。それよりもお客さんが次第に減少している。大半は80歳過ぎの単身の女性」と語っていた。午前中だけであったが、粛々と停車を重ね、そこには杖をつき、手押し車でくる高齢の女性たちが集い、談笑し、買い物を楽しんでいた。「自分の目で確かめて、買い物をしたい」という思いが伝わってきた。

車内で品定めをする高齢の婦人　　　自宅に配達する黒岩氏

▶「お客の声」と「キャプテンの話」

　サンプラザのホームページでは、移動販売車の事業を「過疎化の進む山間部や福祉施設等への商品と共に幸せを運ぶ社会貢献としてとらえ、その継続に力を注いでいる」としている。そして、これまでの経験を踏まえ、「お客の声」「キャプテンの話」を掲載している。その主要な点をまとめると、以下のようなものになる。

移動販売車を利用する理由
- 近くに店がない。
- 地元商店に魚など生鮮食品の品揃えが少ない。
- 共働きで、町まで買物しに行く時間がとれない。
- 色々な商品を手にとって選んで買物できるのが楽しい。
- 町中の量販店と同じ新鮮な商品が、同じ値段で売っている。
- 普段は置いていない商品でも、注文しておけば次回には乗せてきてくれる。
- 決まった日時に来てくれるので生活の一部になっていて、みんなとおしゃべりしながら待つのが楽しみ。

学校の寮や病院、老人ホームなどの施設の声
- 外出に制限（時間や体調）があり、どうしても必要なものは人に頼んででも買えるが、ちょっとした物を選んで買えるのが楽しい。

- 職員の方も「施設の中で店が開かれるので事故の心配もなく安心」としていた。

キャプテンの苦労すること
- 楽しみに待っているお客様がいるため、少々の熱があっても休むわけにはいかない。体調管理に一番気を使います。
- 時間が決まっているため、予定通りに移動することが大変。お客様が多いと嬉しい反面、時間がかかり次の場所のお客様に迷惑をかけるので、困ってしまいます。
- 全てを自分でするため仕事はハードです。商品の積み下ろし、接客・レジと販売も大変ですが、道の狭い山奥まで入るため事故に気をつけ安全運転で、時間を守らなければならず、運転面も大変です。

キャプテンのうれしいこと
- お客様が必要としてくれていること。
- お客様が楽しそうに買物している姿をみると、自分も楽しくなります。
- お客様の生活に密着していることで、家族のように接してくれることがあり、そんなお客様との何でもないやりとりが本当に暖かく心にしみる事が多い。

　以上のような点は、ハッピーライナー号に同行し、楽しみに待ち構えている高齢の人びとと接すると深く痛感される。高齢者にとっては移動販売車が食品・生活用品調達の基本インフラであり、買物を楽しみ、コミュニケーションの場になっていることがわかる。また、キャプテンのゆったりとした笑顔と自宅まで商品を運んであげる姿からは、やりがいのある仕事であることが伝わってきた。また、実際に同行してみて、70代の女性もいるが、キャプテンが語るように「80歳以上の女性が多い」ことを痛感させられた。杖をつき、手押し車にもたれかかりながら、坂道をやってきていた。高齢化が際立つ高知の中山間地域において、興味深い取り組みが重ねられているのであった。

4．持続性のある事業に向けて

　中山間地域における人口減少、高齢化のプロセスは、当初は若者が減り人口が減少するものの、逆に65歳以上の高齢者の数が増えていくところから始まる[13]。高齢化率は急速に上がる。ただし、それがさらに進むと一気に高齢者数の減少期に入っていく。大半は80歳以上となっていく。しかも単身の女性が残されていく。90歳は珍しいものではない。そのことは、購買者数の減少、購買力の低下が進み、移動販売の事業基盤も縮小していくことを意味する。中山間地域の高齢化は未曾有の新たな局面を迎えているのである。この高齢者数の減少期に入ると、民間ベースの移動販売等を新たに起こすことは難しくなる。特に、高知県の中山間地域では、すでにそのような段階に踏み込んでいるところが少なくない。

　高知県の中山間地域は、他の地域にはみられないほどの急峻な地形であり、小さな集落が雲上の急斜面に張りついている。坂道を歩くことも容易ではない。それでも、ハッピーライナー号の到着を待って高齢の人びとは必死に歩いてきていた。キャプテンのいうように、このあたりの人口はこの十数年で急減している。サンプラザとしては行政の補助を受けながら、社会貢献事業として、ハッピーライナー号を継続させてきた。ただし、中山間地域を回るだけでは事業的には日に日に厳しいものになっていく。市街地の福祉施設や都市郊外の高齢化した住宅団地をも巡回のルートに入れ、利用者の確保を目指していた。

　現在、全国の中山間地域の買い物弱者への取り組みとしては、移動販売、買い物代行、配食サービス、そして、店舗の設置、あるいはバス・タクシーなどによる送迎などが行われている。それらは、地形的条件、年齢構成、コミュニティの状況等により意味が異なってくる。それらの環境条件に合わせたサービスの提供が必要になっている。

　ハッピーライナー号の対応としては、決められたところ以外でも停車し、戸別に声かけをし、商品の自宅への配達もしていた。要請があれば買い物代行にも応じていた。ただし、比較的車両のサイズが大きいため、山間部で入れない

ところもあろう。また、高齢で外に出られない人もいる。さらに、調理のできなくなった高齢者も増えている。

　このような事情に対して、より丁寧な取り組みをしようとするならば、現行のバス型移動販売に加え、山道のどこまでも入れる軽トラによる移動販売、買い物代行、さらに配食サービス等を組み合わせていくことが求められるであろう。ただし、そのようなやり方は民間の事業ベースには乗りそうもない。まことに悩ましい構図の中にある。それでも高齢化、人口減少が進むほどにこのような必要性は高まる。それが中山間地域の買い物弱者をめぐる「最後の1マイル」ということなのであろう。高齢化がさらに際立つこれから、地域で暮らす人びとが、安心、安全に暮らし続けていくことができる生活環境を形成していくためにも、持続可能なあり方を模索していくことが求められる。

　近年、こうした点に関しては、民間事業者、NPOのような中間組織、さらに行政も取り組み始めている。先に指摘したように、高齢者数の減少局面に入る「後期高齢地域社会」になると、民間単独での参入は難しい。私たちは、そのような未経験ゾーンに踏み込みつつある。そのような意味で、民間的な運営を意識しながら、公共性を基礎にする行政的目配り、さらに、それをつなぐ中間組織としてのNPOなどが協働し、知恵を出し合いながら、関係者みんなが幸せになれる仕組みを形成していくことが望まれる。サンプラザの30年にもわたるバス型移動販売ハッピーライナー号の取り組みは、私たちの未来に向けた先駆的なものとして注目されるであろう。

1) 経済産業省『地域生活インフラを支える流通のあり方研究会報告書』2010年5月、32ページ。
2) 経済産業省『買い物弱者を支えていくために〜24の事例と7つの工夫〜』2011年3月、2‐3ページ。
3) 仁淀川上流域の状況については、大野晃『山村環境社会学序説』農山漁村文化協会、2005年、関満博編『6次産業化と中山間地域──日本の未来を先取る高知地域産業の挑戦』新評論、2014年、第4章を参照されたい。
4) サンプラザのハッピーライナー号の取り組みについては、先行研究として、向圍

英雄「買い物弱者対策としての移動販売――高知県における㈱サンプラザ、行政等の取り組み」(『コミュニティ政策』第9号、2011年)が有益である。

5) 少し前の時代の行商については、塚原美村『行商人の生活』雄山閣、1970年、が詳しい。また、現在では貴金属、宝石類の「押し買い」が社会問題化している。

6) 井上考二・鈴木佑輔「移動販売車を活用したビジネス」(『調査月報』日本政策金融公庫、第52号、2013年1月)。

7) 釜石のキッチンカー・プロジェクトについては、姜雪潔「産業復興・地域創造とNPO」(関満博編『震災復興と地域産業 2 産業創造に向かう「釜石モデル」』新評論、2013年、第8章)を参照されたい。

8) 被災地における全国商工会連合会提供による「軽トラプロジェクト」は、全国商工会連合会が相馬商工会議所を通じて無償で貸し出しているものである。詳細については、全国商工会連合会『復興軽トラ』2013年1月、関満博「被災事業者に『軽トラ』を貸与、仮設住宅に移動販売――被災地に102台を無償貸与(全国商工会連合会)」(関満博編『震災復興と地域産業 6 復興を支えるNPO、社会企業家』新評論、2015年、第3章)を参照されたい。

9) 大阪市から東の生駒山地周辺でフランチャイズにより移動販売車(改造トラック)16台を展開する昭栄鶏卵の研究報告としては、高橋愛典・竹田育広・大内秀二郎「移動販売事業を捉える二つの視点――ビジネスモデル構築と買い物弱者対策」(『商経学叢』近畿大学、第58巻第3号、2012年)がある。

10) 高知県の全体的な状況については、関編、前掲『6次産業化と中山間地域』を参照されたい。

11) 軽トラによる移動スーパー「とくし丸」については、序章脚注11)を参照されたい。

12) 高知県の地域支援企画員については、岡村幸政「市町村現場への人材派遣:高知県の地域支援企画員『地域の元気応援団』――制度の成果と課題」(『地域開発』第552号、2010年9月)、吉村輝彦「地域支援企画員による場づくり支援」(穂坂光彦・平野隆之・朴兪美・吉村輝彦編『福祉社会の開発』ミネルヴァ書房、2013年)を参照されたい。

13) 日本の人口減少、高齢化のプロセスについては、本書序章、及び、関満博「人口減少と高齢化を迎えた地域社会と信用組合」(『しんくみ』第61巻第9号、2014年9月)を参照されたい。

| 第3章 | 鳥取県日野町・江府町／山間地の閉鎖店舗を引き継ぎ、移動販売
店舗5店、移動販売車5台を展開（安達商事）

　全国の中山間地域は、近年、際立った人口減少、高齢化に直面し、人びとの暮らしを支えてきた商店、食料品店が閉鎖されていく場合が少なくない。クルマに乗れる人びとは地方都市の郊外に設置された大型スーパー等に買い物に行けるが、高齢者の多くは買い物をする機会を失っている。

　中国山地の山間部に位置する鳥取県日野郡日野町、江府町。閉鎖された生協店を引き継ぎ、その後も閉鎖されたJA店も引き受け、さらに多様な移動販売に踏み込み、山間地域における買い物に多様な機会を提供する企業（安達商事）が存在している。経営者の安達享司氏（1952年生まれ）は「地域に店がなくなれば、人の集まる場所が減る。雇用や地域の食（生活）も守れなくなる。そんな負の連鎖を断ち切らないといけない」と、山間地域の「買い物弱者」問題に一つの可能性を提示してきた1)。

　閉鎖された生協店（1店）、JA店（3店）を再生し、やり手のなかったコンビニエンスストア（ローソン）を引き受け、さらに、移動販車5台を展開、そして、従業員30人を雇用しているのであった。

1. 店舗を引き継ぎ、移動販売を展開

　安達氏は日野町、江府町に接する鳥取県伯耆町の生まれ、育ち。父が伯耆町の鳥取県西部生協店の中でテナントとして鮮魚店を開いていた。安達氏が日野高校在学中に父が倒れ、18歳で家業を引き継いでいる。その後、安達氏が23歳の時、西部生協がテナントを直営にすることになり、それを機会に生協の職員となった。西部生協では鮮魚の仕入などに就いていた。だが、1985年、経営悪化した西部生協は和議申請に入り、事実上、倒産した。西部生協は市街地の中の店舗（12店）を中心とした生協であり、このクルマ社会の中で駐車場がな

図3−1　鳥取県の概念図

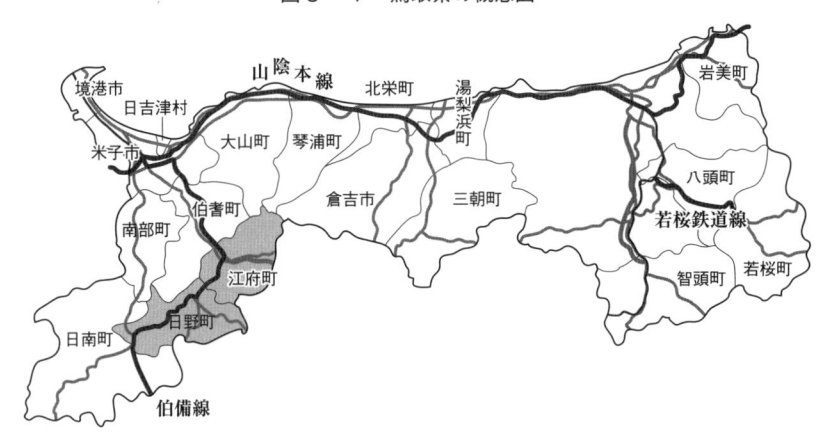

かったことが経営悪化の大きな原因とされた。

　当時、すでに日野郡では人口減少、高齢化が著しく、店舗が急減していた。生協の閉鎖された店舗の新たな買い手はなく、人びとの買い物の場が一気に縮小していくことが懸念された。そのような事態の中で、当時40代に差しかかっていた安達氏は「再建できる」と考え、生協の組合長に「やりたい」と伝え、1990年、㈲安達商事を設立、西部生協の根雨店（日野町）を引き継ぎ、スーパー（あいきょう）をスタートさせている。売場面積58坪、元生協員職員等7人による再出発であった。なお、「せいきょう」の看板が掛かっていたことから、それで商号登録しようとしたが断られ、当時資金が乏しかったことから、「せいきょう」の看板の「せ」の部分を「あ」に書き変えて、店名を「あいきょう」としていった。実質、生協店閉店後1週間で再開した。

（1）日野町、江府町の事情

　日野町、江府町のあたりは中国山地に位置し、南は岡山県に接する山間地域である。面積は日野町が約134k㎡、江府町が約125k㎡、合わせて259k㎡となる。鉄道交通はJR西日本の陰陽（山陰～山陽）連絡の重要路線である伯備線が米子～岡山間に通じており、主要駅は日野町が根雨駅、江府町が江尾駅となる。

表3—1　日野町、江府町の人口推移と高齢化

区分	日野市			江府町		
	人口（人）	高齢人口（人）	高齢化率（％）	人口（人）	高齢人口（人）	高齢化率（％）
1950	9,543	655	6.9	6,802	417	6.1
1955	9,407	657	7.0	7,355	535	7.3
1960	8,701	700	8.0	7,002	597	8.5
1965	7,977	771	9.7	6,311	641	10.2
1970	6,757	831	12.3	5,538	672	12.1
1975	6,362	967	15.2	5,025	696	13.9
1980	6,092	1,054	17.3	5,015	786	15.7
1985	5,792	1,157	20.0	4,757	898	18.9
1990	5,377	1,286	23.9	4,528	1,040	23.0
1995	4,921	1,446	29.4	4,316	1,220	28.3
2000	4,516	1,507	33.4	3,921	1,292	33.0
2005	4,185	1,602	38.3	3,643	1,347	37.0
2010	3,745	1,572	42.0	3,379	1,370	40.5

資料：『国勢調査』

　米子駅〜根雨駅間は特急やくも（2本に1本は根雨駅に停まる）で約25分、普通列車では約30分の距離であった。高速道路のICは米子自動車道江府IC、江府三次道路諏訪IC（日野町）がある。一般国道は180号、181号、183号、482号が通じている。米子市〜日野町間は約25kmとされていた。日野町、江府町のいずれからも、米子に通勤する町民は少なくない。中国山地の中でも、島根県石見地方あたりの町村に比べ、やや開けた雰囲気はある。

▶鳥取を代表する人口減少、高齢化地域

　人口のピークは日野町、江府町のいずれも1950年（国勢調査）であり、日野町は9542人、江府町は7484人を数えた。その後はいずれも国調ベースで減少を続け、2010年は、日野町3745人（1950年に対し60.8％減）、江府町3379人（54.9％減）となった。この間、1960〜1970年に進められた石炭・薪炭から石

油へというエネルギー革命の時代に、日野町の人口は21.3％減、江府町は20.9％減となった。中国山地全体に薪炭の供給地であり、雇用吸収力を失ったこと、また、当時は高度経済成長期であり、阪神、瀬戸内の工業化が労働力を吸引していったことが指摘される。

そして、その後も人口減少が続いていく。とりわけ2000年代に入ってからの減少は大きく、2000〜2010年の間に日野町は17.1％減、江府町は13.8％減となった。江府町の人口減少が日野町に比べて少なかった背景としては、「奥大山の水」に注目して、サントリーが「天然水奥大山ブナの森工場」を進出させたことが効いている。そのような動きの乏しかった日野町の場合は、2000〜2005年の間に人口は331人減（減少率7.4％）、2005〜2010年は440人減（10.5減）と、年々、減少数、減少率共に拡大させているのであった。そして、2010年の高齢化率は、日野町42.0％、江府町40.5％といずれも40％を超えた。両町とも鳥取県を代表する人口減少、高齢化地域ということができる。

▶町内事業所の減少、従業者の減少

以上のような人口減少が続くと、事業所数も減少していく。表3－2は日野町の事業所の動向を1991年、2001年、2012年を取り出してみたものである。ここから次のような点が指摘される。

日野町の1991年の事業所数は360、従業者数は2480人であった。これが2001年には301事業所（59事業所減、16.4％減）、2096人（384人減、15.5％減）、2012年には202事業所（1991年比、158事業所減、43.9％減）、1106人（1374人減、55.4％減）となった。ほぼ半減したということであろう。増加しているのは、農林漁業以外には見当たらない。農業の場合、法人化、大規模化が進められている近年の事情を反映している。

減少が著しい産業（1991〜2012年）は、事業所数では「卸売、小売、飲食店」（54減、40.9％減）、「製造業」（22減、56.4％減）、「建設業」（18減、43.9％減）が目に付き、従業者数では「製造業」（316人減、67.1％減）、「建設業」（261人減、64.0％減）、「卸売、小売、飲食店」（155人減、32.2％減）などが目立った。建設業の縮小は全国の地方に共通する現象だが、日野町の製造業の場

表3―2　日野町の産業(大分類)別事業所数、従業者数

区分	1991 事業所数(件)	1991 従業者数(人)	2001 事業所数(件)	2001 従業者数(人)	2012 事業所数(件)	2012 従業者数(人)
全産業	360	2,480	301	2,096	202	1,106
農林漁業	3	14	3	14	6	85
非農林漁業	357	2,466	298	2,082	196	1,021
鉱業	2	28	3	35	1	15
建設業	41	408	41	422	23	147
製造業	39	471	22	220	17	155
電気・ガス等	1	2	2	5	―	―
情報通信業	―	―	―	―	―	―
運輸業	9	63	9	66	6	42
卸売・小売業、飲食店	132	481	108	403	60	263
金融業、保険業	6	56	6	37	4	20
不動産業、物品賃貸業	5	9	5	10	6	23
サービス業	109	754	91	713	―	―
学術研究、専門・技術サービス業	―	―	―	―	4	7
宿泊業、飲食サービス業	―	―	―	―	18	63
生活関連サービス業、娯楽業	―	―	―	―	17	25
教育、学習支援業	―	―	―	―	4	6
医療、福祉	―	―	―	―	12	183
複合サービス事業	―	―	―	x	4	28
サービス業(他に分類されないもの)	13	194	11	171	20	43

注：『事業所統計』『経済センサス』では、業種区分が変更になっている。「卸売・小売業、飲食店」が「卸売・小売業」「宿泊業、飲食サービス業」に分かれ、「サービス業」は「学術研究」以下、細分化された。
資料：1991年は『事業所統計』7月1日。2001年は『事業所統計』10月1日、2012年は総務省統計局『平成21年経済センサス－基礎調査』7月1日。

合は、1960年代以降に進出してきた繊維関連工場の撤退が大きい。従業者で879人（1991年）と全体の35.4％を占めていた「製造業」「建設業」の縮小が、日野町の経済社会に大きな影響を与え、人口減少、若者の流出、さらに「卸売、小売、飲食」、その他のサービス業部門の縮小を促していった。

表3－3　江府町の産業(大分類)別事業所数、従業者数

区分	1991 事業所数(件)	1991 従業者数(人)	2001 事業所数(件)	2001 従業者数(人)	2012 事業所数(件)	2012 従業者数(人)
全産業	210	1,388	175	1,278	126	912
農林漁業	1	1	3	17	2	17
非農林漁業	209	1,387	172	1,261	124	895
鉱業	—	—	1	25	—	—
建設業	26	349	24	325	25	167
製造業	17	211	10	110	12	165
電気・ガス等	—	—	1	2	1	4
情報通信業	—	—	—	—	1	1
運輸業	15	107	14	112	8	127
卸売・小売業、飲食店	71	255	52	180	30	115
金融業、保険業	2	11	1	7	2	25
不動産業、物品賃貸業	1	3	1	1	3	12
サービス業	69	342	59	367	—	—
学術研究、専門・技術サービス業	—	—	—	—	3	18
宿泊業、飲食サービス業	—	—	—	—	9	102
生活関連サービス業、娯楽業	—	—	—	—	11	16
教育、学習支援業	—	—	—	—	—	—
医療、福祉	—	—	—	—	3	80
複合サービス事業	—	—	—	—	3	24
サービス業(他に分類されないもの)	8	109	9	132	13	39

注：『事業所統計』『経済センサス』では、業種区分が変更になっている。「卸売・小売業、飲食店」が「卸売・小売業」「宿泊業、飲食サービス業」に分かれ、「サービス業」は「学術研究」以下、細分化された。
資料：1991年は『事業所統計』7月1日。2001年は『事業所統計』10月1日、2012年は総務省統計局『平成21年経済センサス－基礎調査』7月1日。

　このような点は、江府町もほぼ同様である。江府町の1991年の事業所数は210、従業者数は1388人であった。これが2001年には175事業所（35事業所減、16.7％減）、2012年には126事業所（1991年比、84事業所減、40.0％減）、912人（476人減、34.3％減）となった。減少が著しい産業（1991～2012年）は、事業

所数では「卸売、小売、飲食店」(25減、35.2％減)、「運輸業」(7事業所減、46.7％減)であった。逆に、製造業はさほど減少していない。従業者数でみると、「建設業」(182人減、52.1％減)の縮小が目立つが、「卸売、小売、飲食店」(38人減、14.9％減)、「製造業」(46人減、21.8％減)の減少は先の日野町に比べて相対的に小さい。先に指摘したサントリーの水工場の誘致が大きな影響を与えているようである。

(2) 5店舗を引き継ぎ、移動販売を積極化

安達氏は生協時代、仕入担当の商品部課長であったことから、仕入業者に友人が多く、再開にあたり仕入に協力してもらえた。得意の鮮魚については、現在でも毎日、安達氏は早朝の5時に出発し境港の魚市場に向かっている。9時頃には基幹店である江尾店に戻ってきていた。

再スタートして間もない1991年、日野町の国道沿いにショッピングセンターのサンプラザが出店してくる(その後、閉鎖)。そのために客を相当に取られ

表3－4　安達商事の歩み

年	内容
1990	㈲安達商事を設立。鳥取県西部生協の根雨店を引き継ぎ、スーパー(あいきょう)経営を開始。
1993	大型店(サンプラザ)出店のために、移動販売(1トン車)を開始。
2000	鳥取県西部地震により、根雨店の半分の売場を失う。
2004	JA江尾店、神奈川店、米沢店(その後、閉鎖)を職員ともども業務委託で引き継ぐ。併せて、バス型移動販売車1台を引き継ぐ。
2005	JA黒坂店を業務委託で引き継ぐ。
2006	大型移動販売車「ひまわり号」(3トン車)を導入。
2008	ローソンとフランチャイズ契約を結び、4月、江府町店をオープン。移動販売車にローソンの品物を乗せて販売開始(全国初)。 鳥取県と「中山間集落見守り活動支援事業」の見守り協定を締結。
2009	移動販売車「小ひまわり号」(2トン車)を導入(1号車)。鳥取県補助金、日野町補助金。
2010	移動販売車「小ひまわり号」(2トン車)を導入(2号車)。農水省補助金、日野町補助金。
2010	5月、江府町米沢店閉店。
2011	移動販売車「こまわり号」(軽トラ)を導入。鳥取県補助金、日野町補助金。

資料：安達商事

安達享司氏　　　　　第1号店のあいきょう根雨店

てしまった。さらに、その頃から地域の高齢化が目立ち始め、店舗まで来られない人が増えてきた、そのような事情の中で、1トントラック（2方向に開く方式、三菱自動車製）による移動販売を開始している。生協時代からの客が多く、そのような客を視野に入れて移動販売を開始した。配達も積極的に行った。手応えは十分にあった。

▶3トンの大型移動販売車を導入

　2000年10月6日、鳥取県西部地震（M7.3）が勃発、あいきょう根雨店は半壊した。その店に食料を求めて周辺の人びとが集まってきた。安達氏は「食料供給の重要性を実感。半分にしてでも再開する」意思を固めていく。根雨店の地主は2人、半分を返すことになり、鳥取県の利子補給を受けて従来の半分の規模で再開していく。これが現在のあいきょう根雨店である。

　2004年には、閉鎖されるJA江尾店（江府町）、神奈川店（江府町）、米沢店（江府町、2010年閉店）を職員も合わせて引き継いでいく。バス型移動販売車もJAから1台引き継いだ。さらに、2005年にはJA黒坂店（日野町）を引き継いでいる。1994年には14店舗を数えた鳥取県西部地域のJA店は、2009年までに全店が閉鎖されたのであった。

基幹店の江尾店。JA時代のままの看板がかかる

　移動販売の経験を重ねていくうちに、高齢者は「人と話がしたい」「美味しいものをみて買いたい」「高齢者は農作物を育てたい。それを売りたい」ことが痛感され、本格的な移動販売に踏み込むことを決意、大型の3トンタイプの移動販売車を発注していく。山口県柳井市で移動金融店舗車（ATM搭載）を開発していたオオシマ自工に依頼し、三菱自動車との共同開発により完成させた。2006年には大型移動販売車「ひまわり号」を導入していく。このひまわり号は、荷台が外側に1.15mほどスライドして拡がるものであり、中の通路が広く、800～900品目を載せることが可能であった。冷凍庫、冷蔵庫を搭載していることから、精肉、鮮魚、サシミ、寿司、乳製品等も載せることができる。「移動販売」というよりも「移動店舗」のイメージであり、ミニスーパーを目指した。この1号車は2000万円強かかった。
　さらに2008年には、建設されたまま2年ほど受け手のいなかったローソン江府町店をフランチャイズ契約で引き受けていく。このローソンの商品も移動販売車にも載せていった。このような取り組みは、ローソンとしては全国初のものであった。スーパーの商品にコンビニエンスストアの商品が重なり、移動販売の幅がいっそう拡がっていった。

横に拡がるひまわり号（3トン）

▶安達商事の事業の輪郭

　また、この2008年の頃になると、中山間地域の人口減少、高齢化の問題が大きなものとなり、安達商事は鳥取県と「中山間集落見守り活動支援事業」の見守り協定を締結、移動販売に加え、高齢者の見守りも行っていく。2014年からは県と町からの委託事業となり、委託料として年間300万円が支給されていた。2014年は65歳以上の全員が対象であったが、2015年からは70歳以上の人を対象にしていた。集落の対象者全員に声かけをしている。このあたりから、安達商事の事業は公共性を帯びていった。

　2009年には、鳥取県と日野町の補助金を受けて2トンの移動販売車「小ひまわり号（1号車）」を導入。2010年には、農水省と日野町の補助金を受けて同じ2トン車の「小ひまわり号（2号車）」を導入している。さらに、2011年には、鳥取県と日野町の補助金を得て、高齢化に応えるため玄関に横付けできる小回りの効く軽トラの「こまわり号」を2台導入している。これら2トン車、軽トラ改造車のいずれもオオシマ自工製であった。また、2012年からは鳥取県、日野町、江府町から、車両の維持費（燃料、修理、車検）について、全体で2分の1の補助を得ている。

　この結果、現在は、生協から引き継いだあいきょう本店の根雨店（売場面積

玄関まで付けられる軽トラの「こまわり号」

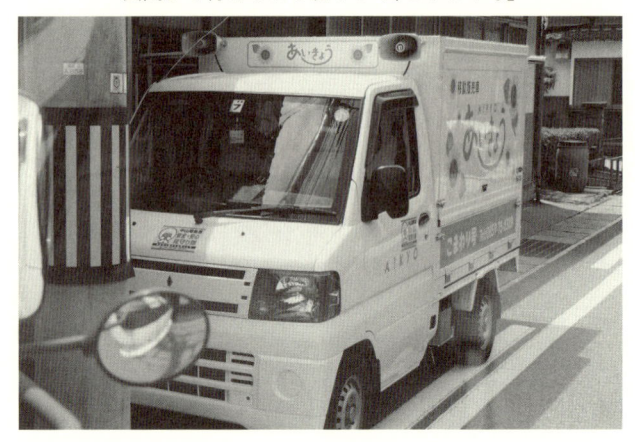

27坪）、JAから引き継いだ江尾店（70坪）、黒坂店（60坪）、神奈川店（30坪）の4店のスーパーに加え、コンビニエンスストアのローソン江府町店を合わせて5店舗体制となった。移動販売車は3トンの「ひまわり号」1台、2トンの「小ひまわり号」2台、軽トラの「こまわり号」2台の計5台体制となっている。これらの事業に対して、正社員は15人、パートタイマー等15人の30人規模となっていた。全体の売上額は5億3000万円、移動販売分は1億1000万円と約20％を占めていた。近年の傾向としては店舗の売上額か減少気味であり、それに対して移動販売の売上額が増えてきていた。

2．最後の1マイルの移動販売から、地域の安心・安全まで

　奥深い中国山地に抱かれた日野町と江府町。その面積は約260k㎡、日南町の三国山（標高1004m）を源流に、一級河川の日野川が日野町、江府町を貫き、米子の美保湾に注ぐ。この日野川に沿ってJR伯備線、国道181号、183号が走る。日野町、江府町は日野川に沿って細長く連なり、上流からJR主要駅の黒坂駅、根雨駅、江尾駅が配置されている。そして、安達商事の店舗はこれらの駅の近くに設置されている。各店舗から山間部の奥の集落まではどこでもほぼ

15〜20分の距離とされていた。このような地形的特色をベースに、安達商事の店舗を基地に全集落に移動販売車が訪れるという興味深いモデルを形成していった。

▶店舗を基地に全集落、最後の1マイルまで回る仕組み

　西部生協から引き継いだ根雨店、JAから引き継いだ3店舗のいずれも客用の駐車場のない古いタイプの店であった。江尾駅前の江尾店が規模も大きく全体の基幹店の役割を演じている。江尾店自身の駐車場は狭いのだが、近くの江尾駅前の駐車場が利用できる。3トン車のひまわり号はそこに駐車していた。

　看板の鮮魚は安達氏が毎日、境港の魚市場から仕入れ、基幹の江尾店に9時頃には戻ってくる。青果と日配品は米子の市場から仕入れ、肉は鳥取の東伯ミートから入れていた。青果の一部は近くの農家からも買い取っていた。また、コンビニエンスストアのローソン江府町店はローソンの仕入ルートによっている。このため、スーパーの商品と地元農産物、そして、コンビニエンスストアの弁当、おにぎり、サンドイッチ、惣菜、菓子パン等の商品を移動販売車に載せることができる。搭載する商品はある程度は決まっているが、コースによって配慮していた。価格は店売りと同じであった。このような点が、安達商事の移動販売の一つの大きな特徴であろう。

　安達商事の移動販売は、ひまわり号（約800品目）、2台の小ひまわり号（約500品目）の計3台が基本であり、日野町の35集落（停車は約80カ所）、江府町の35集落（約80カ所）に加え、隣接する日南町、伯耆町の一部も対象にしていた。3トン、2トンの大中型車であり、停車地点は各集落の集会所などの駐車スペースのある場所が選ばれていた。3トンのひまわり号は運転手と販売員の女性の2人体制。小ひまわり号と軽トラのこまわり号は運転手1人の体制であった。なお、通路の広いひまわり号の出入口は後方一カ所だが、小ひまわり号は、後部から乗り込み、前部の左側から降りる一方通行型となっている。

　約80の集落に対し、この3台が週に2回訪れる。いずれの集落も各店舗から15〜20分ほどの範囲内であり、欠品した場合にはどこかの店舗に寄って追加が可能となる。長距離を走る移動販売車の場合、後半には欠品が生じがちといっ

た課題にうまく応えていた。ひまわり号は1日に10〜12カ所、小ひまわり号は20カ所前後停車していた。集落に近づくと音楽を流し、また、耳の遠い高齢者に対しては自宅まで呼びに行っていた。

街の中心部や山間部のトラックの停車スペースが近くにない客のためには、軽トラのこまわり号(約300品目)が用意され、住宅の玄関まで寄せていた。このこまわり号の場合は、決まったコースはあるものの、臨機応変に対応していた。また、ひまわり号、小ひまわり号の場合も、電話注文による配達や、高齢者などには自宅までの配達もしていた。日野町、江府町の全集落、最後の1マイルにまで対応していた。

そして、早めの夕方に戻り、売れ残りの生鮮品などは店舗に戻し、売り切る努力をしていた。

▶看護の宅配便、移動図書館、御用聞きまで

このように、人口減少、高齢化が進む中国山地の一角で、「買い物」をベースに高齢者の見守りまで踏み込んだ安達商事の取り組みは、地域の社会インフラとしての機能を担っている。このような取り組みが浸透していく中で、日野町に立地する広域の自治体病院の日野病院が「看護の宅配便」と称する興味深い取り組みを開始している[2]。

日野病院は日野郡をベースにする自治体病院として戦前の1940年にオープンしている。「出かけていく医療、近づく医療」を理念としてきた。近年、日野郡の一帯は人口減少に加え高齢化が著しく、通院が困難になってきた人が少なくない。このような状況の中で、日野町は2011年から通院にかかるタクシー代の半額補助を行ってきたが、日野病院の看護師が「医療・保健・福祉が屋根瓦式に重なり合い、隙間をなくすことが、住民の安心に繋がる」として、「看護の宅配便」を提案してくる。

これは、安達商事の移動販売の現場で、「楽しそうに会話される場面は物を買う以上のものがある」と受け止め、移動販売とコラボしたいとして進められた。「あいきょうに同行し、住民の玄関先で、病院の窓口相談を行うこと、健康相談を行うこと、また、高齢者の見守り活動に参加すること」を目指して

2011年からスタートしている。

　毎月1回、移動販売車に同行し、日野町と江府町を交互に回り、1日平均7～8カ所の集会所で20～30人の高齢者と面談していた。当初の訪問メンバーは看護師2人に事務職員の運転手が付くというものであったが、2013年からは管理栄養士が加わっている。買い物に訪れた高齢者を中心に、山間地の集落の人びとに近づいているのであった。

　また、安達商事の軽トラ「こまわり号」に同行している日野町図書館の軽バンの「移動図書館」の運行も興味深い。住民の玄関先まで訪れ、書籍、DVDなどの紹介、貸し出しを行っている。これも、社会インフラ化してきた安達商事の取り組みが影響を与え、図書館を身近なものにしていくための取り組みとなってきた。

　さらに、2014年8月からは、日野町商工会が安達商事との連携により「日野町御用聞きサービス実証実験」に取り組み始めた。この事業は「あいきょうの取り扱う商品以外で、商工会の会員が対応できる商品やサービスを使い、高齢者といったお客さまのニーズに対応し、新たな販路開拓から新商品の開発まで」を意識して開始された。「これまでの『来てもらう』から、『出かけていく』商売で活性化を図り[3]」たいというものである。

　この事業は、日野町内の35の集落、約80カ所を巡る安達商事の移動販売車に週に1回同行し、日用雑貨、工具、家屋、車の修理など、安達商事の取り扱っていない商品、サービスを対象に、行く先々で注文に応じ、商品・サービスの手配や配達を行うものである。この「御用聞き号」の運行には、日野町商工会の宅配サービス事業推進員（商工会臨時職員）が就いていた。この事業について、安達氏は「現在、移動販売車は（日野町内）35集落、80カ所を回っているが、異業種との連携を図っていかなければ難しい。これからの中山間地域のモデルケースとして、良い形で、この御用聞きサービスとコラボレーションできたら」と語っていた。

　このように、安達商事の取り組みは、各所に大きな影響を与えて、「看護の宅配便」「移動図書館」「御用聞き号」へと拡がりを示しているのであった。

3．ひまわり号に同乗して

　2015年5月14日（木）、3トントラックの移動販売車「ひまわり号」に同乗する機会を得た。ひまわり号はあいきょう江尾店の近くのJR江尾駅脇の駐車場に駐車していた。10時30分頃に出発ということであり、商品を積み込んでいた。江尾店から持ち込むもの、卸業者の納品車両から直接受け取るものもあった。それらの商品は冷凍庫、冷蔵庫、開放型の棚に手際よく収められていった。

　ひまわり号は月・木、火・金、水・土に同じコースを回る。各コース週2回となっていた。1日の走行距離は35〜60kmであった。運行チームは運転手と販売員の2人ペアで構成されていた。木曜日の運転手は妹尾暢也氏（1957年生まれ）、伯耆町出身で4年ほどの経験を重ねていた。販売員は山口純子さん（1950年生まれ）、地元の江府町出身で自宅はあいきょう江尾店の前であった。山口さんは20年ほど洋裁の仕事をし、その後10年ほどJA勤務、JA店閉鎖後はあいきょうに勤めていた。妹尾氏は水、金、土の週3日ハンドルを握り、山口さんは月、木、金、土の週4日、ひまわり号に乗っていた。

▶ひまわり号が行く

　10時35分に出発。午前中は6カ所の予定であった。山道に入り、棚田の先の貝田集落の集会所（貝田会館）には10時45分に着いた。20戸ほどの集落であっ

貝田会館の前に駐車。女性がやってきた　　貝田集落のお客とレジの山口さん

た。集落に入る少し前から音楽を流し、マイクで山口さんが「あいきょうのひまわり号です」と到着を告げていた。集落の真ん中にある集会所の隣には共同作業場があった。

　到着後、直ぐに車体を横にスライドさせ、脚で固定する。これで、真ん中に1ｍ強の通路ができる。その後、後部を開け、階段を降ろし、買い物籠を階段に並べ、売れ筋商品を車内の入口のレジ前に並べた。これで準備が完了。3分ほどであった。

　この貝田集落の場合、客は多いときで5〜6人。最初にやってきたのは85歳というヘルメットをかぶった男性。スクーターに乗ってやってきた。3点ほど買っていった。次に現れたのは80歳前後の女性。集落の奥から歩いてきた。今日は客2人であった。レジは手打ちで行われていた。10年の経験を重ねる山口さんは「10年前と違って、電子レンジで『チン』だけのものが売れる」と語っていた。高齢化に伴い、生鮮よりも加工したものへシフトしているようであった。

　客が来なくなった頃を見計らい、撤収に入る。中を片づけ、スライドしていた車体を戻し、後部を閉めた。ほぼ2分ほどであった。妹尾氏は「開閉を合わせて5分ほど」と語っていた。11時25分に出発した。

　次に向かう車内では、山口さんは客に電話し好物の「ササ巻」が入っていることを告げていた。移動中に3袋が予約された。

　2カ所目の半之上集落には11時35分に到着。会館の横に着けた。客は3人。手押し車と背負い籠の80代の女性が5000円ほど買っていた。徒歩で来た80代後半の女性も3000円ほど買っていた。もう1人は70代後半の男性、自分用の弁当を購入していた。ひまわり号は、11時55分に出発した。

▶座っておしゃべり。独居宅に配達

　3カ所目は洲河崎集落。11時58分に着いた。道路から農道に入ったところに駐車した。すでに女性が3人ほど土手に座ってひまわり号を待っていた。ここでは女性が5人やってきた。1人はアシスト付き自転車。他の方は徒歩であった。山口さんは「ここの集落の人は客単価が高い」と語っていた。

　5人目の客は駐車した場所に近い住宅のエプロン姿の女性。ゆっくりやって

農道に停めたひまわり号に乗り込む／洲河崎集落　　広い車内でお買い物／洲河崎集落

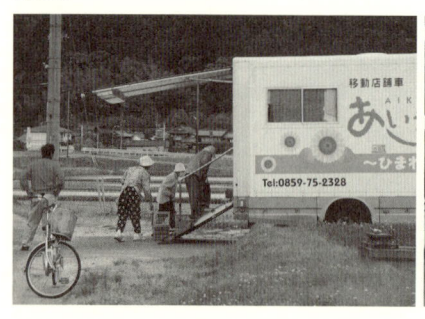

来て、あれこれ注文していた。山口さんはそこから店に電話し、次回に届けることにしていた。「3トンのスライド型のひまわり号の場合、中に5人ぐらいだと丁度良い。回遊できる。7人だと多い。3トンに慣れた人は一方通行型の2トンは狭いという」と語っていた。

買い物の終わった女性たちは、土手に座りおしゃべりを楽しんでいた。山間地の農村にゆったりとした時間が流れていた。

12時27分に出発、12時36分には4カ所目の下安井集落の会館前に到着した。

買い物も終わり、土手に座っておしゃべり

ここでは4人の女性客がやってきた。この4人でフルメンバーであった。3人が徒歩、1人は軽トラを運転してきた。80歳ぐらいの女性は「ここには、ひまわり号が週2回、軽トラのこまわり号が週2回来るけど、買うのは週2〜3回」と語っていた。

　12時53分に出発、5カ所目の日の詰集落には13時過ぎに到着。傾斜地の30戸ほどの集落であった。ひまわり号を会館の前に着け、山口さんは会館に入り放送を使い、アナウンスしていた。男性客が2人徒歩でやってきたが、山口さんは集落のかなり奥まで見守りを兼ねて呼びに行っていた。

　6カ所目の尾の上原集落はすぐ隣であり、ひまわり号が撤収、移動している間に、山口さんは依頼されていた商品を抱え、届けに歩いていった。そこは男性の独居世帯であり、外に出られない人で、毎回、電話で注文してきていた。さらに、次の尾の上原集落に徒歩で移動する途中で、やはり独居の88歳の女性宅を訪れ、ひまわり号の到着を告げていた。

　尾の上原集落の客は、先の呼ばれた女性と中学生の男子の2人であった。呼ばれた女性は心臓が悪く、200mほどの下りの坂道を途中で休みながらやって来た。この買い物が楽しみなようであった。走ってやってきた中学生は黒飴一袋を買っていった。

独居男性宅に品物を届ける

午前中のコースはこれで終わりであり、14時前に撤収、出発し、14時10分に江尾店に戻った。店では昼食が用意されていた。

4．どのように継続していくか

　ここまで検討してきたように、安達商事は中国山地の人口減少、高齢化の進む地域で、閉鎖される生協店、JA店を引き継ぎ、やり手のいないコンビニエンスストアを引き受け、さらに、多様な移動販売車を用意し、地域の全集落に向けた移動販売を重ねてきた。それは最後の1マイルまでをも対象にするものであった。全国的にみてもこれほどの取り組みをみせているケースはない。

　この事業は1990年という四半世紀前、地域から食料品店がなくなることに危機感を覚え、引き継いでいったことから始まる。安達氏自身、18歳から23歳までの5年間、自営業として鮮魚店を営んでいたが、その経験が事業者精神を呼び起こしたのではないかと思う。その後、ショッピングセンターの進出により客足を奪われることも経験している。そして、人口減少、高齢化の進展により店舗まで来られない高齢者を注視し、多様な移動販売に踏み込んでいった。安達氏は「引き受けたときは10年やれればいい。せいぜい60歳まで。その後は赤字が出ることはわかっていた」と振り返っていた。

　だが、時代の流れは「買い物弱者」問題を中山間地域ばかりでなく、全国的なものにしていった[4]。2010年を前後する頃から、鳥取県、地元の日野町では、安達商事の取り組みを地域に不可欠なものとして受け止め、車両等に補助を提供するようになってきた。人口減少、高齢化する地域に不可欠な取り組みとの評価がなされているのであろう。

　安達氏も2015年には63歳、ここまでに育ててきた事業を今後どのようにしていくのか、地域と人びとの力が問われているように思う。

▶事業後継者の問題

　リーダーの安達氏が60代の中盤に差しかかってきた現在、次を担う後継者の問題が一番気にかかる。安達氏がいうように「このような事業は『思い』がな

ければできない」。安達氏の子息は3人、いずれも他の仕事に就いていて、後継する環境にない。安達氏は「子供たちはやる気はない。これが一番の課題。従業員の中から育ってきてはいるが」と語っていた。

閉鎖される店を引き継ぎ、再生させるほどの意識と取り組み、最後の1マイルまでを深く意識し、食料品の供給ばかりでなく、「人びとがみる喜び、選ぶ楽しみ、コミュニティの維持」までが視野に入っていた。このような意識が従業員にも伝わっており、たまたま同乗したひまわり号の販売員山口さんの丁寧な動きは、人びとに大きな信頼を与えていた。安達氏は「彼女は凄い。私が移動販売車に乗って売っても1日10万円までしかいかないが、彼女は15万円は売る。彼女のような人材が数人いる」と語っていた。

経営者と従業員、仕事の意味を深く理解し、仕事の積み重ねの中から次のリーダーが生まれてくることが期待される。このような事業は「仕組み」だけで動いていくものではない。携わる人びとの「思い」が人を育て、信頼されるものになっていくのであろう。人口減少、高齢化、市場縮小が重なる中で、さらに進化していくことが期待される。

▶市場縮小、後期高齢地域社会の課題

この点、デリバリー型事業（移動販売）の現状と可能性について、「今後は高齢者数の減少や免許保有者数の増加に伴い、その持続可能性が必ずしも確保されていないことが懸念される」として、鳥取大学のメンバーにより、日野町、江府町を焦点にした興味深い実証研究がなされている[5]。

そこでは、「デリバリー型手段の利用者は今がピークであり、今後は減少が見込まれる。……デリバリー型手段の目下の必要性に目を向けるのではなく、中期的な持続可能性も考慮に入れた検討が必要である。また、既にデリバリー型手段を取り入れている地域では、利用者の減少を織り込みながら、より持続性の高いサービスへと移行するための策を講じていくことが今後の検討課題となろう」と指摘している。

この点は、後の章で検討する人口減少、高齢化が進む地域に「店をつくる」というテーマにとっても同様の問題を提起するものであり、今後ますます重要

かつ難しい問題になりつつある。高齢者数が減少するという「後期高齢地域社会」になれば、民間事業として成り立つことは難しい。2010年前後からは、行政もその重要性を認識し、車両の補助などにも踏み込んできている。今後は民間と公共の連携が必要になってくるのかもしれない。

　食事や買い物は人びとの生きていく基本であり、自由に選択できることが望ましい。そのような環境をどのようにつくっていくのか。戦時体制や計画経済下の「配給制」とは異なった新たな持続可能性のあるあり方が求められているのである。そのような意味で、安達商事の取り組みから学ぶものは少なくない。中国山地の山間地で最後の1マイルまでを視野に入れた興味深い取り組みが重ねられているのであった。

1）　安達享司「移動販売車で中山間地に御用聞き――地元スーパーによる買い物弱者支援の挑戦」（『月刊地域づくり』一般財団法人地域活性化センター、2011年5月）に、取り組みの考え方が示されている。また、この安達商事の取り組みについての先行研究としては、岩間信之『フードデザート問題』農林統計協会、2013年、改定版、第Ⅶ章、倉持裕彌・谷本圭志・土屋哲「中山間地域における買い物支援に関する考察――移動販売に着目して」（『社会技術研究論文集』鳥取大学、第11号、2014年4月）がある。
2）　小林裕美子他5人「『看護の宅配便』をはじめました――地域を知って、患者を知る」（『全国自治体病院協議会雑誌』第52巻第2号、2013年2月）。
3）　「"来てもらう"から"出かける"へ――日野町商工会『御用聞き号』」（『広報ひの』第728号、2014年9月）。
4）　近年、全国に広まりつつある軽トラ移動販売車の「とくし丸」は、安達商事の研究を重ね、それをモデルに事業化された。地方スーパーをベースに追加のピッキング、夕方に売れ残りの生鮮品を売場に戻すなどは、安達商事の経験をもとにしている。とくし丸のケースは、やや都市型、市街地型というべきものである。このとくし丸の輪郭については、本書序章脚注11）、及び、「食品販売車、家の前まで――『とくし丸』便利さ快走」（『日経MJ』2015年1月30日）を参照されたい。
5）　倉持他、前掲論文。

第4章　秋田県横手市／無料送迎バスを運行する地元スーパー
山間地に9路線を展開（マルシメ）

　人口減少、高齢化が進む地方圏や中山間地域。そこでは買い物をする場がなくなり、他方、高齢化しクルマの運転のできない高齢者が増加している。このような状況は全国の地方圏、中山間地域に共通のものとなり、各地で興味深い取り組みが重ねられている[1]。移動販売、買い物代行、配食サービス、共同店舗の設置、送迎バス・タクシーの提供などが行われている。これらはそれぞれの地域的な諸条件の中で試行錯誤を重ね、その可能性と課題が次第に明らかになりつつある。おそらく、これらの取り組みの中から、地域の人びとが豊かに暮らしていくためのあり方が浮き彫りにされていくのであろう。

　そのような点を意識しながら、本章では人口減少、高齢化の際立ってきた秋田県横手市郊外の中山間地域で実施されている地元スーパーによる送迎バスの取り組みをみていく。この地方スーパーの取り組みはすでに2011年から独自に開始され、刻々と路線を増加させ、現在では9路線を展開、この1年で約6000人を迎え入れてきた。中山間地域の買い物弱者の問題に対する一つの取り組みとして、注目されるであろう。

1．条件不利の秋田県横手市

　秋田県といえば、かつては豊かな木材資源と鉱物資源、さらに米作により、北東北の中でも最も豊かな県として知られていた。また、江戸期の頃までの大量輸送の基本は舟運であり、北前船が寄港する秋田は交易によっても大きく栄えていた。ただし、戦後、木材を外材に依存する時代となり、秋田の木材産業は壊滅的状況になる。また、鉱物資源も枯渇していく。さらに、秋田県は農業産出額の61.3％（2011年、全国平均は22.2％）を水稲によっているが、生活様式の変化に伴う米食の減少、農政による米作の保護が重なり、全国的に過剰生

図4―1　横手市の概念図（平成の大合併以前）

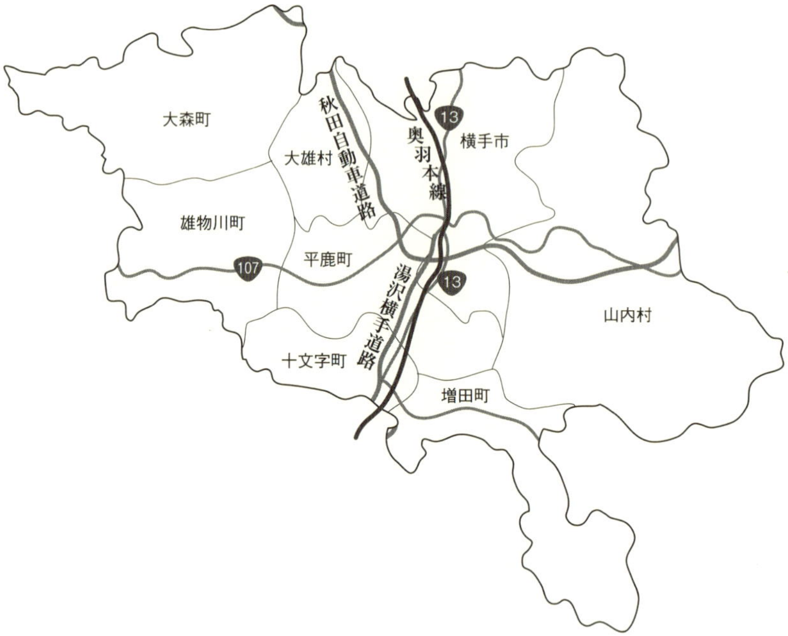

注：全体が現在の横手市

産基調が続き、米価は趨勢的に低下している。秋田のかつての豊かさを生み出していた基幹産業のいずれもが、難しい状況に置かれている。そして、それに代わる新産業を生み出しえていない。

さらに、新幹線（東北新幹線）、高速道路（東北自動車道）といった東北の基本的な大量輸送軸が奥羽山脈の東側の仙台から岩手県の北上川流域に展開したことから、秋田は人の動き、物流の側面でも後塵を拝することになった。

▶横手盆地と横手市の位置

秋田のこのような基本的な条件に加え、横手市はさらに厳しい位置にある。横手市は奥羽山脈と出羽山地に囲まれ、東北を代表する河川の雄物川とその支流が形成した広大な沖積平野の横手盆地に位置している。この内陸の平野（横

手盆地）は秋田県最大のものであり、穀倉地帯として「あきたこまち」を生み出してきた。この横手盆地は別名「山北（仙北）三郡」とも呼ばれてきた。山本郡（現仙北郡）、平鹿（ひらか）郡、雄勝（おがち）郡から構成され、伝統的に北から大曲都市圏、横手都市圏、湯沢都市圏を形成していた。かつてはそれぞれ人口４万人前後の旧大曲市、横手市、湯沢市がこのエリアの中心的な都市であった。

　現在、近代交通としては、秋田新幹線が東北新幹線の盛岡駅から秋田市に向かい、このエリアでは大曲駅に停車する。また、高速自動車道は東北自動車道の北上 JCT から秋田市方面に向かう秋田自動車道、さらに、それと結節する湯沢横手道路（国道13号、自動車専用道路）が設置されている。それらは岩手県の北上川流域から派生する形となる。東北の裏側という印象は否めない。

　この横手のあたりには、かつては JR 東北本線と並ぶ東北を代表する幹線であった JR 奥羽本線が走り、江戸期には奥州街道の脇往還とされた羽州街道が南北に展開していた。横手はこのルートの拠点的な位置にあった。ただし、戦後の近代交通網が東北では奥羽山脈の東側の岩手県の北上川流域を軸とするものになり、JR 奥羽本線はローカル化を余儀なくされていく。福島から奥羽山脈を横切り、米沢〜山形〜新庄〜湯沢〜横手〜大曲〜秋田〜能代〜大館〜弘前〜青森と主要都市が連なる奥羽本線は、秋田空港の秋田市内から20km内陸の雄和町への拡大移転（1981年）、秋田新幹線の開通（1997年）により、一気に利便性を喪失した。

　現在の横手市には奥羽本線の駅は、横手、柳田（旧横手市）、醍醐（旧平鹿町）、十文字（旧十文字町）の４駅があるが、2015年８月現在、１時間に１本の運転であり、基幹の横手駅には特急は停車せず、朝に１便だけ快速電車が停車する（十文字駅にも停車する）。また、横手〜北上間の JR 北上線は１日７往復にすぎない。JR 横手駅から新幹線の停まる大曲駅までは普通電車で約20分、快速で15分とされていた。また、高速道路では横手 IC から大曲までは21kmであった。

▶人口減少、高齢化が進む横手市

　秋田県は平成の大合併時に、東北の中でも最も意欲的に市町村合併を実施し

た。以前は9市50町10村の計69市町村から構成されていたのだが、現在では13市9町3村の計25市町村になっている。横手のあたりでは、2005年10月、横手市が中心になり旧平鹿郡の7町村（増田町、平鹿町、雄物川町、大森町、十文字町、山内村、大雄村）全てが合併し、面積693km²の新たな横手市となった。合併時の人口は秋田県で秋田市（約32万人）に次ぐ第2の約10万5000人規模となった。この合併については、平鹿郡全体が以前から横手市を中心とした生活圏を形成していたことから、スムーズに進められた。

　高齢化を象徴する指標として65歳以上人口（老年人口）を示す「高齢化率」が知られているが、2010年の国勢調査で、長年第1位であった島根県を抜いて秋田県（29.5％）が第1位になったとして注目された。その傾向はその後も続き、2014年7月1日の「住民基本台帳調査」によると、秋田県の高齢化率は30％を超える32.4％に達し、第1位を継続した。この点、秋田県内の市町村別をみると、第1位は上小阿仁村（50.2％）、第2位は藤里町（43.2％）、第3位は五城目町（42.6％）であった。40％を超えた市町村は六つを数えた。市部で最も高齢化の進んでいるのは北秋田市（40.6％）であり、以下、男鹿市（39.2％）、仙北市（37.3％）と続く。秋田県北部地域の高齢化は著しい。横手市は34.1％と秋田県平均を上回っていた。

　この点、表4－1、表4－2をみると、幾つかの興味深い点が指摘される。

　表4－1によると、1990年の横手市の人口は11万7357人であったが、その後、

表4－1　横手市の人口推移

年	人口総数 （人）	男 （人）	女 （人）	世帯数 （世帯）	過去5年の 減少数 （人）	減少率 （％）
1990	117,357	56,567	60,790	30,671		
1995	114,871	55,372	59,499	31,499	－2,986	－2.54
2000	111,467	53,507	57,960	32,562	－3,404	－2.96
2005	106,776	50,936	55,840	33,482	－4,691	－4.21
2010	101,340	48,162	53,178	34,084	－5,436	－5.09
2014	96,665	45,817	50,848	34,469	－4,675	－4.61

資料：『住民基本台帳』各年3月末

表4−2　横手市の人口推移（年齢階級別）

年	人口 （人）	年少人口 （人）	（％）	生産年齢人口 （人）	（％）	老年人口 （人）	（％）
2006	105,616	12,828	12.14	62,247	58.94	30,541	28.92
2007	104,466	12,464	11.93	61,221	58.60	30,793	29.47
2008	103,523	12,284	11.87	60,379	58.32	30,660	29.81
2009	102,322	11,902	11.63	59,402	58.05	31,018	30.31
2010	101,340	11,605	11.45	58,758	57.98	30,977	30.57
2011	100,253	11,376	11.35	58,191	58.04	30,686	30.61
2012	99,135	11,161	11.26	57,103	57.60	30,871	31.14
2013	97,998	10,770	10.99	55,908	57.05	31,320	31.96
2014	96,665	10,469	10.83	54,480	56.36	31,716	32.82

資料：表4−1と同じ

一貫して減少し、2014年には10万人を割り込み、9万6665人となった。ほぼ四半世紀で約2万人の減少、減少率は17.6％に達した。また、表4−1は5年刻みで集計しているが、1990年以降、一貫して、人口全体が減少している状況の中で、減少数の絶対値が増加している点が指摘される。その結果、5年毎の減少率は高まり、5年で5％以上の減少という事態を招いている。人口減少が加速化しているということであろう。

▶後期高齢地域社会と高齢者の減少、高齢化率の上昇

表4−2は、横手市の年齢階級別の推移を2006年から2014年までの各年（『住民基本台帳調査』各年3月末）を示している。これによると、横手市の人口が10万人を切ったのは2012年であり、一貫して減少していることがわかる。また、横手市の人口動態、高齢化には興味深い特徴が指摘される。2006年から2009年までの動きをみると、高齢者数（老年人口）がむしろ増加している。そして、2009年をピークに今度は高齢者数が減少に向かい、さらに、2011年を底に再び高齢者数は増加に転じている。この高齢者数の増減に関わらず、人口減少はさらに大きく、高齢化率は一貫して増加している。

表4-3　横手市の旧市町村別人口推移

地区	2000.10.1 （人）	2014.8.31 （人）	減少数 （人）	減少率 （％）
横手市	40,523	37,177	-3,346	-8.26
増田町	9,099	7,529	-1,570	-17.25
平鹿町	14,941	13,123	-1,818	-12.17
雄物川町	11,300	9,791	-1,509	-13.35
大森町	8,104	6,635	-1,269	-15.66
十文字町	14,516	13,297	-1,219	-8.40
山内村	4,659	3,643	-1,016	-21.81
大雄村	5,863	5,129	-734	-12.52
横手市合計	109,005	96,324	-12,681	-11.63
参考：東成瀬村	3,390	2,728	-662	-19.53

資料：2000.10.1は『国勢調査』
　　　2014.8.31は『住民基本台帳』

　日本の地方圏の人口減少と高齢化には一つの法則というべきものが横たわっている[2]。序章で示したように、「前期高齢地域社会」「後期高齢地域社会」という段階を経ていく。横手市の場合は、2010年から後期高齢地域社会に踏み込んでいるようにみえる。2012年から再び高齢者数が増加に転じているが、これは団塊世代が高齢者の仲間入りをしたという日本の特殊事情による。2015～2016年頃には再び、高齢者数は減少に転じるであろう。今後は高齢化率の上昇はやや緩やかになり、40～50％に向かっていくものとみられる。

　地域社会としては、このような人口動態、高齢者の状況を見極めながら、必要な手当てをしていかなければならない。

▶横手市の旧市町村別人口動態の跛行性

　表4-3は、横手市の八つの旧市町村と雄勝郡東成瀬村の人口推移を2000年10月1日（国勢調査）と2014年8月31日（住民基本台帳調査）で比較したものである。なお、日本の人口統計の問題として理解しておかなければならない点がある。特に、地方の場合、国勢調査人口よりも住民台帳調査人口が2～3％

多くて出てくる場合が少なくない。これは、近年、18歳人口が都会の大学等に出ていっても、転出・転入の手続きをしないという事情による。そのため、実質的な転入の多い大都市では、地方とは逆に住民台帳調査人口は少なめに出てくる。表4－3は、基準年度が国勢調査人口、最近の人口が住民台帳調査人口ということであり、確実に2014年8月31日人口は実態よりも2～3％多く計上されている。そうした点を差し引いても、横手市の旧市町村別にみた人口減少は際立っている。

　横手市全体の人口は、表4－3によると、このほぼ14年の間に1万2681人の減少となり、減少率は11.63％となった。ただし、旧市町村別でみると、いずれも減少しているものの、かなりの跛行性が認められる。JR奥羽本線の快速電車の停車駅のある旧横手市と旧十文字町は圏域の中でも市街化の程度が相対的に高く、この間の人口減少率は8％台であるのだが、郡部の奥の町村の人口減少は著しい。最大は奥羽山脈に位置する岩手との県境にある山内村（21.81％減）であり、以下、増田町（17.25％減）、大森町（15.66％）と続く、旧横手市と十文字町を除くと、いずれも減少率は10％を大きく上回っている。また、奥羽山脈に展開している隣の雄勝郡東成瀬村の減少率は山内村と同程度の19.53％であった。

　明らかに旧横手市を中心にした秋田県内陸の南部を構成する平鹿郡の町村は、奥羽山脈に位置する山間地域が人口を急減させている。それが旧横手市や十文字町に流入し、さらに、秋田市、仙台市、東京へと玉突き的に移動している事情が読み取れる。地方圏で広域合併を行った地域では、歯止めが外れたこのような玉突き現象が共通してみられる。そして、このエリアにおいては、旧横手市と十文字町が周辺地域からの人口流失をくい止めるダム的機能を果たしているのだが、それをはるかに上回る勢いで人口流失が進んでいる。このような現象は、旧町村の小中学校の統廃合、特に地域に唯一の県立高校の統廃合が行われると、一気に進んでいくことが指摘される。県立高校が中心部に統合されていく場合、生徒の下宿、家族の移住が行われることが少なくない。

　ここまでみたように、合併市の横手市は比較的都市的機能の整っていた旧横手市を中心に広大な周辺の町村が合併したものであり、人口移動が旧町村から

合併中心市へ、さらに、秋田市、仙台市、東京へという動きを加速させている。そのような動きであるならば、それをくい止めるための努力と、新たな人口、年齢構造を見据えたまちづくりが行われていく必要がある。

本章の以下では、旧十文字町に本拠を置く地方スーパーのマルシメの無料シャトルバスの取り組みに注目していくが、それは、ここまでみたような地方圏における人口減少、高齢化に対する挑戦の一つとしてみることができよう。

２．地元貢献を深く意識するマルシメとスーパーモールラッキー

1960年代の頃に、日本にはアメリカからスーパーマーケットの方式が導入され、全国の各地に広まっていく。ダイエーやイトーヨーカドー、ジャスコ（現イオン）のように全国的なチェーン展開を進めるものもあったが、全国の市町村にも小規模なスーパーマーケットが生まれていった。そして、1980年代に入る頃から各地で激しく戦い、離合集散を重ねていった。それは秋田県南の地域でも例外ではない。秋田県南の人口１万数千人の町であった旧十文字町で生まれたマルシメは、酒類販売店からスタートし、その後、興味深い歩みを重ねていった。

遠藤宗一郎氏　　　　　　スーパーモールラッキー

▶25歳で社長を引き継ぐ

　マルシメの創業は1950年、十文字町通町で酒類の小売店として出発している。1957年には隣の増田町に七日町店も開店している。1961年には本店を通町から十文字町本町に移し、㈲マルシメを設立、初代社長に創業者の遠藤清一氏（1919［大正8］年生まれ）が就いた。その頃から全国的にスーパーマーケットの方式が追求され、1973年には株式会社化し規模の拡大が進められていく。1981年には「南の街DSラッキー」を開店している。

　1994年には本町の本店を取り壊し、マルシメ本町店として営業開始している。1999年には、十文字町郊外の仁井田に造成されていた工業団地用地（約1万坪）を取得、売場面積4000坪、駐車場870台の大型ショッピングモールの「スーパーモールラッキー」を開店させている。そして、2004年には遠藤清一氏の長男である遠藤和義氏（1954年生まれ）が2代目の社長に就いた。創業者の遠藤清一氏は50年以上も社長に就いていたことになる。その頃は、スーパーモールラッキー、食料品中心のマルシメ本町店、マルシメ七日町店の3店舗に加え、結婚式場の瑞雲閣（現在は仕出しのみ）を経営していた。なお、現在、95歳を超える創業者の遠藤清一氏は毎日、スーパーモールラッキーを訪れるこ

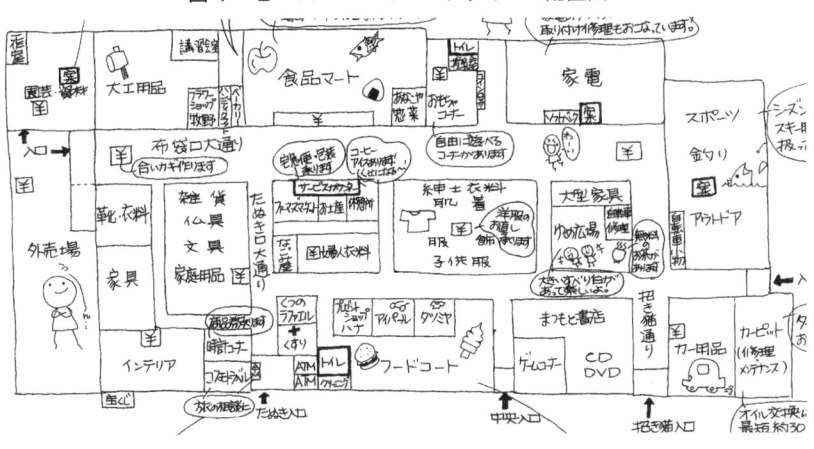

図4-2　スーパーモールラッキーの配置図

提供：マルシメ

スーパーモールラッキーの中のファーマーズマーケット

とを楽しみにしていた。

　3代目で現社長の遠藤宗一郎氏（1981生まれ）は、遠藤和義氏の長男であったのだが、継ぐつもりはなく「5歳下の弟がやればよい」と考え、大学卒業後はコンビニエンスストアの本部（東京）に勤めていた。

　だが、2005年に父が病に倒れ、遠藤宗一郎氏は24歳で家業に呼び戻され、翌2006年に25歳で3代目の社長に就任していく。当時を振り返って遠藤氏は「自分は何もわからなかった。安売りをしたが、利益が出ず、下降線をたどった。そのためリストラを実施した。もうリストラはしない」と語っていた。その後、本町店を閉め、スーパーモールラッキーと七日町店の2店舗体制と瑞雲閣の経営としていった。全体の従業員数は約230人、基幹のスーパーモールラッキーは年の売上額約30億円、従業員約150人（正規従業員約40人）となっていた。

▶スーパーモールラッキー

　スーパーモールラッキーは壮大な約4000坪（全長195m、奥行88m）の面積（1フロア）に、実に多様な売場を拡げている。食品マート（食料品全般）、ファッション館（婦人、紳士、子供衣料、寝具、雑貨小物）、くらし館（日用品、生活雑貨・資材、園芸、家具、DPE）、ショップゾーン（カー用品、ス

マルシメ七日町店(旧増田町)

ポーツ用品、アウトドア用品、家電、玩具)、サンテラスアルファ(飲食)、さらにテナントとして、薬品、靴、雑貨小物、メガネ、婦人衣料、書籍、CD、手芸用品、ゲームコーナー、飲食、旅行代理店、クリーニング、花、惣菜、銀行ATM、100円ショップ(ダイソー)などが入居していた。さらに、地産地消を目指すファーマーズマーケットとして出荷者約150名による農産物・農産加工品の直売所も設置してあった。スーパーモールラッキーの開店時間は9時から21時であった。

　また、マルシメ七日町店は食料品、日用品、生活雑貨中心の小さな食品系スーパーであり、売場面積約200坪(全長25.5m、奥行32.6m)、駐車場は25台の規模であった。

　このスーパーモールラッキーとマルシメ七日町店の2店舗を基軸にして、遠藤宗一郎氏は次のように語っている。

　「1961年に会社化し現在までの約50年間、この地域のお客様にご愛顧いただき営業をしてくる事ができました。……現在、秋田県そして、私たちの住むこの県南エリアも非常に厳しい時代に突入しております。少子化、高齢化。そして、それに伴う人口減少。そして地域の主幹産業である農業は、さらに厳しい状況にさらされています。そして、様々な統計データを見る限りこの状況が好

転するような材料はないと思います。このような厳しい時代です。ですが、私たちはこれまで育てていただいた地元のこのエリアとこれからも共に発展していきたいと考えています。『これまでも、これからも』というキャッチコピーには上記のような意味を込めています」。

　このような考え方に立ち、マルシメは地産地消のファーマーズマーケットの展開、ネットスーパーや電話注文の取り組み、さらに、後に詳細に検討する無料のシャトルバスの運行に取り組んでいるのであった。なお、2011年に「ラッキーネットスーパー」としてスタートしたネットスーパーの事業は、利用が月に2～3件のために2014年には停止されていた。遠藤氏は「この地域では10年早かった」と述懐している。逆に、電話注文は身体が不自由で来店できない人、あるいは多忙で買い物に訪れることが難しい人など毎日20件ほどがあった。配達はヤマト運輸を利用し、会員登録や年会費等はなしで、購入額4000円以上は配達料無料、それ以下の場合は配達料300円を徴収していた。今後、高齢化がさらに進むと送迎バスも利用できない人が増えてくる。そのような意味では、電話注文、御用聞き、買い物代行、さらにその後はネットスーパーなどの必要性が高まっていくものとみられる。

3．無料シャトルバスの運行

　2014年10月10日（金）の昼前、スーパーモールラッキーの店先の屋根のついている部分に小型バス2台が駐車していた。1台は増田町滝ノ下・上畑方面に向かうバス（1号車）、もう1台は東成瀬村大柳に向かうバス（2号車）であった。いずれも9時30分前後に現地から買い物客を乗せてスーパーモールラッキーに到着、2時間ほどの買い物を済ませた人びとを待ち受けていた。11時30分出発の帰り便であった。

　当方は滝ノ下・上畑に向かう1号車に同乗させてもらった。次々に高齢の方が大きな荷物を抱えて乗り込んできた。この日は全体で18人、女性が大半であり、男性は3人であった。年齢的には70代後半から80歳前後にみえた。車内では購入品の品定めや物々交換なども行われ、賑やかに出発した。バスは緩やか

最初の無料シャトル(ワゴンタクシーを利用)　　出発を待つ1号車(右)と2号車

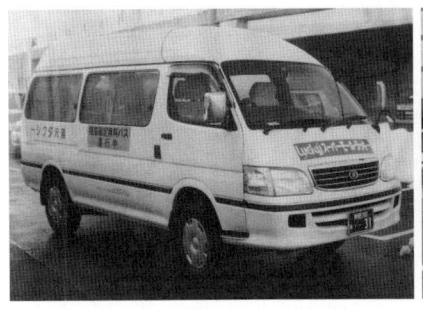

提供：マルシメ

に走っていった。

▶無料シャトルバスの運行

　この取り組みの発案者は遠藤宗一郎氏。人口減少、高齢化が進む中で、「高齢者の方に店に来ていただき、買い物を楽しんでもらいたい」としてスタートしている。冬季の2011年12月に始めたが、当初は秋田県の補助金を受けて11人乗りのワゴンタクシーを調達、3カ月間、月2回（計6回）を湯沢タクシーに依頼して運行してもらった。無料運行した。補助金の切れた2012年3月以降も継続した。1日のタクシー代は3万2400円であった。この試験的な取り組みの頃は、近間の「十文字町の梨の木」のあたりを回った。各回7～8人の利用者があった。

　この取り組みに対しての反響はかなり大きく、本格的な取り組みへの要望が各方面から強く出てきた。これを受け、マルシメ側は以前から送迎バス運行の実績を重ねていた鹿児島県阿久根市のスーパーAZ[3]を視察に行き必要性と可能性を痛感、本格運行の検討を重ね、丁度その頃売りに出ていた三菱ふそう製の中古の小型バスを購入（1号車）、もう1台（2号車）はマルシメ・グループの結婚式場瑞雲閣が所有していた送迎バス（日野自動車製）を用意した。いずれも29人乗りのものであった。いわゆるマイクロバス、ミニバスであった。

　この間、路線の検討を重ね、各地の自治会と調整、停車場の確保を進め、

表4—4　マルシメの無料シャトルバスの運行実績

運行方面	曜日	午前・午後	所要時間(分)	運行開始	2013.9~14.8の利用実績		
					利用者数(人)	月平均(人)	1回当たり(人)
増田伊勢堂・十文字町腕越	月・木	午前	22	2012.9	883.5	73.63	8.50
十文字町梨の木・富沢・八衛丁	月・木	午前・午後	25	2012.9	2,060.5	171.71	9.90
東成瀬村大柳	水・金	午前	55	2012.9	1,008.5	84.04	9.70
上畑・滝の下	金	午前	45	2013.4	781.5	65.13	15.02
増田町真人・熊の淵・戸波	木	午前	19	2013.10	392	35.64	8.18
平鹿町醍醐・増田町亀田	水	午前	39	2013.10	265.5	24.14	5.54
岩崎・古内	木	午前	10	2013.10	226	20.55	4.72
湯沢市東福寺・駒形	月	午前	30	2013.12	313.5	34.83	8.01
睦合・植田	水	午前	34	2014.3	93	15.50	3.56
合計					6,024	58.35	8.10

注：東成瀬村大柳は東成瀬村、湯沢市東福寺・駒形は湯沢市。その他は横手市。
　2013年9月から2014年8月までの運行回数は744便（往復で1,488便）となる。
　1回当たりの利用者数は概算。
資料：図4—2と同じ

　2012年9月、3路線でスタートしている。近間の「増田伊勢堂・十文字町腕越」コース、「十文字町梨の木・富沢・八衛丁」コース、そしてやや遠方の「東成瀬村大柳」コースであった。この東成瀬村コースを開始したのは、秋田県南の最奥というべき東成瀬村の場合、街に向かう道が1本しかなく、村民のほとんどがスーパーモールラッキーに依存していたこと、さらに、従業員の多くが東成瀬村の住民であったという事情による。この最初からの三つのコースについては、各週2日の運行、特に「十文字町梨の木・富沢・八衛丁」コースは午前・午後の週4回、月に18回を運行している。

　その後、先の三つのコース以外のところからの要望が相次ぎ、表4－4のように、2013年4月から「上畑・滝ノ下」コース、2013年10月からは「増田町真人・熊の淵・戸波」コース、「平鹿町醍醐・増田町亀田」コース、「岩崎・古内」コース、2013年12月からは「湯沢市東福寺・駒形」コース、そして、2014年3月からは「睦合・植田」コースを開設、これらは週1回の運行となっている。

2014年10月現在、9コースが展開されていた。

▶増田町上畑・滝ノ下コースの開設

　旧増田町の山間地に位置する上畑・滝ノ下地区、十文字市街地までは15kmほどの位置にある。遠い人で路線バスのバス停まで3kmほどの距離がある。20年以上前から人口減少が続き、人口は激減、2014年8月末現在、上畑集落は人口127人、40世帯、滝ノ下集落は34人、14世帯となっている。積雪2mの豪雪地帯であり、買い物ばかりでなく、雪おろし、通院などに問題が生じていた。小学校もかなり前に廃校になり、数年前には唯一の食料品店（精肉、鮮魚は取り扱っていなかった）が閉店、現在では店舗は周辺を含めて酒店（3）と理容店だけとなっていた。時々、移動販売車が来ているが、価格がスーパーに比べ1.5倍ほど高く、鮮度にも問題があった。中山間地域の問題が象徴的に現れていた。中山間地域で人口が減少し、店舗の閉鎖が始まると、最後に残るのは酒店と理容店とされている。

　このような事情の中で、上畑、滝ノ下等の6集落から構成される狙半内(さるはんない)自治会は、興味深い活動を重ねてきた。自治会の会長は奥山良治氏（1950年生まれ）。上畑集落で暮らす奥山氏は、1973年に地元に進出してきたミシン部品生産のJUKI吉野に三十数年間勤務し、定年帰農している。サラリーマン時代から自治会の理事を務めていたが、定年と同時の2010年、自治会長に就任している。奥山氏はかねてより、集落の人口減少、高齢化に伴う「雪おろし作業」「通院」の問題を深く憂慮していた。

　少し前から、横手市と秋田県南NPOセンターによる横手市中心部と山間部の増田間のデマンドバスの実証実験が行われてきたが、片道1700円もかかることが判明。それではかなりの補助がつかないと無理であり、冬季だけでも「無償の通院・買い物支援」をしたいと考えていた。また、この狙半内地区では、以前から住民の共助組織「狙半内共助運営体」が組織され、自主的に雪おろし、通院支援を行ってきた。さらに、2012年12月から3カ月間にわたり、国の補助金を得て月2回、マイクロバスによる運行を実施している。29人乗りのバスがほぼいっぱいになるほどの利用があった。ただし、補助金なしでは継続するこ

表4—5　滝ノ下・上畑方面の運行表

金曜日

滝ノ下、上畑方面

時刻	ラッキー行き	時刻	滝ノ下・上畑行き
8:45	滝ノ下会館前《出発》	11:30	ラッキー《出発》
8:52	上畑温泉　ゆーらく前	11:38	増田町　マルシメ七日町店
8:53	上畑会館前	11:48	鍋ヶ沢(阿部様宅前)
8:54	下上畑(小貫様宅前)	11:51	川口会館前
8:56	広野(広野橋前)	11:52	小栗山会館前
8:57	上火石田(奥山様宅前)	11:54	下中村(吉田商店様前)
8:58	下火石田(小貫様宅前)	11:55	上中村(高橋商店様前)
9:01	上中村(高橋商店様前)	11:58	下火石田(小貫様宅前)
9:02	下中村(吉田商店様前)	11:59	上火石田(奥山様宅前)
9:04	小栗山会館前	12:00	広野(広野橋前)
9:05	川口会館前	12:02	下上畑(小貫様宅前)
9:08	鍋ヶ沢(阿部様宅前)	12:03	上畑会館前
9:18	増田町　マルシメ七日町店	12:04	上畑温泉　ゆーらく前
9:26	ラッキー《着》	12:05	滝ノ下会館前《着》

資料：図4—2と同じ

とが難しかった。住民からは「なんらかの形で継続して欲しい」との要望が強かった。

　このような状況の中で、奥山氏は無料シャトルバスの運行を開始していたマルシメの遠藤宗一郎氏に相談、2013年4月、両者間で「買い物支援協定」を締結、マルシメの無料送迎バスの運行を狙半内地区でも実施していくことになる。バスの運行をスムーズに行うために積雪期には適切な除雪や車両の誘導、停車場の確保を行い、必要に応じて買い物への付き添いも行うことになっているのである。

買い物を終えてバスに乗り込む

4．無料シャトルバス事業の成果と課題

　このように、マルシメによる無料シャトルバス事業は、2012年9月から本格化し、2014年10月現在、9路線を運行している。直近の1年間（2013年9月から2014年8月）の運行回数は744便（往復で1488便）を数える。この間、利用者数は6024人（往復1万2048人）に上った。現状は車両2台、9コースだが、運行距離の延伸、さらに、他の地域からの新設の要望も強い。マルシメ側は路線を増やすためにはもう1台のバスが必要と受け止めていた。この節では、ここまでの経験を振り返り、この事業の成果と意義、そして、今後の課題というべきものをみていくことにしたい。

▶無料シャトルバス事業の実績

　この無料シャトルバス事業の場合、利用者はスーパーモールラッキーが発行する「ラッキーカード」を取得する必要がある。このラッキーカードはスーパーモールラッキーで即日発行される。手数料は無料であった。
　無料シャトルバスは2台、運行は月、水、木、金の週4日間である。運転手

車内では購入品の品定めや物々交換が始まる

は2人、パートタイマー雇用されていた。現状では定年退職者が1人、50代後半の人が1人の構成であった。現地からスーパーモールラッキーに向かう出発時間は遠距離の早いところで8時45分、そのためには8時には車庫を出発している。スーパーモールラッキーには早い便で9時26分着、午前中の遅い便で10時50分に着く。スーパーモールラッキーでの買い物時間は1時間30分から2時間をみていた。午後の便の車庫からの出発時間は13時30分頃、現地からの出発は14時25分から15時5分発までであり、その後、お客を現地まで送る到着便は遅い便で17時25分に設定されていた。

　運転手の勤務時間は平均で1日約5時間30分、人件費は時間当たり約850円、週4日勤務（月18日勤務）に設定されていた。その他の直接費用としては、燃料（軽油）代、修理代、車庫代等がある。表4－6は無料シャトルの最近の運行費用を示している（車両の償却は含まれていない）。最大は燃料費の約540万円（構成比62.9％）、人件費は年間約220万円（25.7％）、その他が約98万円（11.4％）であった。また、車両2台平均の1kmあたりの燃料費は31円前後であった（2014年10月）。当然、路線ごとに運行経費は異なり、また、乗客1人あたりのコストも異なる。

　他方、スーパーモールラッキーの一般的な客単価の平均は約2500円だが、無

表4—6　無料シャトルバスの運行費用(2013.9〜2014.8)

科目	月額(円)	年額(円)	構成比(％)
人件費	184,100	2,209,200	25.7
車両費(車検、修繕等)	75,160	901,920	10.5
燃料代	449,880	5,398,560	62.9
任意保険・自動車税	6,510	78,120	0.9
計	715,650	8,587,800	100.0

資料：図4—2と同じ

料シャトルバス利用客（週1回）の平均客単価は約4500円となる。直近の1年間の無料シャトルバス利用客は約6000人であることから、この分の売上額は年間約2700万円となろう。バス1台あたりでは約1350万円ということになる。また、スーパーの一般的な粗利益率約25％弱からすると、売上額2700万円のうちの粗利益は約650万円。これに対して年間のシャトルバス運行費用は約850万円。この段階ですでに約200万円の赤字が出ている。明らかにマルシメの持ち出しの多い取り組みといえよう。

　ほぼ同型の「バス型移動販売」を実施している高知県土佐市のサンプラザの場合[4]、週6日、稼働が実質8時30分から18時30分頃までのほぼ12時間体制であるに加え、準備、レジ等の作業が加わるが、1台あたりの年間売上額は約3160万円（2013年）であった。時間当たりの売上額に直すと約8500円となる。この点、マルシメの無料シャトルバスの場合は、時間当たりに直すと売上額は約1万2000円になる。もちろん、マルシメの場合には車両以外に店舗関係の費用も発生するが、現状では、バス型移動販売よりもやや生産性が高いといえそうである。それでも燃料高騰の影響は大きく、また車両の老朽化、更新も問題になるであろう。

　すでに2年以上が経過している三つの路線の年別比較（2012年9月〜2013年8月と2013年9月〜2014年8月）をすると、「増田伊勢堂・十文字町腕越」は1年目の利用者（往復）は1206人に対し、2年目は1767人と46.5％の増加、「十文字町梨の木・富沢・八衛丁」は1年目2543人、2年目は4121人と61.1％の増加、「東成瀬村大柳」は1年目930人、2年目2017人と2倍を超える

116.9％の増加となった。マルシメの無料シャトルバスがかなり浸透してきたということであろう。

　また、先の表4－4により路線別の運行1回あたりの利用者をみると、最初の3路線以外は評価しにくいが、最大が地元の強い要望で始まった「上畑・滝の下」の15.02人、以下、「十文字町梨の木・富沢・八衛丁」9.90人、「東成瀬村大柳」9.70人とこの3路線が相対的に多い。逆に、最小は運行半年の「睦合・植田」の3.56人であり、以下、「岩崎・古内」4.72人、「平鹿町醍醐・増田町亀田」5.54人となっている。全体の平均は8.10人であった。まだ運行して間もない路線もあるが、今後の状況をみて路線の見直し、また、車両の小型化も検討されていく必要がありそうである。

▶地域の人びとの暮らしを守る取り組み

　マルシメが無料シャトルバスの試験運行を始めて3年強、本格的に開始してから約2年、全体的にみると利用実績は大きく高まっている。また、各方面から路線開設、延伸の要望も少なくない。路線を増やすには、運行日を現行の週4日から増やすか、あるいは車両の追加が必要になりそうである。マルシメ側からすると、店売りに比べて明らかに負担は大きい。それでも若き経営者の遠藤宗一郎氏は「地域に育てられたことへの恩返し」と語り、このような地域では「店売りだけではなく、地域のあらゆることに対応していくことが必要」「地方に住む経営者として今やれる事は、地域住民のニーズに応える事と、儲かるビジネスをして若者に希望を与える事だと思っています。高齢化もそうですが、若者が希望を持てないのが地方です。昔はあったかもしれませんが」と語っているのであった。

　現在、全国の各地、特に条件不利の中山間地域で「買い物弱者」を焦点に多様な取り組みが重ねられている。移動販売、買い物代行、送迎バス・タクシー、デマンドバスなどの取り組みがみられる。また、事業主体としては地方スーパー、地元の小さな食料品店、専門の民間事業者、あるいは、生協、コンビニ、商工会、NPOなどが目につく。行政からの支援が提供されている場合も少なくない。また、沖縄の共同売店のように住民が自主的に小さな商店を設置する

滝ノ下に向かって無料シャトルバスは行く

場合もみられる[5]。それらは地域の固有の条件を受け止めた人びとの「思い」の重なりのようにみえる。

　ただし、いずれにおいても事業採算性は厳しい。民間の個人事業者の移動販売のような場合、青果・果物、あるいは魚介類などの限定された領域で展開するのであれば、仕入れを市場一本に依存でき、店舗コストもない場合も多いことから、一定の利益率を確保しながら適正価格で販売することができる。ただし、商品の幅を拡げるとそれはなかなか難しい。客からは「価格が1.5倍ほど高い。鮮度に問題がある」という指摘を受けることになる。この情報社会においては、人びとの受け入れられる価格の範囲は「スーパーとコンビニの間」プラス「宅配料」ということのようである。

　現状の地方スーパーの移動販売[6]、あるいは、本章でみてきたマルシメの無料送迎バスの場合、販売価格は「スーパーの店頭価格」である。当然、スーパー側の負担はかなり大きい。明らかに地域に対する「責任」として運営されている。そのような意味ではこのような取り組みは「公共財」的な性格も帯びている。地域経営のサイドからすると、持続性を担保していくためには、一定の支援を提供していくことも必要であろう。このような取り組みは、人口減少、高齢化に悩み、交通弱者、買い物弱者を大量に生み出している地域の人びとが

「安心、安全」に暮らしていくための一つの責任のある取り組みといわねばならない。

1) この具体的な取り組みについては、経済産業省『買い物弱者を支えていくために～24の事例と7つの工夫～』ver2.0（案）2011年3月、でケースが豊富に紹介されている。また、それらの構造的な意味等については、本書第1章を参照されたい。
2) 地域における人口減少と高齢化の意味については、本書序章、及び、関満博「人口減少、高齢化を迎えた地域社会と信用組合」（『しんくみ』第61巻第9号、2014年9月）を参照されたい。
3) 過疎地に巨大スーパーを展開して注目される鹿児島県阿久根市本拠のAZは、前日までの予約に対して、片道100円で送迎を行っている。
4) 本書第2章を参照されたい。
5) 条件不利地域で住民が共同出資して運営する共同売店については、沖縄（約70店）、奄美大島（6～7店）が確認されている。沖縄の共同売店については、本書第10章を参照されたい。また、この沖縄の共同売店を学んで設置されたものとして、宮城県丸森町の「大張物産センターなんでもや」がある。「なんでもや」については、本書第7章を参照されたい。
6) バス型移動販売を展開している高知県土佐市のサンプラザの場合、移動販売の商品価格はスーパーの店頭価格（特売は除く）を基本にしている（本書第2章）。また、旧掛合町の山間地に残された唯一の商店（よろずや）である島根県雲南市の泉商店の場合、かなり取扱商品の範囲が広く、それをベースに週に1回、軽自動車による移動販売を実施しているが、価格は店売りと同じにしている（本書補論1）。

第5章　岩手県西和賀町／社協、スーパー、ヤマト運輸が連携する買い物支援
買い物代行と見守り（まごころ宅急便）

　人口減少、高齢化が加速する中山間地域では、高齢者の通院に加えて「買い物」の問題が死活的な意味を帯びている。通例、「天気」と「農村・農業」は「西から変わる」とされており、人口減少、高齢化、さらに、それらに対する取り組みも、本書の各章でみるように、中国山地、四国山地、九州山地のあたりから先行的に重ねられできた。

　この点、東北地方においても詳細に眺めると、新幹線や高速道路の展開により利便性が高まった地域があるものの、むしろ、そこから外れた地域は一気に人口減少、高齢化が進み、中国山地や四国山地並みの人口減少、高齢化になっているところもある。岩手県和賀郡西和賀町、東北地方の脊梁である奥羽山脈の中心にあり、豪雪地帯としても知られている。岩手県の2010年（国勢調査）の高齢化率は27.2％なのだが、西和賀町は岩手県内34市町村の中で唯一40％を超える43.0％となった。東北を代表する人口減少、高齢化地域の一つといえそうである。

　この西和賀町において、地元西和賀町社会福祉協議会（以下、社協）、地元スーパー（オセン）、そしてヤマト運輸（岩手主管支店、北上）の三者の連携による「まごころ宅急便」と称する興味深い取り組みが開始されている。これまでの中山間地域の「買い物弱者」支援の多くは、住民組織によるもの、商工会、地元スーパー・商店、NPOによるものなど、地元サイドでの取り組みが目立っていた。この点、この西和賀町のケースはヤマト運輸という全国レベルの民間企業が地元と連携し、持続性の期待できる事業として推進されている点で興味深い。さらに「高齢者の見守り」を深く意識している点を含めて、新しいタイプの「買い物弱者」支援として注目される。

図5－1　岩手県全図

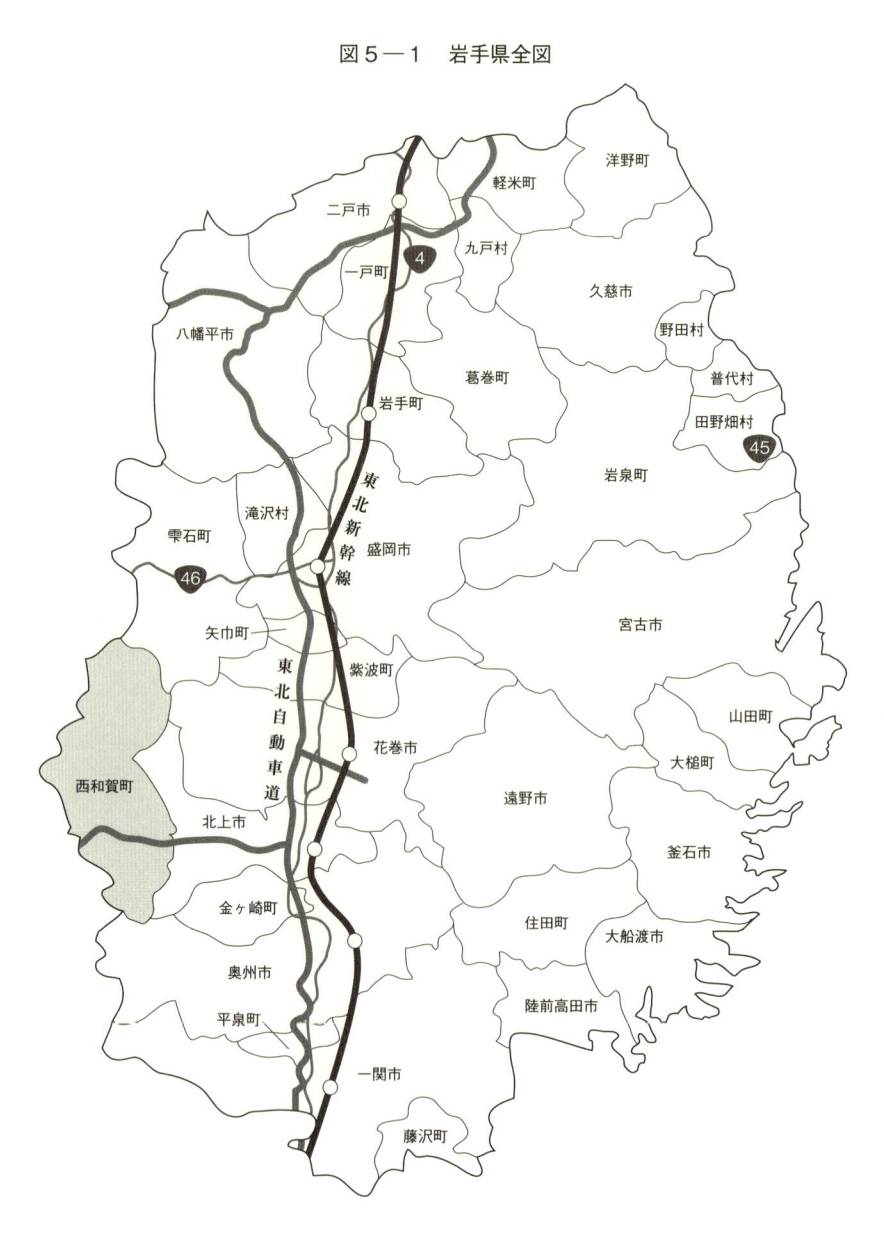

資料：岩手県

1．急角度の人口減少、高齢化が進む西和賀町

　西和賀町は岩手県南西部の奥羽山脈の奥深い山中に位置し、秋田県境（横手市に接する）にある。三方を1000ｍ級の山に取り囲まれ、西側は秋田県の横手盆地に向いている。食文化、習慣などは秋田の影響が大きい。天気予報も横手地方の範囲とされ、積雪も３～６ｍに達するなど横手から西和賀にかけては東北有数の豪雪地帯でもある。

　平成の大合併時の2005年11月１日、和賀郡湯田町と沢内村が合併し面積590k㎡の西和賀町となった。合併直前の国勢調査（2005年10月１日）の人口は7375人であった。北上市が東隣り、秋田県横手市が西隣であり、奥羽山脈を東西に横断する国道107号、JR北上線、秋田自動車道が横手～西和賀～北上をつないでいる。人工衛星によると、一時期までは和賀郡は日本の自然環境の最も残されている地域とされていた。豊かな温泉に恵まれ（湯田温泉峡）、東北の秘境の一つとしても知られている。

　また、かつては十数カ所を数えた鉱山（非鉄金属系）があったのだが、1960年頃までに全て閉山となった。さらに、当時日本最大のダムとされた特定多目的ダム（洪水調整、不特定水利［西和賀、花巻、北上、金ケ崎の2700haの農業用水］、発電［最大５万3100kWh］）の湯田ダム建設（1964年完成）による水没のための集落移転などが重なり（565世帯、約3200人）、1960年には２万人に近い１万9356人を数えた人口は、1970年には１万2667人と6689人減（減少率34.5％）、1980年には１万人を切る9989人となった。

　なお、水没による集落移転の565世帯のうち、ほぼ半数の287世帯は北上市（旧和賀町を含む）に移住している。この湯田ダムにより、和賀川、北上川の氾濫は制御され、また、灌漑用水として流域の農業発展に寄与、さらに、北上の工業化に向けての電力供給に大きく貢献したとされている。ただし、ダム湖（錦秋湖）をベースに期待された地元の観光開発は思うように進まず、西和賀町はその後も人口減少、高齢化を重ねている[1]。

表5—1　西和賀町の人口推移と高齢化

区分	岩手県		西和賀町		
(人)	人口 (人)	高齢化率 (%)	人口 (人)	高齢人口 (人)	高齢化率 (%)
1960	1,448,517	5.3	19,364	902	4.7
1965	1,411,118	6.1	15,175	904	6.0
1970	1,371,383	7.3	12,667	1,093	8.6
1975	1,385,563	8.5	10,923	1,308	12.0
1980	1,421,972	10.1	9,989	1,543	15.4
1985	1,433,611	11.9	9,520	1,753	18.4
1990	1,416,928	14.5	8,973	1,962	21.9
1995	1,419,506	18.0	8,594	2,286	26.6
2000	1,416,180	21.5	7,983	2,696	33.8
2005	1,385,041	24.8	7,375	2,901	39.3
2010	1,330,147	27.2	6,602	2,837	43.0

資料：『国勢調査』

▶人口減少と高齢化の進行

　表5-1によると、岩手県の最近のピーク時の人口は1985年の143万3611人であったが、その後、減少過程に入り、2010年には133万0147人とこの四半世紀で10万3464人の減少、減少率は7.2％となった。この間、高齢化率は11.9％から27.2％へと上昇している。

　この点、西和賀町の人口は1960年の1万9364人から急減少を重ね、1985年は9520人、2010年には6602人、減少率はこの半世紀で65.9％、最近の四半世紀で30.7％を記録している。この間、高齢化率は1985年の18.4％から2010年には43.0％となった。特に、近年の西和賀町の人口動態で注目されるべきは、2000年代に入ってからの人口減少ぶりであろう。1990年から1995年までの人口減少が378人（減少率4.2％）であるのに対して、1995年から2000年までが611人減（7.1％減）、2000年から2005年が608人減（7.6％減）、2005年から2010年が773人減（10.5％減）と、減少率ばかりでなく、近年になるほど人口減少数の絶対値が増加している。その結果、西和賀町は中国山地や四国山地の町村と同様に、

ほっとゆだ駅前を除雪車が走る

5年で10％前後の人口減少という局面に入ってきた。

また、表5－1の西和賀町の高齢人口の推移は示唆的である。一貫して高齢者数が増加してきたが、2005年の2901人を頂点に2010年は2837人と減少の兆しをみせ始めた。明らかに、西和賀町は「後期高齢地域社会」に入ってきた。

▶岩手県市町村の人口と高齢化

表5－2は、岩手県34市町村の最近の人口動向と高齢化率を示してある。岩手県全体の2005年から2010年の5年間の人口減少率は3.96％であったのだが、この間、人口が増加したのは県庁所在地の盛岡市のベッドタウンを構成する滝沢村（2014年4月1日に滝沢市）（0.55％増）、矢巾町（0.44％増）の二つだけであり、他の市町村の大半は5％以上の減少となった。減少率の最大が山間部の西和賀町（10.48％減）、以下、沿岸の住田町（9.61％減）、田野畑村（9.38％減）、岩泉町（9.32％減）が9％台であった。逆に盛岡市（0.80％減）と北上川流域の紫波町（1.20％減）、花巻市（3.42％減）、北上市（1.25％減）、金ケ崎町（0.43％減）、奥州市（4.17％減）の人口減少率が相対的に小さかった。

岩手県では、東北新幹線、東北自動車道が貫通する盛岡市から花巻市、北上市、奥州市、一関市にかけての北上川流域の経済は活発だが、沿岸地域、県北

表5－2　岩手県市町村の人口と高齢化(2010)

区分	人口(人)	2005－2010の減少数(人)	2005－2010の減少率(%)	高齢化率(%)
岩手県	1,330,147	－54,894	－3.96	27.2
盛岡市	298,348	－2,398	－0.80	21.6
宮古市	59,430	－4,158	－6.54	30.9
大船渡市	40,737	－2,594	－5.99	30.9
花巻市	101,438	－3,590	－3.42	28.5
北上市	93,138	－1,183	－1.25	22.4
久慈市	36,872	－2,269	－5.80	26.4
遠野市	29,331	－2,071	－6.60	34.3
一関市	118,578	－7,240	－5.75	30.0
陸前高田市	23,300	－1,409	－5.70	34.9
釜石市	39,574	－3,413	－7.94	34.8
二戸市	29,702	－1,775	－5.64	29.9
八幡平市	28,580	－2,399	－7.72	31.9
奥州市	124,740	－5,425	－4.17	29.0
雫石町	18,033	－1,022	－5.36	28.8
葛巻町	7,304	－717	－8.94	38.7
岩手町	14,984	－1,270	－8.33	31.2
滝沢村	53,857	297	0.55	17.9
紫波町	33,288	－404	－1.20	24.2
矢巾町	27,205	120	0.44	19.7
西和賀町	**6,602**	**－773**	**－10.48**	**43.0**
金ケ崎町	16,325	－71	－0.43	26.1
平泉町	8,345	－474	－5.37	30.5
藤沢町	9,064	－840	－8.48	34.5
住田町	6,190	－658	－9.61	38.7
大槌町	15,276	－1,420	－7.51	32.4
山田町	18,617	－1,525	－7.57	31.8
岩泉町	10,804	－1,110	－9.32	37.8
田野畑村	3,843	－398	－9.38	33.9
普代村	3,088	－270	－8.04	31.8
軽米町	10,209	－788	－7.17	33.1
野田村	4,632	－387	－7.71	30.1
九戸村	6,507	－467	－6.70	34.5
洋野町	17,913	－1,611	－8.25	30.5
一戸町	14,187	－1,362	－8.76	34.6

資料：表5－1と同じ

地域、そして奥羽山脈に沿う地域の経済活動は停滞しており、人口減少も著しいという格差構造を形成している[2]。

この点は高齢化率にも反映されており、岩手県平均の高齢化率27.2%を下回っているのは、滝沢村（17.0%）、矢巾町（19.7%）、盛岡市（21.6%）、北上市（22.4%）、紫波町（24.2%）、金ケ崎町（26.1%）、それに沿岸の久慈市（26.4%）であった。ここでも、北上川流域とその他の地域という格差が構造化されていることがわかる。その中でも、西和賀町の高齢化率（43.0%）の際立っていることが痛感される。

▶交通体系上の位置

奥羽山脈の中心的な位置にある西和賀町は、岩手県（北上市）と秋田県（横手市）をつなぐ交通上の要衝である。古くからの幹線道路は国道107号であり、西は横手市から由利本荘市に向かって日本海に達し、東は北上市から大船渡市へと太平洋に向かう。

鉄道路線としては、JR東北本線の北上駅とJR奥羽本線の横手駅をつなぐ北上線（61.1km、1924年全線開通、全線単線、非電化）が走る。2015年1月末現在の運行本数は、北上～ほっとゆだ（西和賀町の中心）間（35.2km、所要時間45分前後）が1日8～9本、ほっとゆだ～横手間（25.9km、35分前後）が7～8本である。観光シーズン以外の乗客の大半は通学の高校生である。このような事情なのだが、盛岡～秋田間の田沢湖線が秋田新幹線仕様（標準軌）となったため在来線（狭軌）の乗り入れができず、災害等により新幹線不通等の事態が生じた場合、在来線の東北本線（北上川流域）から秋田方面への迂回路として北上線の重要性は高い。東北・秋田新幹線開通以前には、仙台～秋田間の最短距離として、仙台～北上～横手～秋田を直通する特急列車も走っていた。

高速道路の秋田自動車道は、東北自動車道の北上JCTを起点に西和賀、横手、大仙、秋田を経由して能代、大館、小坂に至る210kmであり、1997年に全線開通している。北上JCT～横手ICの間は、ほぼ国道107号、JR北上線と並行して走っている。北上JCT～湯田ICまでは30.3km、湯田IC～横手ICまでは20.3kmである。自動車交通からすると、西和賀からは北上よりも横手の方がや

や近い。西和賀の人びとにとって、文化的には秋田の影響が強く、経済圏としては発展し続ける北上の中にあるといってよさそうである。特に、この20～30年の北上の経済力の拡大は目覚ましく[3]、北上へのクルマによる買い物、通勤、さらには移住の方向としても積雪の少ない北上方面に傾斜している。この数十年の西和賀の人びとの流出の最大の受け皿は北上であったとされている。

鉱山の閉鎖、湯田ダムの建設、高速道路の敷設等により、豪雪地帯の西和賀の人びとは北上に向かい、高齢で身動きがとれない人びとを取り残し、際立った人口減少、高齢化を重ねてきたのであった。

▶事業所数の減少

表5-3は、西和賀町の産業別の事業所数、従業者数の推移を示している。やはり人口減少を反映して、事業所数、従業者数の減少は著しい。事業所数は1986年の573から2001年は503（70減）、2012年は360（143減）と、時間と共に減少幅が大きくなっている。2000年代に入ってから減少が加速化しているようにみえる。従業者数は1986年の3511人から2001年は2225人（1286人減）、2012年2255人（30人増）であった。2001年から2012年にかけては、従業者数はそれほど変わらないが、近年、「医療、福祉」関係の従業者の存在感が目立つ。

産業別には、これまでの地方経済を支えてきた建設業、運輸業の動きが興味深い。建設業の事業所数は、1986年の50から、2001年は48（2減）、2012年36（12減）となった。従業者数は1986年472人から2001年には503人（31人増）となったが、2012年には266人（264人減）と半減した。運輸業の事業所は1986年には24であったが、2001年は24と変わらず、2012年には10（14減）となった。従業者数は1986年には133人、2001年には163人とやや増加し、2012年には48人（115人減）と激減している。

なお、西和賀町産業の一つの特徴として湯田温泉峡があり、温泉施設は38軒で構成され、町の基幹産業の一つとなっているが、宿泊客はこの10年で半減している[4]。宿泊業、飲食サービス業は2012年は56事業所、従業者283人を数えているが、事業の縮小は顕著であろう。ほっとゆだ駅前から中心市街地をめぐると、食品スーパーは1店（スーパー・オセン）、農業資材のコメリ、数軒の

表5—3 西和賀町の産業(大分類)別事業所数、従業者数

区分	1986		2001		2012	
	事業所数(件)	従業者数(人)	事業所数(件)	従業者数(人)	事業所数(件)	従業者数(人)
全産業	573	3,511	503	2,225	360	2,255
農林漁業	20	280	15	80	17	171
非農林漁業	553	3,231	488	2,145	343	2,084
鉱業	6	57	4	27	—	—
建設業	50	472	48	503	36	266
製造業	40	786	34	504	27	370
電気・ガス等	3	13	2	8	—	—
情報通信業	—	—	—	—	3	7
運輸業	24	133	24	163	10	48
卸売・小売業、飲食店	228	600	164	551	76	404
金融業、保険業	3	44	3	27	3	23
不動産業、物品賃貸業	3	3	5	5	6	8
サービス業	180	934	187	1,153	—	—
学術研究、専門・技術サービス業	—	—	—	—	7	11
宿泊業、飲食サービス業	—	—	—	—	56	283
生活関連サービス業、娯楽業	—	—	—	—	51	96
教育、学習支援業	—	—	—	—	5	6
医療、福祉	—	—	—	—	19	381
複合サービス事業	—	—	—	—	12	73
サービス業(他に分類されないもの)	16	189	23	204	32	108

注：『事業所統計』『経済センサス』では、業種区分が変更になっている。「卸売・小売業、飲食店」が「卸売・小売業」「宿泊業、飲食サービス業」に分かれ、「サービス業」は「学術研究」以下、細分化された。
資料：『事業所統計』は1986年は7月1日、2001年は10月1日。総務省統計局『平成21年経済センサス－基礎調査』は2012年7月1日。

温泉旅館、飲食店、生活用品店、酒店、理・美容店などが展開していた。

なお、県立西和賀高校は1948年、北上市の黒沢尻北高校（当時、黒沢尻第一高校）の川尻分校としてスタートし、1972年に西和賀高校（在校生374人）となったが、2014年5月現在、在校生は当初の3分の1の127人に減少している。近年は2次募集をしても定員が埋まらない。なお、この127人のうち半数の約60人は北上から列車で通っていた。北上市には県立の普通高校2校（黒沢尻北高校、北上翔南高校）、工業高校1校（黒沢尻工業高校）、私立の普通高校1校（専修大学北上高校）がある。西和賀から北上の高校に通う生徒もいるが、逆

に、学費の高い私立高校を避けて、北上から豪雪地帯の西和賀高校に通っている生徒もいる。JR北上線の時間の関係から、朝は列車、帰りはバスを利用している場合が多いとされていた。

　全体的に少子化が進んでいる現在、西和賀高校の生徒の確保は次第に難しくなり、地元では西和賀高校存続対策委員会の名称で「西和賀高校存続を!!」というステッカーが各所に掲示されていた。他地域の経験からすると、地元唯一の高校がなくなると、中心地への生徒の下宿、さらに家族移住が進み、一気に人口が減少していくことが懸念される。人口減少は少子化によりさらに厳しいものになっているのである。

2．「まごころ宅急便」の始まり

　このような地域状況の中で、西和賀町社会福祉協議会事務局長の高橋純一氏（1955年生まれ）は、以下のように記している。

　「要援護者として社協が把握している一人で暮らしている高齢者世帯は342世帯、高齢者夫妻世帯は300世帯以上にもなります。豪雪地帯の本町において冬季間の幹線道路の除雪は確保しているものの、一般家庭の除雪においては、地域住民にとって肉体的にも精神的にも過重な負担になっており、ましてや一人暮らしの高齢者等においては、労働的な面もさることながら、通院や買物、隣近所との行き来に大きく不便を生じ、さらには雪の中に閉ざされてしまうことに対する不安、孤独感は増すばかりです。（……）この地域で生活を維持し、暮らし続けるために、（……）（また）、このような地域に具体的に対応し継続した支援を行っていくには、小地域内における共助の仕組みを再構築しながらきめの細かい日常の生活の生活支援サービスを地域の助け合いの意識で共有し、提供できるシステムを構築することが求められてきています[5]」。

　以上は、2012年頃の事情であり、2015年1月現在では、一人暮らし高齢者は366人に増加している。このうち165人は年間18万円（月1万5000円）の最低の老齢年金で暮らしている。また西和賀町には生活保護は20世帯（西和賀町全世帯の0.8％程度。全国は1.7％程度）とされている。全国的にみると、西和賀町

は半数以下のレベルである。生活保護に頼らない山里の慎ましい生活がしのばれる。

▶社会福祉協議会の機能と課題

高橋氏は西和賀町の出身、北上市の黒沢尻北高校を卒業後、愛知県の日本福祉大学に学び、岩手県に戻って盛岡の福祉施設に18年間勤務する。その後、1995年、西和賀に戻り、社協に入った。すでに西和賀町社協に勤めて20年になる。この間、人口減少、高齢化が際立ち、多方面の取り組みを重ねてきた。

「社会福祉協議会」とは、民間の社会福祉活動を推進する営利を目的としない民間組織であり、1951年に制定された社会福祉事業法（現在の社会福祉法）に基づき都道府県、市町村に設置されている。地域に暮らす人びと、民生委員・児童委員、社会福祉施設・社会福祉法人等の福祉関係者、医療・保健・教育などの関係機関の参加・協力のもと、安心して暮らせる「福祉のまちづくり」の実現のために多様な活動を行っている。

西和賀町社協の主たる事業は[6]、①居宅介護サービス（介護保険・障害者自立支援指定居宅介護事業者）事業、②在宅福祉サービス事業、③住民参加の地域福祉活動の推進、④高齢者福祉の推進、⑤障害者福祉の推進、⑥福祉教育、⑦ボランティア活動の推進、⑧在宅介護者・要援護者支援事業、⑨低所得者福祉に関する事業、⑩福祉関連団体との連携、⑪福祉意識の啓蒙・普及活動、⑫福祉関係団体に対する支援、⑬西和賀町の心配ごと相談事業等となっている。

2014年度の西和賀町社協の「収支予算」をみると、主たる収入は「介護保険事業」1億0835万円、「経常経費補助金」2686万円、「受託金」2126万円、「事業」417万円、「会費」253万円などで計1億6676万円であり、支出は「人件費」1億3392万円、「事業費」1849万円、「事務費」727万円などであった。介護保険事業収入が最大であり、加えて補助金、受託金が主な収入であり、支出の大半は人件費とされていた。西和賀町社協の職員は36人から構成されていた。

このような社協一般の事業に加え、西和賀町社協は「地域生活支援事業」として「アクション大舞応（だいまおう）」、雪かき・見守りボランティア「スノーバスターズ事業」、蜂の巣除去の「Beeハンター事業」などを実施してきた。例えば、ア

クション大舞応とは、ボランティア会員142人を組織し、草刈り、ちょっとした手直し、電球の換えなどを1回あたり概ね30分以内で行い、ボランティアの実費弁償として500円を徴収するものである。なお、デマンド輸送の過疎地・福祉有償運送事業も構想したのだが、関連部門の合意が得られず実現できていない。

　また、2003年からは合併前の沢内村のエリアで要援護者に対する配食サービスも実施していた。週7回までは1回当たり役場からの補助が500円つき、要援護者の自己負担は1食380円に設定されていた。この事業については隣の雫石町に近い25km先の要援護者からオファーがかかり、週に3回向かったが、とても対応できないものになっていく。

　岩手県社協では2009年度から「新たな地域支え合いシステム創生事業」を推進、西和賀町、二戸市、洋野町の三つの社協が指定を受けている。さらに、西和賀町社協は2009年度より国庫補助事業「安心生活創造事業」の指定を受け、一人暮らし高齢者の日常生活実態調査や地域福祉懇談会を実施、詳細な「要援護者台帳」を作成してきた。

　その頃（2010年7月）、東京で厚生労働省の全国の社協を集めた「安心生活創造事業」の発表会があり、高橋事務局長はそこに参加、ヤマト運輸のメン

松本まゆみさん　　　　　高橋純一氏

バーと出会うことになる。その場には岩手主管支店営業企画課長の松本まゆみさんも同席しており、高齢者の一人暮らしなどの西和賀の限界集落の事情を話題にし、何かやろうと意気投合した。ここから興味深い取り組みが開始されていく。

▶配達先のおばあちゃんの孤独死に衝撃を受ける

　松本さんは盛岡市の出身、東京の美術系大学を卒業し、しばらくして盛岡に帰郷する。イラスト、絵画等を売ったりしていたが、1998年からはパートのドライバー（ヤマト運輸では、セールスドライバー＝SDという）としてヤマト運輸に勤める。2007年には正社員、2008年には盛岡駅前センターのセンター長に任じている。松本さんは「セールスドライバーを12年やった」と語っていた。

　担当の盛岡駅周辺はビルが立ち並んでいるものの、その間には古い住宅、アパートも点在している。2008年の春、仲の良かった88歳のおばあちゃん宅にいつもの息子さんからの荷物を届けた。おばあちゃんは配送車の音を聞くといつもはニコニコと待ち構えているのだが、その日は玄関まで出てこないで「そこさ置いてって」と声だけが聞こえた。気になりながらも、荷物を置いて戻った。その3日後、家の前を通ると葬式が行われていた。孤独死であった。「あの時、もう一声かけておけば」との自責の念にかられ、「荷物を配達するだけなのか」「何かできないか」「見守りを一緒にする必要がある」と考えていく。

　その頃、地元紙に「ICTを使った見守り安否確認システム」を研究している岩手県立大学小川晃子教授の記事が載り、「民間で手伝えることはないか」と手紙を出した。ようやく半年後に連絡があり、県主宰の研究会に入れてもらう。2009年3月には、1カ月間にわたってモニター12人に対して毎日配達する「クロネコメール便を使った安否確認実証実験」を行う。研究会に参加していた社協も驚くほどの情報が入ってきた。最終日の3月31日には、4人のおばあちゃんがアパートの踊り場に集まって待っていてくれた。ただし、実証実験は1カ月で終わった。

　2010年7月、東京で全国の社協を集めた発表会があり、ヤマト運輸は「クロネコメール便を使った安否確認」を発表する。ここで西和賀町社協の高橋事務

局長と出会うことになる。

▶松本まゆみさんの挑戦

　1週間後には、上司の許可を得て西和賀に向かい、ドライブインの2階の大広間に寝泊まりしながら2週間の現地調査を重ねる。耳取、鷲の巣などの高齢化率70%以上の限界集落、さらに、みんなの集まる公衆浴場にも通い地域の事情を確認していった。広大な西和賀には横手方面から1.5トンの移動販売車が週に1回訪れ、JRゆだ錦秋湖駅前に停車していた。そこまで5kmの距離を歩いてくる高齢者もいた。この現地調査を通じて「買い物」の重要性を強く認識する。

　高橋事務局長と相談し、「やってみよう」ということになり、西和賀町唯一のスーパーであるオセン（有）小専商店）の監査役（当時、副社長）小笠原ノリ子さん（1948年生まれ）に声をかけると、「やりましょう。やらないと始まらない」との快諾を得る。オセン自身、西和賀町湯本の現在の店舗（湯本店）に移る28年前にはトラック2台で移動販売を行っていた。採算が合わず、新店舗に移る時に止めた。小笠原さんは「自分もトラックに乗っていた。やめる時は辛かった。『なんで止めるの』といわれ、責任を感じた。その時のことは忘れられない」と振り返っていた。その頃には、西和賀でもう1店（高岩商店）がバス型移動販売車を運行させていたが、これも同じ頃に停止された。なお、西和賀にも生協が来ているが、戸配は実施していない。

　この間、「買い物代行と高齢者の見守り」を軸にした企画書を作り上司に提出していくが、却下され続ける。周囲からは「赤字ではできない」「運送屋だよ」「専門家に任せておいてよ」といわれ続けた。ネックは「採算性と個人情報の取扱い」の問題であった。その頃、盛岡駅前センターの18人のメンバーの前で「もうダメかもしれない」と語ると、メンバーからは「いつからやりますか」との応えが返って来た。松本さんは「それが大きな力になった」と振り返っている。その後、岩手県立大学の小川教授の研究会を通じて「メール便による見守り」の実証実験にたどり着いている。

　ヤマト運輸では、年に2回、各地で本社の経営陣が参加する「エリア戦略

ミーティング」が開催される。その機会に先の実証実験を報告するとともに、社内の業績表彰制度に応募したところ「社長賞」を受賞、次第に社内でも認められるようになっていく。このようなプロセスを経て、2010年9月21日、西和賀町で西和賀町社協、スーパー・オセン、ヤマト運輸の三者の連携による「まごころ宅急便」がスタートしていった。

▶地元で支持されているスーパー・オセン

　西和賀町の湯本店（本店）と北上流通団地の北上店の2カ所の食品スーパー・オセンを展開している小専商店、数量限定とはいえ、生サンマ1尾9円、たまごLパック（10個入り）50円、新巻シャケ1尾780円などの激安な価格設定で、8時30分から20時まで営業している。都会のスーパーなどにみられる夕方に生鮮品の価格を下げるというスタイルではなく、午前中の早い時間に大半のものが売れていく。湯本店、北上店共に激安スーパーとして人びとから大きな支持を得ていた。

　現在の社長の小笠原弘明氏（1940年生まれ）は3代目、戦後まもなくの初代の頃は北上の市場で仕入れた魚介類を背負子で西和賀の湯本に持ち帰り、拡げて販売していた。2代目の頃に湯本の著名な温泉旅館対滝閣の近くに店舗（鮮魚店）を構えた。法人化したのは1967年のことであった。

　湯本店の現在地には1986年に移転、北上店は2004年に開店している。湯本店は社長夫人の小笠原ノリ子監査役と子息の小笠原東常務（1972年生まれ）が担当、約50人の従業員で対応している。規模の大きい北上店は社長と弟の専務の2人が担当、130〜150人の従業員を抱えている。「良いものを安く」が原点であり、魚介類の仕入れは北上店を担当している社長と弟の専務の2人が早朝4時起きして北上の市場に向かい、湯本店の常務は4時30分には出発している。開店の8時30分には80％の品物が並んでいることを基本としていた。

　西和賀自体、秋田の食文化の影響にあることから、魚介類の仕入れは北上、盛岡の市場に加え横手水産卸市場であり、太平洋と日本海の魚介類が揃っている。湯本店の場合、秋田方面からの客が半数近くとされていた。特に、正月前になると、秋田からマイクロバスによるツアーの買い物客が押し寄せ「箱買

小笠原ノリ子さん　　　　　　スーパー・オセン湯本店

い」していくことで知られる。また、地元の旅館や秋田県の湯沢あたりの業務筋向けの高級食材も良く売れる。オセンは奥羽山脈の山間部にあって興味深いビジネスを展開していた。

　雫石から嫁いで来たというノリ子さんは、4代目を期待される子息の東氏を支えながら、湯本店を切り盛りしていた。「嫁入りした頃は、45坪の鮮魚店だった。その頃は2台あった移動販売のトラックにも乗っていた。採算が合わずに28年前に止めたときは辛かった。このあたりは人口が音をたてて減っている。高齢で店まで来られない人もいる。また、外販車の時代が来る。行って売るのが一番。会話もあり、楽しい買い物になる」と語っていた。

　このような経験と事情から、西和賀町社協の高橋事務局長から打診があった際には「即、賛成」したのであった。多様な商品分野を扱う移動販売や買い物代行の場合、仕入れ、品揃えが最大のポイントになる。多様な商品が用意されている地元のスーパーが起点になることが最も合理的であろう。そのような意味からも、「まごころ宅急便」のスキームの中で、鮮度が問題になる買い物代行としては、早朝から品物が揃っているスーパー・オセンの意義は極めて大きい。

激安のチラシ　　　　　　殻付きホタテ、カキは1個100円

3．「まごころ宅急便」の仕組み

　事前の現地調査から「買い物弱者支援」の必要性が痛感され、ヤマト運輸側は「高齢者の見守り」と「買い物代行」とを連動させることを目指していた。そして、ボランティアや企業のCSR（corporate social responsibility）活動にしてしまうと、資金等の制約から継続性を保つことが難しく、またサービス内容が制限されてしまう懸念があるため、当初から会社の事業として取り組む必要があるという認識を抱いていたことが指摘されている[7]。

　この点、この仕組みを切り開いた松本さんは「昭和の時代を必死に支えてくれた方が、誰にも気付かれずに亡くなるなんて、二度とあってはならない」とし、「倒れる前に気付く」を目指していく。そして、それを「企業として継続してできること」に腐心し、興味深い仕組みを作り上げていった。

▶「まごころ宅急便」の基本スキーム

　「まごころ宅急便」の仕組みは、まず、利用者は社協で事前に利用登録を行い、情報提供の同意書を交わす。この手続きにより、個人情報の問題はクリア

された。なお、この事業をスタートするにあたっては、セールスドライバーと同行して社協と共に各地区に出向き説明会を開催している。

　事業の基本的な仕組みは、以下の通りである。

① 　オセンの「定番カタログ」を利用登録者に配布する。また、利用登録者は新聞折込み等の「チラシ」もみている。その中から必要なものを社協に電話で伝えてくる。10時までの注文は、夕方までには届ける。この際、特売などで安価な場合、高齢者は大量に購入しようとする傾向にあるが、その点は、社協の職員が適切と思える量を提案し、調整していた。

② 　社協はそれらを取りまとめ、職員が10時過ぎにオセンに向かい、前日の10時以降の注文と合わせて商品をピッキングし、オセンの業務系のレジ（裏レジ）で配達用と控え用の伝票を2部作成してもらう。配達用伝票と商品を各利用登録者別の60cm角の箱に入れ、オセンの野菜出荷場の大型冷蔵庫の中に格納する。なお、注文された商品で同程度のものが特売になっている場合は、そちらを採用していた。また、販売している商品の量が多い場合には、オセンに小分けにしてもらっていた。

③ 　12時30分頃に、ヤマト運輸のセールスドライバーが受け取りに来て、16時30分頃までに利用登録者宅に配送していく。その際に代金の回収を進める。いわゆる「代引き」で行われる。また、口座引き落としも受けていた。

④ 　この配送の際、チェックシートに従い利用登録者の「安否確認」を行い、夕方には「お元気情報（以前は、見守り情報）」として、セールスドライバーから社協にFAXが届けられる。社協はその情報に基づいて適宜対応する。

▶「西和賀方式」の特徴と課題

　そして、この仕組みには幾つかの工夫がこらされている。

　事業の継続性からして「採算性」が課題になる。ヤマト運輸の仕組みでは、本来は西和賀の荷物は一旦北上のセンターに届き、そこで仕分けされ、全国各地に発送されていく。ただし、この「まごころ宅急便」の場合は、例えば西和賀地区の場合、受発注が西和賀管内に限定されるため、北上のセンターとの間

の流通コスト、さらに仕分コスト、全国発送の流通コストのかからない「エリアでの受発注」となる。

　また、ヤマト運輸の場合、全国約4000カ所の集配所、約16万人の社員、約4万3000台の車両から構成されているが、セールスドライバーの大半は地元出身者である。地元の事情に詳しく、地元への「思い」も深い。お客からは「個人名」で呼ばれることを目標の一つとしている。ヤマト運輸は「一番身近で一番愛される企業」を目指している。一般に、ヤマト運輸の場合、ドライバーは1日、約200個の配達を行っている。安否確認、チェックシートの記入となると5分から10分かかり、普通の配達より時間を要するが、現状、この新たな試みに対してセールスドライバーの意識も高く、意欲的に取り組まれていた。西和賀地区のセールスドライバーは4人、いずれも地元出身者であった。高橋事務局長は「民生委員よりも役に立つ」と語っていた。今後、件数が増加していくと、このあたりの折り合いの付け方も課題になるのかもしれない。

　このような仕組みの場合、注文者が商品の現物をみていないこと、電話でのやり取りであることから、誤注文・誤配達が生じる懸念もある。そのような場合は、その商品を社協が買い取ることにしていた。その商品は社協の職員の間でのオークションで処理することになる。ただし、高橋事務局長によると「これまで1件もない。注文者が我慢しているのかもしれない」と語っていた。

　当初5人の利用登録者からスタートした西和賀の「まごころ宅急便」は、2015年1月現在、25人ほどに拡大していた。会員の大半は一人暮らし、75歳以上であった。このような人びとは10日分ほどの商品をまとめて注文するようであり、西和賀管内の実際の注文は1日に1〜2件のペースであった。これまでの60cm角1個の箱の最大重量は、秋の漬物用の塩、砂糖で25kgを記録している。また、客単価は3000円程度であった。年金の支給日の後に注文が多いとされていた。なお、オセンの売場が混雑する年末の12月28日から1月3日の間は、このサービスは停止されている。

　全体的にみると、三者がそれなりのコストを負担している。オセンの負担は冷蔵庫の保管コスト、小分けのコストなどである。ただし、地域の責任ある食品スーパーとして社会的な信頼が高まるであろう。社協は電話の応対、ピッキ

ングのコストがかかり、また、「誤注文・誤配達」のリスクを背負う。さらに、1件40円の情報提供料をヤマト運輸に支払っている。ただし、社協にとっては高齢者等の精度の高い情報を獲得できる。ヤマト運輸サイドは工夫を重ねているが、利益は多くない。ただし、このような事業に取り組むことにより、セールスドライバー等の関係者の人間的成長が図られ企業としての厚みが増し、さらに社会的な評価も高まることになる。なお、この「まごころ宅急便」は行政等からの直接的な補助金は受け取っていない。

　以上のような点が、「まごころ宅急便」の発祥となった「西和賀方式」というべきものであり、先の「基本スキーム」に地域的な特質を織りまぜた独特なものになっているのである。

4．「まごころ宅急便」からの拡がり

　西和賀町社協は、以前、要援護者向けの弁当の配食サービスを実施していたが、現在は、障害者の自立を意識し障害者団体に移管している。湯田地区については特別養護施設の光寿園、沢内地区についてはワークステーション湯田沢内が担っている。1日1回が基本であり（オプションで2回も可。2回の場合は1回分には補助がつかない）、町から500円の補助がついて380円で提供され、1日約100食が配食されていた。

　また、医療に関しては、西和賀町は65歳以上の場合、医療費は1日最大1500円、入院費は最大5000円の自己負担としていた。また、通院に関しては完全無料バス（29人乗り、町所有）を岩手県交通に運行依頼し、町内14路線を展開、1日2往復、通院者が週に2回は通える仕組みを形成している。

　このような枠組みに「まごころ宅急便」が加わってきたわけだが、この「まごころ宅急便」は、その後、大きく二つの方向で進化をみせ始めている。一つは、利用登録者以外の人びととの「見守り」であり、もう一つは、「西和賀方式」というべきものをベースにして、全国各地に「まごころ宅急便」が拡がり始めたという点であろう。

▶「まごころ宅急便＋リコール回収」と「絆－ONE」

「まごころ宅急便」の場合は、限られた利用登録者以外は「見守り」の対象にはならない。高齢の健常者や「まごころ宅急便」を利用できない困窮者がこぼれ落ちている。このような人びとをカバーしていくために「まごころ宅急便＋リコール回収」がヤマト運輸岩手主管支店から提案された。これは家電製品等のリコール回収がなかなか進まないという事情に注目したものである。実証実験が、2013年10月、社協から提供された名簿を下に西和賀町に居住する一人暮らしの高齢者300人に対して行われた。リコール商品の確認＋健康状況を把握するものであり、一般的なリコール回収よりも大きな成果を得た。さらに、浄法寺町を含め、合計900世帯で実施されている。

この事業の場合にはリコール実施企業からの資金提供が期待され、採算性も確保できる。このような実績を踏まえ、2015年3月からは隣県の秋田県湯沢市全域で実施されている[8]。この事業は商品のリコールが発生しない限り行われないが、リコールが頻発している現状では、効果的なものと評価されている。

また、「絆－ONE」とは、一人暮らしの高齢者の「見守りシステム」であり、見守りが必要な高齢者宅に「人感センサー」と「呼び出しボタン付き機器」を設置、社協や都市部に居住する子供等の家族に随時情報を提供する[9]。

「人感センサー」は最も滞在時間の長い部屋に設置し、センサーの検知範囲の動きを数値化し、活動量を判断するというものである。

「呼び出しボタン付き機器」とは、「赤」「緑」「青」の三つのボタンから構成される。「赤」は緊急ボタンであり、緊急連絡先としてあらかじめ登録されている所と緊急コールセンターに通知される。「緑」ボタンは多目的通知サービスであり、あらかじめ活用ルールを決めて利用する。例えば、朝夕に押せば、遠くの家族に「おはよう」「おやすみ」を意味するなどである。「青」ボタンは日常生活支援サービスとされ、コールセンター（ヤマト運輸岩手主管支店）が窓口となり宅配、配食、掃除、クリーニング、理容、草刈りなどのサービスを手配することになる。

この「絆－ONE」は西和賀町内の約80戸で実証実験が重ねられ、設置者からの評判も良く、現在、西和賀町内で50世帯が実際に設置している。利用料は

月1400円ほどで、都会に住む子供たちが負担している場合が少なくない。このように、民間企業のヤマト運輸と社協の連携によりスタートした「まごころ宅急便」は、よりきめの細かいものとして、進化しているのであった。

▶震災被災地を始め全国に拡がる「まごころ宅急便」

2010年9月に西和賀町で「まごころ宅急便」がスタートしたのだが、半年後の2011年3月11日、東日本大震災が勃発する。この被災に対し、ヤマト運輸の現場のセールスドライバーたちが自主的に滞留した物資を配送したことはよく知られているが、会社側も「救援物資輸送協力隊」を発足させた。松本まゆみさんもこれに参加し、現場の実情を知る。その後、岩手県庁から津波被災の大きかった大槌町を紹介され、西和賀町でスタートしている「まごころ宅急便」のサービスを提供できないかを模索する。

被災半年後頃（2011年11月30日現在）の大槌町の死者は802人、行方不明者は505人、計1307人に上り、2010年10月の国勢調査人口1万5276人の8.6％に及んだ。また、中心市街地はほぼ完全に流失し、商店、飲食店などは壊滅した。当時の大槌町商工会の会員は422名。そのうち代表者の死亡が87人、行方不明が16人、計103人と、24.4％を数えた。後に仮設商店街が形成されるものの、大槌町の商業機能は大きく低下した[10]。他方、仮設住宅が30カ所、2146戸供給されたが、その多くは郊外の不便な場所に設置されている。クルマも失った被災者の方々は買い物に困っていた。

松本さんは当初2週間、大槌町社協業務課の多田左衛子さん宅に泊まり込み、その後2カ月空き家を借りて社協の職員と共に現地調査と事業化の可能性を模索していく。仮設住宅ばかりではなく、家が流れずに残った支援物資の届きにくい在宅者にも注目し、全体で約2000戸を回った。

西和賀町の経験を踏まえ、社協、スーパー、ヤマト運輸の連携を構想し、仮設住宅入居が開始された直後の8月1日には「まごころ宅急便 in 大槌」のサービスを開始している。大槌町内の65歳以上の要援護者で利用登録した人が、大槌町社協が用意した300品目にわたる商品カタログの中から電話で社協に注文、まとめて転送された情報を下に被災を免れた地元スーパーのジョイス釜石

店（本社盛岡市）が商品をピッキングし、それをヤマト運輸が利用登録者に配送するというサービスとなった。その際、健康状況等を聞き取り、記載した「情報シート」を社協に提供していた。

　大槌にもジョイスの店はあったのだが、津波で流失し、従業員も釜石店に移っていた。また、被災後の対応に手をとられていた大槌町社協に代わり、スタートの2011年8月から翌2012年4月までは、電話の受付窓口は北上市社協が代行した[11]。このスキームには、その後医薬品・日用品の薬王堂（本社矢巾町）も参加している。利用登録者は120人に上った。

　この西和賀町の経験をベースに、被災地に展開した「まごころ宅急便」は、釜石市（2011年11月）、大船渡市（2015年2月現在、休止中）と続き、その後、岩手県内陸の北上市、一関市、滝沢市といった岩手県7市町で実施されている。さらに、この「まごころ宅急便」の仕組みは全国のヤマト運輸でも展開され、2015年1月現在、全国170の市町村で実施ないしは準備中であった。各市町村によって事情はそれぞれ異なり、それに合わせたスキームを構想していた。現在のところ、「見守り協定」及び「災害時輸送協定」を結んでいる市町村は多い。秋田県では全市町村と災害時輸送協定を結んでいる。

　以上のように、この「まごころ宅急便」はヤマト運輸の現場の一人の若い女性社員から発想され、地域の社協、スーパーと連携して条件不利地域における「商品の供給」「高齢者の見守り」に新たな可能性を切り開いた。さらに、「まごころ宅急便」は、一つは利用登録者以外の人びとも視野に入れた「まごころ宅急便＋リコール回収」「絆－ONE」といった地域の内面に深く入るものに向かい、もう一つは「西和賀方式」というべきスキームを基礎に、各地の実情に添ったものとして新たな拡がりをみせ始めているのであった。

1）　湯田ダム、錦秋湖については、「錦秋湖50年──湯田ダムから考える①～④」（『岩手日報』2014年9月17日～20日）に興味深い記事が掲載されている。
2）　岩手県全体の経済、産業事情については、関満博『「農」と「食」の農商工連携』

新評論、2009 年、を参照されたい。
3） 北上の経済、産業発展については、関満博・加藤秀雄編『テクノポリスと地域産業振興』新評論、1994 年、を参照されたい。
4） 西和賀町の基幹産業の一つである温泉施設関係については、関、前掲書、Ⅵを参照されたい。
5） 髙橋純一「高齢者を見守るネットワークシステム『絆－ONE』～古里の親を見守りたい」(『月刊 LASDEC』第509号、2013年5月)。なお、西和賀町で始まったこの「まごころ宅急便」についての先行的な報告としては、「西和賀発まごころ宅急便」(『いわて福祉だよりパートナー』第553号、2011年1月)、勝見明「野中郁次郎の成功の本質――まごころ宅急便／ヤマト運輸」(『Works』第119号、2013年8・9月)、野村総合研究所『平成25年度セーフティネット支援対策等事業費補助金（社会福祉推進事業分）CSV 事業の先進事例分析を通じた支援の枠組みに関する調査研究事業報告書』2014年3月、などがある。
6） 社会福祉法人西和賀町社会福祉協議会『平成26年度事業計画』。
7） 野村総合研究所、前掲書、62－63ページ。
8） 「まごころ宅急便＋リコール回収」については、野村総合研究所、前掲書、67－69ページに詳しい。
9） この「絆－ONE」については、髙橋、前掲論文を参照されたい。
10） 大槌町の被災の状況、地域産業復興等については、関満博『東日本大震災と地域産業復興Ⅱ』新評論、2012年、第1章を参照されたい。また、大槌町の仮設商店街「福幸きらり商店街」については、姜雪潔「岩手県大槌町／浸水した小学校校庭に設置『福幸きらり商店街』――高齢化の課題から魅力ある商店街づくりに」(関満博・松永桂子編『震災復興と地域産業 4 まちの自立を支える「仮設商店街」』新評論、2013年、第2章)を参照されたい。
11） 大槌町の取り組みについては、「まごころ宅急便 in 大槌――買い物に困る被災地の高齢者を支援」(『いわて福祉だよりパートナー』第565号、2011年9月)が有益である。

第6章　北海道札幌市／店舗、宅配に加え、移動販売車75台を展開
北海道全域を視野に入れる（コープさっぽろ）

　面積が広大で居住地が点在している北海道。明治以降の開拓によって新たに農地、居住地が形成されてきたことを背景に、人びとの仕事の仕方、暮らし方などは、長い歴史を重ねる中国山地や四国山地あたりとは相当に異なる。例えば、中国山地では、農家1戸あたりの耕地面積は0.5ha（5反歩）程度であり、中山間地に小規模農家による小さな集落を形成してきた場合が多い。この点、北海道では1戸あたりの耕地面積は15ha（約15町歩）前後である場合が少なくない。そのため、数十戸の単位で集落を形成することはなく、農家が新たに開拓された広大な農地に独立的に点在するなどの構図となっている。北海道では、中国山地のような濃密な集落構造は形成されていない。

　そして、近年、札幌への人口の一極集中は相当に進み、広大な面積に拡がる各市町村はいずれも人口減少、高齢化に直面している。さらに、北海道にはかつては産炭地が多く、1960年代以降のエネルギー革命により一気に衰微、人口激減を経験した地域が少なくない。例えば、北海道最大の石炭産出量を誇っていた夕張市は、この50年の間に人口は約11万人から1万人を切る10分の1以下に減少している。当然、高齢化の程度も高い。

　このような状況の中で、「買い物弱者」対策について、北海道の場合は本州、四国、九州のあたりとは異なった動きが顕著にみられる。近年の北海道における「買い物弱者対策」については、北海道経済部により幾つかの報告が提出されている[1]。これらをみると、商店街や商工会を中心にした買い物代行、送迎バス等の取り組みが散見される。他方、中国山地によくみられる地域の濃密な住民組織、地元スーパー等による共同売店の設置運営、また、移動販売、配食サービスの提供等は低調のようである。

　むしろ、北海道の場合は、巨大化している生活協同組合であるコープさっぽろ（組合員約154万人、事業高約2583億円）、そして、北海道に広く展開する地

元資本のコンビニエンスストア・チェーンであるセイコーマート（全道に約1070店舗を展開、売上額約1800億円）の果たしている役割が極めて大きい。コープさっぽろは宅配と移動販売、配食サービス、そして、セイコーマートは過疎地における店舗展開が特徴的である。逆に、本州以南では、地元の生協や地元コンビニエンスストアによるこれほどの取り組みはみられない。北海道の「買い物弱者」への取り組みは、巨大化しているこの二つの北海道を代表する生協とコンビニエンスストア・チェーンが大きな役割を演じているのである。その中から、この章ではコープさっぽろの取り組みに注目していくことにする。セイコーマートについては、後の補論8で取り扱っていく。

1．コープさっぽろの歩みと事業の輪郭

消費者協同組合は「かつて物資が不足し、貧しさを強いられた国民生活を、生産ではなく、流通のシステムから変革して向上させようと取り組んだ購買活動が母体になって生み出された（ものであり）、……掲げる使命に賛同した一般市民が出資者、すなわち会員となって販売と購入にも自らの意思で関わりを持[2]」つというものである。

▶コープさっぽろの「7つのお約束」

この点、コープさっぽろは、「生協は、組合員のための、組合員による、組合員の組織」であるとして、以下のような「7つのお約束」を2004年に制定している。

お約束1　つねに、たしかな商品をお届けして組合員さんに「食の安全・安心」と「より豊かな暮らし」をお約束します。

お約束2　いつも組合員さんの「声」を大切に、組合員さんの願いを実現していくことをお約束します。

お約束3　組合員さんが「くらしの安心」を願い、互いに学びあい、協同することのお手伝いをお約束します。

お約束4　誠実に事業をすすめ、常に経営を公開し、組合員さんの共通の財

産を守っていくことをお約束します。

お約束5　道内の生協と連帯し、道民生活の向上、道内産業の発展に貢献していくことをお約束します。

お約束6　地球環境を守り、また福祉・助け合いにあふれた地域づくりに貢献していくことをお約束します。

お約束7　平和で、人間らしい「豊かなくらし」を実現することに貢献していくことをお約束します。

　コープさっぽろは、札幌で生まれた小さな地域生協であったのだが、この50年の間に、北海道全域をカバーする巨大生協となり、当初の購買事業、店舗事業から始まり、その後、宅配、移動販売、配食サービスなど、多岐にわたる事業を重ね、北海道における商品流通の最大の事業者ともなってきたのであった。

　現在、北海道生活協同組合連合会には、21の生協が加盟しているが、地域生協はコープさっぽろと生活クラブ生協の2生協のみであり、その他は、職域生協（北海道電力）1、大学生協（北海道大学等）10、学校生協3、医療生協2、共済生協1、住宅生協1、高齢者福祉生協1となっている。この中でも、北海道全域をカバーし、組合員数154万3280名（2015年3月20日現在）を数えるコープさっぽろは、北海道の全世帯数の約57.0％をカバーする最大の生協と

コープさっぽろの本部／札幌市北区発寒

なっているのである。

▶コープさっぽろの歩み

　表6－1には、コープさっぽろの主な歩みを示してある。コープさっぽろ自

表6－1　コープさっぽろの歩み

1945	北海道大学の戦時体制組織の「北大報国会」が解散し、自主組織としての「学友会」を結成、その一部門の「厚生部」が物資調達、分配の活動を行う。
1947.6	北大学長以下の教職員で「北海道大学協同組合」を設立。加入者数270名。
1957.11	法人化し、「北海道大学生協同組合」に改組。
1958.10	教職員官舎の「大学村」に外販活動を開始。
1959	大学村に2坪の店舗を設置。
1961.8	近くの個人商店(50坪)を買収し、支店とした。
1964.11	北海道生活協同組合連合会の臨時総会で、当時深刻化していた炭鉱などの職域生協を地域生協に移行させるための「一都市一生協路線」が採択される。
1965.7	北大生協から大学村店の譲渡、桑園店の貸与を受けて、札幌市民生活協同組合が創立される。店舗数2、組合員1000名、初年度事業高2億5600万円であった。この年をもって、コープさっぽろの創業としている。
1969	小樽市民生協と統合。その後、道内各地の地域生協と統合を重ねる。
1990	生活協同組合市民生協コープさっぽろへと名称変更。
1995	創立30周年。店舗数116、組合員数78万2000名、事業高1756億円に達する。
1997	北海道拓殖銀行の破綻。コープさっぽろも経営危機に陥る。97年には黒字回復。共同購入事業で「戸配」事業を開始。
2000	生活協同組合コープさっぽろに名称変更。
2006	共同購入・戸配事業の名称を「コープ宅配システムトドック」に変更。
2007	コープ十勝と統合。全道の地域生協を統合した。
2010	「移動販売車」スタート。
2011	「配食サービス」スタート。
2012	道内52市町と高齢者見守り協定締結。
2013	見守りトドック開始。
2015.3	組合員数154万3280名(組織率57.0%)、出資金636億9796万円、事業高2583億円。

資料：コープさっぽろ、佐藤郁夫「相互扶助組織におけるマーケティング戦略～コープさっぽろのケーススタディー」
　　（『産研論集』札幌大学、第40号、2010年3月）などによる。

身の創業は1965年11月とされている。ただし、その前史として、戦後の1945年、北海道大学の戦時体制下の組織であった「北大報国会」が解散し、戦後の極端な物資不足の時代、自主組織としての「学友会」を結成、その一部門の「厚生部」が物資の調達、分配活動を開始したことから始まった。

　1959年には北海道大学の教職員官舎（大学村）に、2坪の店舗を開店している。ここから、店舗による販売事業が開始されている。また、北海道は夕張、歌志内などの産炭地を抱え、戦後も朝鮮動乱以後、活況を呈したのだが、1960年を前後する頃からの世界的な石炭から石油へのエネルギー転換に見舞われ、産炭地は深刻な状況に追い込まれていった。そのため、北海道生活協同組合連合会は、1964年11月、炭鉱などの職域生協を地域生協に移行させるための「一都市一生協路線」を採択していく。

　このような動きの中で、札幌市民生活協同組合が、北大生協から大学村店などの譲渡を受け、1965年7月、店舗数2、組合員1000名でスタートしている。この年を、コープさっぽろの創業としている。

　その後の主要な歩みは表6-1の通りだが、北海道各地の地域生協の統合を重ね、2007年にはコープ十勝を統合し、全道をカバーする生協となっていった[3]。当初は店舗による購買事業、共同購入事業であったのだが、1997年には「戸配」事業（コープ宅配システムトドック［通称：トドック］）を開始し、2010年には「移動販売」、2011年には「配食サービス」、2013年には「見守りトドック」を開始している。なお、以前のコープさっぽろの出資金は5000円であったのだが、高齢者、年金生活者には高いという判断で、2013年からは出資金の下限を1000円に引き下げている。このため、その年の年間加入者は約8万名を数えた[4]。

　2015年3月20日現在の組合員数は154万3280名、人口約540万人の北海道の全世帯270万9054世帯（2014年1月1日）の約57.0％を組織している。組合員の出資金は636億9796万円（2015年3月20日）、事業高は2583億2390万円となった。部門別では店舗事業1767億1764万円（構成比68.4％）、宅配事業752億3175万円（29.1％）、共済事業15億8061万円（0.6％）、その他47億9390万円（1.9％）となっている。従業者数は正規職員2029人、契約社員876人、パート・アルバイ

ト9813人、計約1万2700人を数える。店舗は北海道179市町村のうち28市18町（計46市町）、109店舗に及び、コープ宅配システムトドック・センターは31センター、生産工場7カ所等を展開しているのであった[5]。

▶ トドックのサービス

　店舗、宅配、移動販売、配食サービスと提供するサービスの範囲を次々に拡大してきたが、この間の事情について、中島則裕常務理事（現専務理事）は以下のように説明している（2012年当時）。「店が全部で107店舗あります。元気な人はお店に来て買い物してくださいよという話です。重いものを持つのが大変な高齢者、子育てや仕事で店に来られない人には、宅配システム『トドック』で個別配送します。それでも、シートに書いて注文するのが大変な人や店が近くにはないという人に対しては、移動販売を走らせました。さらに、毎回料理をつくるのが大変という高齢者に対しては、配食サービスを始めました[6]」と語っている。

　主力事業の一つとなってきた「宅配事業（トドック）」、当初は複数の組合員による共同購入から始まったのだが、1998年からは個人の自宅に商品を直接届ける宅配方式に変わっている。2015年現在、全道（離島も含む）で約31万の組合員が利用している。このトドックの仕組みは、全道に31カ所の宅配センターを置き、トラック800台強、宅配センター職員約1400人で対応している。この800台強のトドック便は全道31万世帯と週に1回つながっていることになる。毎週、注文された商品と次週用のカタログ、注文書が届けられる。インターネット、電話による注文も受け付けている。システム手数料（利用料）は1回につき200円（税別）とされていた。70歳から74歳までの組合員のシステム手数料は半額、さらに、75歳以上の組合員が1人で利用する場合は、システム手数料は無料になっている。

　また、「高齢者見守り協定」は、高齢者宅で異変があった場合、関係機関に連絡するというものであり、2010年に小樽市でスタートし、2015年現在、道内179市町村のうち112市町村に拡がっている。なお、この「見守り」を実践するのは、トドックや次にみる配食サービスのドライバーたちである[7]。

▶配食サービスの展開

　近年、高齢等のために食事の用意をできない人も増えているが、このような人びとを対象に、コープさっぽろは2011年から本格的に配食サービスを開始している。コープさっぽろの場合、惣菜工場、食品工場があり、当初、そこで弁当を作って配ろうと考え、事業開始にあたり試行錯誤を重ねていった。先の中島氏は「私たちは毎日その弁当を食べてみました。そうしたら飽きるということがわかりました。弁当では駄目だ、食事にしないといけないという結論を得たのです。……おいしくて新鮮なものを届けるためには、配達エリアを1時間以内に収めて、それが可能なところに工場の拠点を置いて、手作り感があって汁物も出せるようにしました。工場といっても100坪か150坪くらいで大きくはないのですが、配食サービスのために、わざわざ工場を建てたのです[8]」と語っている。普通食の場合、容器は料理毎に別にしてあり、繰り返し使えるものになっていた。弁当ではなく、「食事」を意識した提供の仕方をしていた。

　この配食サービス、月曜日から土曜日までの夕食を提供している。種類は大きく2種類。おかず5品の普通食（562円、税別）と低カロリー食（475円）がある。これにオプションとして、ごはん（86円）、サラダ（96円）などがある。この配食サービスは、現在、札幌近郊エリア（白石工場）、函館エリア（函館工場）、苫小牧・室蘭エリア（苫小牧工場）、釧路エリア（釧路工場）、旭川・北見エリア（旭川工場）の五つのエリアで、工場から1時間圏内でサービスを提供している。2014年段階で、48市町村に供給、利用人数は約6000人、週平均で約3万食を提供している。

　このように、コープさっぽろは、宅配に加え、配食サービスにも踏み込んでいるのであった。

2．移動販売車「おまかせ便カケル」の展開

　以上のように、コープさっぽろは店舗（109店）、宅配のトドック（31センター、トラック約800台）、食品加工工場（江別、石狩）、配食サービス用工場（5工場）を展開、さらに、2010年からは本格的な「移動販売」に踏み込んで

いる。生協店（全道109店）のあるところを基点にするほぼ１時間圏内を対象に、2015年５月現在、北海道179市町村中124市町村で75台（２トン車）の移動販売車を動かしていた。

この移動販売車の取り組みは、夕張市民生協が1992年から２トントラック１台で実施していたものであり、1997年にコープさっぽろに統合して以後も継続されていた。そして、この夕張の経験を踏まえて、2011年以降、本格的に推進されていった。

▶夕張の経験を引き継ぎ、75台を運行

コープさっぽろは1997年に夕張市民生協を統合していくが、移動販売車が１台付いてきたため、運行を継続していた。2010年の頃になると車両の耐用年数が問題になり、移動販売の収支を精査すると、黒字であることが判明する。そのため、夕張で継続していくことを決定、車両を更新し、2010年10月からコープの移動販売「おまかせ便」の名称でスターした。そして、この取り組みが評判になり、各地からの要請が重なってきた。このような事情の中で、2011年から本格的に導入することを決定、全道に100台を配置することを目標にしていく[9]。

この事業に関して、次の三つの点が意識されていた。

① 少子高齢化や前例のない人口減少と過疎化という厳しい環境の中で、さらに北海道に貢献し続ける。
② 生協の使命は社会問題を、ビジネスを通じて解決すること。
③ コープさっぽろの組合員は、北海道の全世帯の半分を超えており、北海道の抱える問題は「コープさっぽろ」の問題であり、地域貢献事業は北海道の問題解決に結びつく。

このような認識を背景に、自立的、持続的な運営を意識し、公共からの補助金等は受け取っていない。コースの設定、新規導入に対する考え方は、①組合員からの要望（町内会からもある）、②独自に商圏の調査の実施（簡単には運行撤退はできない）、③コースの設定は移動販売車１台で週３コース、週２回訪問（１回もある）としていた。島嶼部は店舗がないため実施していない。

おまかせ便カケルの運行エリア（2015年5月現在）　　　おまかせ便カケル

　また、過疎地が優先され、札幌圏では当面実施していない。店舗から1時間圏内、1日の走行距離60km程度を意識していた。2015年5月現在、75台を運行しているが、運行市町村は124、全道179市町村に対してのカバー率は69.3％に達しているのである。

▶「おまかせ便カケル」の仕組み
　車両の導入にあたり、北海道は積雪の多い寒冷地であることから、かなりの検討を加えた。中国山地、四国、九州のあたりでみられる「跳ね上げ式車両」では寒冷地は無理であり、車内に客が入ることを意識した。大型バスも検討したが、積雪期は運行が難しいと判断した。第3章でみた安達商事が採用している3トンの横にスライドする車両も検討したが、寒冷地では凍結する可能性があり断念した。さらに、入口と出口を別にする形態も考慮したが、やはり寒冷地を意識し、出入口を1カ所にし、2トンの四輪駆動の低床型としていった。基礎となる車両はいすゞの「エルフ」であり、特装車専門の札幌ボデー工業に改造を依頼している。工期は1台3カ月ほどかかる。積雪も考慮し、車体は錆びないFRP製にしていた。なお、2012年8月にはキャラクターの名称を公募し、「おまかせ便カケル」に決定している。

おまかせ便カケルの内部

　2010年10月の夕張の1台導入を皮切りに、2011年は10台、2012年20台、2013年30台、2014年12台、2015年は5月現在2台、合計75台が投入されている。搭載設備の温度帯は、冷凍（－20℃）、冷蔵（0〜5℃）、常温の3温帯としていた。また、車内の空調に関しては、コスト削減を意識し、運転席からホースで車内に暖気、冷気を誘導する形をとっていた。品揃えは約1000種類、現状45の母店をベースに、75台を展開、各車1日に停車場所20カ所程度、客数50人、客単価2000円、1日1台の売上額10万円を目指していた。なお、損益分岐点は1日1台8万円ほどとしていた。

　この「おまかせ便カケル」の基本的な考え方は、以下のようなものである。
① 店舗との一帯運営、オールコープさっぽろとして「店舗」「宅配」「移動販売」を使い分ける。
② 鮮度重視で残った商品を店舗に戻す。翌日新しい商品を積み込む。夜間は車両の電源を切る。
③ 基本として正規職員の定年者を契約社員として再雇用（月17万円）する。ただし、現状では人材不足となり、ドライバー75人のうち23人が新たに雇用した女性となっていた。
④ 信頼関係を構築し「御用聞き」がポイント、対面販売であり「人材育

成」を最重視。

⑤ 高齢者のニーズ、「現物をみて買い物を楽しみたい」「担当者との対話を楽しみたい」に応える。

このような考え方を基礎に、ドライバーが早朝に母店の生協店からピッキングしていく。約1000種類の商品のうち95％程度は統一されているが、5％程度は地域状況に対応している。価格は生協店と同一である。運行・販売はドライバー1人で対応する。レジはポスレジが用意されていた。なお、酒類、タバコは搭載していない。出発前までは電話注文を受けていた。また、灯油の販売車は別に動かしている。

図6−1　コープさっぽろの「おまかせ便カケル」の運行エリア

資料：コープさっぽろ、2011年末の計画

▶移動販売の特徴と課題

　現地に着く頃に音楽を流し、到着を告げる。基本的に定時定点を原則にしていた。個別には配達はしないのが原則だが、足の悪い人などには届けていた。なお、宅配のトドックの場合は、マークシートのチェックが必要であり、高齢者には向いていない。若い人はトドック、高齢者はおまかせ便カケルという形で棲み分けがなされているようであった。また、見回りに関しては宅配のトドックがメインだが、移動販売車の場合、いつも来る人が来ない場合、自宅を訪問してチェックしている。

　表6－2は、コープさっぽろの店舗と移動販売車の売れ筋のベスト10を示したものだが、興味深い傾向がみられる。店舗に比べて特徴的なのは「寿司セット」「仏花」が多いことであろう。また、「バナナ」も相対的に多い。「バナナ」「寿司」「刺身」がよく売れるのは高齢者の多い地域をめぐる移動販売車の一つの特徴だが、コープさっぽろの「おまかせ便カケル」もそのような傾向を示していた。

　現在のおまかせ便カケルのライバルは、過疎地に展開している補論7で採り

表6－2　コープさっぽろの店舗と移動販売車の供給ベスト10

順位	店舗供給			移動販売車供給		
	商品名	規格	金額	商品名	規格	金額
1	北海道ゆめぴりか	5キロ	396,028	寿司セット	9カン入り	11,293
2	コープ東川ほしのゆめ	10キロ	378,604	北海道ゆめぴりか	5キロ	10,039
3	豚肉肩肉切り落とし	L	331,798	コープ北海道十勝牛乳	1000mℓ	9,788
4	豚バラうす切り	M	326,678	仏花	－	7,954
5	豚モモうす切り	M	310,954	豚バラうす切り	M	7,466
6	アイスバイキング	5個	291,358	コープのバナナ	－	7,089
7	不揃いのたまごたち	大(10個)	290,918	黄金育ちのたまご	10個	6,763
8	いぶり鶏モモ	－	286,144	寿司セット	7カン入り	6,379
9	お米で元気なななつぼし	10キロ	277,119	めばちまぐろ刺身用	－	5,895
10	十勝かろやかしぼり	1000mℓ	268,020	コープたしかな卵	10個	5,279

注：期間は、2014.3.31～2014.11.20。単位：1000円。
資料：図6－1と同じ

上げるセイコーマートだが、セイコーマート店の横に駐車する場合もある。セイコーマートは自社ブランド品が多く、スーパー並みに低価格であり、生鮮3品まで揃えるコンビニエンスストアだが、寿司などはおまかせ便カケルの方が充実しているのであろう。消費者とすれば選択の幅拡がることは歓迎すべきことであろう。北海道の場合、生鮮3品まで用意するコンビニエンスストアのセイコーマートと、コープさっぽろの生協店をベースにする宅配のトドック、移動販売車のおまかせ便カケルが広く展開しているのである。

なお、現在、コープさっぽろは札幌圏では移動販売を実施していないが、古い住宅団地は高齢化が進んでいること、また、函館や室蘭の場合、坂道が多く2トン車ではたいへんであり、四輪駆動の軽トラによる移動販売の必要性も出てきている。このような点が次の課題とされていた。コープさっぽろの移動販売「おまかせ便カケル」が本格的に動き出して5年、地域に深く浸透するものになってきたのである。

3．発祥の地「夕張」での展開

夕張市は1888（明治21）年に石炭層の大露頭が発見され、以後、北海道を代表する炭鉱都市として発展していった。ただし、戦後の1960年前後からの石炭から石油へのエネルギー革命に遭遇、閉山が続き、1994年3月には三菱南大夕張炭鉱が閉山し、夕張の石炭産業は完全に消滅した。そのため、人口保持力を失い、際立った人口減少、高齢化に直面している。

その後、観光開発をテーマに地域振興を図ったものの、うまくいかず、市財政が悪化、2007年には財政再建団体、2010年には財政再生団体に指定され、財政再生計画に基づき財政再建と地域の再生に取り組んでいる。当初の借金は353億円とされ、必死に返済を重ねている。ピーク時（1960年、住民基本台帳調査）11万6908人を数えた人口も、2015年6月30日末には9279人とかつての7.8％水準にまで低下している。全国各地をみても、これほどの人口減少に直面している市はない。

この夕張の地では、1992年から夕張市民生協が移動販売を実施していた。

1997年にコープさっぽろに統合されたものの、移動販売がその後も継続され、さらに、2011年にはコープさっぽろの事業として全道に移動販売が展開されていった。この節では、おまかせ便カケルの発祥の地となった夕張に注目し、その現状と移動販売の取り組みをみていくことにする。

（1）人口激減の夕張市

石炭層の大露頭が発見された直後の1891（明治24）年には、わずか69世帯であった夕張は、戦前、戦後を通じて石炭増産の要請の中で人口が急拡大していく。1940（昭和15）年には6万4998人、朝鮮戦争の勃発した1950年には9万9530人となり、1960年の住民基本台帳（4月30日）では11万6908人を数えた。そして、この1960年をピークに、国調ベースでの人口は今日に至るまで減少を重ねている。その減少ぶりは全国の市町村をみても類がない。表6－3からは、以下のような幾つかの特徴が指摘される。

▶際立つ人口減少、高齢独居女性が残る

全体的には、1900年から1950年の間に人口は9.1倍となったが、最近の50年である1960年から2010年の間には人口はほぼ10分の1となった。その結果、2010年代には人口は110年前の1990年の頃に戻った。エネルギー革命の1960〜1970年（国調）の人口は35.3％減であり、薪炭産地であった中国山地、沖縄の山原とほぼ同じほどの人口減少であった。ただし、その後の1970年以降の減少は突出している。他の中国山地、山原などの場合、1970〜1985年は緩やかに減少し、1985年を最後のピークに2010年までの四半世紀で半減という場合が少なくない。その結果、中国山地、山原といった薪炭産地の場合、1960年頃をピークに、2010年には人口は3分の1ということになる。この点、夕張はこの間10分の1に減少していった。

その他にいくつかの特徴を上げると、当初は男性の増加が多かったのだが、1965年には男女の人口が逆転していることが指摘される。その傾向は現在も続き、高齢の女性が残されるという形になっている。2010年には高齢化率は45.1％となり、それは全道1位、全国の市のなかでも第1位となった。同時に

表6—3　夕張市の人口推移

区分	世帯数(世帯)	人口(人) 総数	男	女	高齢化率(％)	世帯当たり人口(人)
1891	69					
1900	1,527	10,954	4,622	6,332		7.17
1910	6,875	21,462	11,987	9,475		3.12
1920	10,840	51,064	27,340	23,724		4.97
1930	10,271	51,967	27,266	24,701		5.06
1940	11,582	64,998	35,983	29,015		5.61
1945	12,707	74,665	41,572	33,093		5.87
1950	19,359	99,530	52,337	47,193		5.14
1955	23,221	107,332	54,850	52,482		4.62
1960	**25,156**	**116,908**	**59,416**	**57,492**		**4.64**
1960	23,042	107,972	54,892	53,090	3.2	4.69
1965	21,070	85,141	42,525	42,616	4.1	4.04
1970	19,862	69,871	34,682	35,189	5.9	3.32
1975	15,944	50,131	24,650	25,481	7.3	3.14
1980	14,992	41,715	20,715	21,000	9.1	2.78
1985	12,152	31,665	15,628	16,037	11.5	2.60
1990	8,791	20,969	10,078	10,891	18.4	2.38
1995	7,593	17,116	8,127	8,989	25.9	2.25
2000	6,878	14,791	6,952	7,839	33.6	2.15
2005	6,275	13,001	6,114	6,887	39.7	2.07
2010	5,558	10,922	5,179	5,743	45.1	1.97
2013	5,600	9,968	4,644	5,324		1.78
2015	5,319	9,279	4,300	4,979		1.74

注：国勢調査年は、国勢調査（各年10月1日）。1891年は『北海道戸口表』。
　　1910年は『公簿調査』による常住人口。各年12月31日。1960年の太字は4月30日の住民登録人口。2013年は住民基本台帳調査。2013年9月30日。2015年は住民基本台帳調査。2015年6月30日。
資料：夕張市
備考　1．1900～1950（50年間）の人口9.1倍増
　　　　1960～2010（50年間）の人口89.9％減　2010は110年前に戻った。
　　　　エネルギー革命の1960～1970（国調）の人口は、35.3％減。薪炭産地であった中国山地、沖縄の山原とほぼ同じ。ただし、1970以降の減少ぶりは突出。70～85の減少は他にない。他は、70～85は緩やかに減少し、85を最後のピークに2010までで半減している。したがって、他の減少地域の場合、1960をピークに現在は人口3分の1となっている。夕張は10分の1。
　　　2．1965に男女が逆転している。炭鉱ということで男性主体が、女性が残される形に。
　　　3．2010は、高齢化率45.1％。全道1、全国の市で第1位。世帯あたり人口が2を切る。
　　　　人口減はさらに進み、高齢の独居女性が主体になる。

世帯あたりの人口が2010年には2を割り込んでいった。夕張市の人口の特徴は、高齢の独居世帯の女性が目立つというものになっている。そして、人口減少はさらに進み、高齢化と独居女性が主体の人口構成が際立っていくことが予想される。

▶夕張の地形と移動販売

　夕張市はこれほどの人口減少に直面しているのだが、位置的条件はさほど悪いようにはみえない。北海道のほぼ中央に位置し、札幌市、苫小牧市にほぼ60km、1時間30分ほどの距離であり、新千歳空港には1時間で行ける。面積は763km²、91％は林野であり、可住地は少ない。平均標高約230mで夕張川が流れ、市街地は夕張川に沿ったあたりに点在する。広大な面積の中に集落が散在しているのではなく、図6－2にみるように、大きく集落5カ所を形成している。

　夕張市の『夕張市まちづくりマスタープラン10)』（2012年3月）では、コンパクトシティを意識し、段階的に都市構造の将来をJR夕張駅のある本庁・若

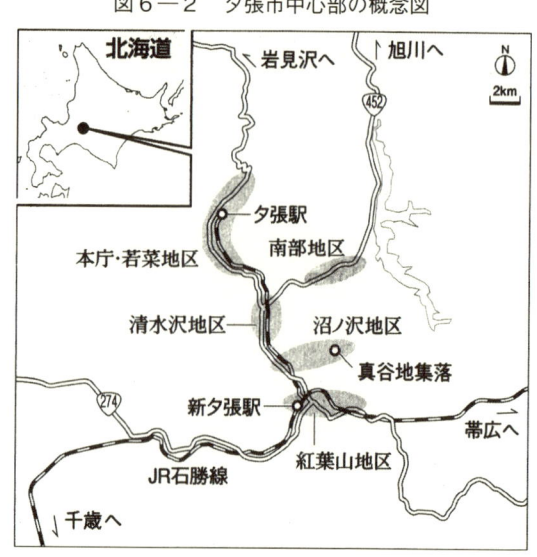

図6－2　夕張市中心部の概念図

資料：『朝日新聞』2015年2月1日

夕張市中心部のシャッター通り

菜地区、JR新夕張駅のある紅葉山地区、そして、真ん中の清水沢地区に集約していく構えのようである。このような事業が現在推進されているが、炭住（炭鉱住宅）を引き継いだ公営住宅約3700戸のかなりの部分が空き家になっており、その集約化に苦慮している[11]。そのような中で、商店の閉鎖、高齢化による買い物弱者問題が大きく登場しているのである。

現在、夕張市街地を歩くと、商店はほとんど閉まっている。夕張駅に近いセイコーマート、清水沢地区清陵のコープさっぽろ夕張清陵生協、そして、Aコープのみであり、あとは理容・美容店が数店開いているのみであった。全国的に条件不利地域のAコープは閉鎖の方向であり、食料品店は近い将来的にはセイコーマートとコープさっぽろ夕張清陵生協だけになってしまう懸念が大きい。さらに、コープさっぽろの移動販売「おまかせ便カケル」の重要性は高まっていくようにみえる。

ただし、夕張の地形的な条件、居住地の拡がりからすると、移動販売車が動きやすい構図になっているようにみえる。中国山地や四国山地のように50km先に小さな集落があるというものではなさそうである。このような条件を背景に、1992年からは夕張市民生協が移動販売に踏み切っていたのであった。

コープさっぽろ夕張清陵生協

（2）夕張の炭住を行く

　夕張市のほぼ中心部の清水沢地区、その清陵集落の国道274号沿いに「コープさっぽろ夕張清陵生協」があった。かつての夕張市民生協の建物を引き継いだものであり、コープさっぽろの109店のうちで、売上額は下から3番目程度とされていた。9時から19時まで開店し、1日の平均客数は約300人、月の売上額は4000万円弱、かろうじて黒字の店とされていた。他方、移動販売車2台で売上額の約13％を占めていた。

　惣菜と弁当はコープさっぽろの江別の工場から入れていた。店舗には惣菜等の製造部門は付設されていない。従業員はパートタイマーを含めて20人ほどの店であった。また、たまたま訪れた2015年5月末には、テナントとして入っていた調剤薬局が閉店になることになっていた。また一つ店が閉鎖されることになる。

　コープさっぽろの他の店では配達はしていないのだが、この清陵店は夕張市民生協の名残でハイエースによる配達を行っていた。

　この清陵店を母店にする移動販売車「おまかせ便カケル」は2台、それぞれ火・金、水・土、そして木（週1日のみ）の3コースとされていた。全体で6コースとなる。基本的には10時30分頃に出発、左回りが原則であり、20カ所ほ

コープさっぽろ夕張清陵生協の店内

どに寄る。走行距離は60kmほどであり、夕方の17時30分頃までに戻る。母店に帰ると、生鮮ものは店に戻し、車両の電源を切ることになっていた。

▶ドライバーの1日

2015年5月21日（木）、今日は週1日のコースであった。札幌からクルマで1時間30分ほどで清陵店に着いた。今日のドライバーは井上加津子さん、週に5日ハンドルを握っている。今日のコースは比較的短く、清陵店から10kmの範囲であり、片道30分ほどとされていた。今日のコースの停車予定場所は10カ所と少なかった。他の日は20カ所ほどある。出発は11時～11時30分と設定されていた。

井上さんは7時には清陵店に来て、車両の清掃から始め、倉庫から野菜を集め、生鮮品、牛乳等の日配品などをピッキングしていく。牛乳などはすでに店の方で用意してあった。搭載する商品の90％程度は決まっており、残りの10％程度は井上さんが地物野菜などを選んで載せていた。

停車時間は1カ所目（3～4人）は15分ほど、2カ所目は比較的多く12～13人となり、40分ほどをかける。荷物の多い人の場合は自宅まで運んであげていた。また、次回の依頼も受けていた。酒、タバコは搭載しておらず、清陵店の

ハイエースで配達していた。昼食は途中で停車して食べていた。店に戻るのは今日は16時30分頃と早い。他のコースでは遅くなれば18時ということもある。

店に帰ってからは、精肉、鮮魚、野菜の生鮮3品と牛乳、豆腐、カット野菜などを店の売場に戻す。なお、まだ涼しい5月の夕張では、野菜は積みっぱなしとされていた。菓子、雑貨の類は売れたPOSデータをもとに、その日のうちに積み込んでいた。そして、車両の電源を切り、帰宅することになる。

▶カケル便が出発

11時20分に井上さんの運転するおまかせ便カケルは出発した。1カ所目は楓地区であり、国道274号から直ぐの3階建ての公営住宅（改良住宅）であった。11時33分に到着した。到着直前のあたりから、「組合員のみなさま。コープさっぽろのカケルです」と放送していた。ここでは、男性1人、女性2人が出てきた。「停車時間に制限がありますので、お早めのご来店をお待ちしています」と放送を重ねていた。

12時に撤収、出発し次に向かった。直ぐ隣の住宅団地であり、1分もかからなかった。この団地では次々にお客が現れてきた。一気に5人の女性客が車両に吸い込まれていった。その後、女性2人、男性1人がやって来た。男性は荷物運びの手伝いに来ていた。全体で8人であった。

夕張の国道をカケルが行く　　　　人気のない古い炭住（公営住宅）

▶カケルに集う人びと

　81歳という一人暮らしの女性は「昔は楓地区にも生協店があった。その後、移動販売が週に2回来たが、今は1回。私の買い物はここだけ。だいたいのものは揃う。毎回、寿司を買うことにしている。今日の夕食は『寿司』。今日の買い物は3000円ぐらい」「年金の引き出しは300mほど先の国道沿いの郵便局。そこまでは歩いて行ける。病院と化粧品の調達は、月に1回、7時46分のバスで紅葉山地区に行く」と語っていた。また、「トドックには以前は入っていたけど、マークシートが分かりにくくなり、今は止めた。このカケルだけが頼り」と振り返っていた。

　夫人の荷物を運びに来た81歳の男性（1934年生まれ）は、元炭鉱夫。「ここの住宅団地は16戸。住んでいるのは半分以下。冬の雪かきがたいへん。できるのは自分ともう1人の男性、それと女性1人の3人のみ。小学生は1人（6年生）のみ」「クルマはあるけれども、カケルが来れば買う。店と同じ値段だから問題ない。いつも2000円から1万円ぐらい買う」と語っていた。

　この男性の連れ合いの女性は「今日は米を20kgほど注文で持ってきてもらった。家にこのぐらいの米がないと不安。今日は全部で1万7000円になった。主人の運転するクルマで他の店に行くこともあるけど、今はカケルが多い。酒と

お客さんが集まる

店内の井上加津子さん

タバコは生協店から別に配達してもらっている」と語っていた。

　夕張の市内は、夕張川と国道に沿って5カ所ほどの市街地がある。商店は閉まり、人気のない炭住（公営住宅）が点在している。カケルはその一つひとつに丁寧に訪れ、高齢者の買い物を支えているのであった。

4．人口減少、高齢化における宅配と移動販売

　人口減少、高齢化が際立つ条件不利の中山間地域、2010年前後から、買い物弱者問題が現実的なものになってきた。四国山地や中国山地では1990年代の頃からそのような問題が意識されていたのだが、2010年前後からの急角度な人口減少、高齢化の進展が、多くの人びとに事態を深く認識させるものになってきた。

　特に、本章の焦点とされた移動販売の「おまかせ便カケル」の取り組みが、全国的にみても最も激しい人口減少に見舞われている夕張から開始されたことが興味深い。コープさっぽろは、夕張に日本の地域の「未来」をみたのであろう。そこから英知を結集し、見事なモデルを作り上げた。そして、その実践が深まるほどに、最後の1マイルが次第に意識されてくることになろう。コープ

さっぽろは先にみたように、他に例のない未曾有の取り組みを重ねているのである。

▶北海道の事情の中でも興味深い展開

　明治以降の開拓によって拓かれ、広大な面積を抱える北海道においては、中国山地や四国山地のような住民組織による共同店舗、地元スーパーによる移動販売等はあまり行われることがなく、巨大化した生協のコープさっぽろ、そして、全道に1000を超える店舗を展開している地元コンビニエンスストア・チェーンのセイコーマートが重要な役割を演じている。

　特に、地域の人びとの協同組織である生活協同組合のコープさっぽろは、この50年の間に北海道の地域生協としてはほとんど唯一のものとして巨大化してきた。北海道民の半数以上を組織化し、その人びとの暮らしを支えている。その過程の中で、地域状況の変化を受け止め、宅配のトドックを皮切りに、店舗まで来ることのできない人びとをサポートするものとして移動販売のおまかせ便カケル、さらに、配食サービス、見守りトドックなどにまで踏み込んでいる。

　とりわけ、おまかせ便カケルと配食サービスは2010年代に入ってから取り組まれてきた。やはり、北海道においても、その頃から買い物弱者問題が浮かび上がってきたのであろう。そして、現在、全国の生協の中でも、これだけ踏み込んだ取り組みをみせているところはない。

▶持続性のある事業としての課題

　おそらく、今後の課題としては、最後の１マイルとなる、より条件不利な地域にどう応えていくかが指摘されるであろう。宅配のトドックは全道に配送センターを設け、離島までもカバーしてきた。次は、移動販売、配食サービスをどのように拡げていくかが課題になろう。現状の仕組みの下で、母店となる店舗から１時間圏内の移動販売、１時間以内を意識した配食サービスのための小さな工場の設置が、どこまでできるのかが問われてこよう。今後、拡大していくにしたがい、事業収支はますます厳しいものになる。

　序章で指摘したように、高齢社会には大きく二つの局面がある。一つは、人

口減少の中で高齢者の絶対数が増加するという「前期高齢地域社会」であり、高齢者を意識した事業は比較的成立しやすい。ただし、高齢化率が40％を超えるあたりから、今度は高齢者の絶対数が減少していく。この段階を「後期高齢地域社会」というが、この段階では事業の難易度が高まり、高齢者を視野に入れたビジネスはシュリンクしていく懸念が大きい。

　現在の日本の地域の多くは前期高齢地域社会の中にある。ただし、今後、高齢化率50％に向かう後期高齢地域社会の到来が確実であり、その場合、ビジネスとして成り立つことはまことに難しくなる。そのような時代の到来を意識し、持続性のあるものとして取り組まれていくことが求められる。とりわけ、北海道という広大な地域をベースにするコープさっぽろのような事業体にとっては、世界に例のない「未知の領域」に取り組んでいるのであり、人びとの智恵と協力をベースに新たな可能性に向かっていくことが期待される。

　コープさっぽろの「宅配トドック」から始まり、移動販売の「おまかせ便カケル」「配食サービス」「見守りトドック」へと進化してきた歩みを、さらに深めていくことが求められているのである。

1）　北海道経済部『商店街の活性化に向けて（地域商業の活性化に関する取組事例集）』2014年3月、同『北海道内での買い物弱者対策及び流通対策の取組事例集』2015年3月、がある。
2）　佐藤郁夫「相互扶助組織によるマーケティング戦略〜コープさっぽろのケーススタディ」（『産研論集』札幌大学、第40号、2010年3月）。
3）　なお、この間、コープさっぽろは何度かの経営危機に直面しているが、その度に乗り越えてきた。そのあたりの事情については、佐藤、前掲論文に詳しい。
4）　この間の事情と考え方については、コープさっぽろ大見英明理事長へのインタビュー記事である「事業のハードルは高いほどいい」（『月刊ISM』2014年3月）が詳しい。
5）　これらは、コープさっぽろ経営企画室『コープさっぽろCSRレポート2015』2015年、による。
6）　「コープさっぽろの高齢者や買い物難民対策」（『開発こうほう』北海道開発協会、第588号、2012年7月）。

7) 「独居世帯の異変をキャッチする、コープさっぽろの宅配ネットワーク」（『JPO 1』2015冬 Vol. 6、2015年1月）。
8) 前掲「コープさっぽろの高齢者や買い物難民対策」。
9) 以下については、コープさっぽろ店舗本部移動販売車事業部長前野清光氏、及び提供資料による。
10) 夕張市『夕張市まちづくりマスタープラン』2012年3月。
11) 「迫る人口減 炭都の挑戦」（『朝日新聞』2015年2月1日）。

第Ⅱ部　中山間地域に店舗を展開

第7章　宮城県丸森町大張地区／住民出資の共同売店を展開
食料品店が閉鎖、商工会主体にスタート（大張物産センターなんでもや）

　条件不利の中山間地域は、急激な人口減少、高齢化に見舞われている場合が少なくない。そのような状況が続くと、地元の商店、JAの販売店等が次々に閉鎖され、地元に買い物のできる場所がなくなっていく。道路の改善、モータリゼーションの進展、郊外の大型商業施設の展開などが、そのような傾向に拍車をかけていった。

　経済の高度成長期の頃までは、事業所数の増加、サービスの種類の増加により利便性が高まることは当たり前と思っていたのだが、人口減少が深まるほどに事業所数の減少、サービスの低下が実感されていくことになろう。買物難民、買い物弱者などの言葉が生まれ、新たな社会課題として認識されていく。

　このような状況に対して、各地で多様な取り組みが重ねられている。移動販売、買い物代行、配食サービスといった商品、サービスを届けようとする取り組み、住民出資などにより販売店を設立しようとするもの、さらには、バス、タクシー、マイカーなどによる送迎を行うものまである。そのいずれもが、人口減少、高齢化への新たな取り組みとして試行錯誤を重ねている。

　そのような全国各地の取り組みの中から、本章は宮城県の最南に位置する丸森町の大張地区（旧大張村）に注目していく。人口約1000人の大張地区では食料品、日用品の買い物をする場が全てなくなったことに対し、住民出資の共同売店を設立、そこを起点に興味深い取り組みを重ねているのであった。

1．大張物産センターなんでもやの設立

　丸森町は昭和の大合併時に2町6村が合併して成立している。宮城県の最南に位置し、町全体が中山間地域から構成されている。周囲は急峻な阿武隈高地の支脈を構成する山間部であり、宮城県白石市、角田市、亘理郡山元町、福島

表7−1 大張地区の年齢別人口推移

区分	2000.12 (人)	(%)	2006.12 (人)	(%)	2012.12 (人)	(%)
0～14歳	134	11.1	102	9.3	87	9.4
15～19歳	85	7.0	43	4.0	36	3.9
20～29歳	88	6.9	111	10.2	78	8.5
30～39歳	104	8.6	76	7.0	74	8.0
40～49歳	171	14.1	127	11.7	87	9.4
50～59歳	145	11.9	185	17.0	148	16.0
60～69歳	180	14.9	124	11.4	139	15.0
70～79歳	190	15.7	170	15.7	136	14.7
80歳以上	113	12.4	150	13.8	140	15.1
合計	1,210	100.0	1,088	100.0	925	100.0

資料：丸森町『住民基本台帳』

県相馬市、伊達市、相馬郡新地町に囲まれている。阿武隈川沿いに集落が形成され、軌道交通は阿武隈急行線（1986年、JR丸森線から第3セクターの阿武隈急行㈱に転換。主要株主は福島県と宮城県）が町域の北側を走っている。大張地区はその阿武隈川に沿ったあたりで町の中心から10kmほど西に位置している。300～500mの山に囲まれた地域であった。この丸森町の大張地区で、この10年ほどの間に興味深いことが行われていた。

▶人口減少の著しい大張地区

丸森町は藩政時代においては仙台藩（伊達藩ともいう）最南の地とされ、丸森城が置かれていた。現在の大張地区のあたりは、自然村の大蔵村、川張村から構成されていたのだが、1889（明治22）年の町村制施行に伴い、この二つの村が合併し大張村が成立している。その後の昭和の大合併まで、大張村は単独村制を維持していた。面積15.8km²であった。昭和の大合併の際には、丸森町を中心に金山町、大内村、大張村、耕野村、小斎村、舘矢間村、筆甫村の2町6村が1954年に合併し、新生の丸森町となった。面積は273.3km²となった。地域全体が中山間地域であり、合併の頃の丸森町の人口は3万人弱であった。なお、

合併当時の大張地区の人口は約2400人であった。

　近年、中山間地域の人口減少が著しいが、丸森町の場合は（国勢調査）、1970年の２万2027人から、1990年には１万9755人と２万人を割り込み、2000年１万7868人、2010年１万5507人と減少、さらに、2015年８月１日の住基台帳では１万4601人となっている。1970年から2010年の間の40年間で6520人の減少、減少率は29.6％であった。また、2010年の高齢化率は33.6％に達していた。特に、近年、減少のスピードは速まり、1990年から2000年までの10年間で人口は1887人の減少、減少率9.6％であったが、2000年から2010年までの10年間は2361人の減少、減少率は13.2％に上昇している。

　この間、表７−１によると、大張地区は2000年12月末には人口1210人、2006年12月末1088人、2012年12月末には925人、289世帯となった（住基台帳）。統計の基礎は国勢調査とは異なるが、大張地区は2000年から2012年の12年間で人口は285人減少、減少率は23.6％となっている。丸森町全体の減少よりもかなり速いことが指摘される。

▶商工会支部を中心にスタート、結城氏のアドバイスを受ける

　大張地区には40世帯平均の八つの行政区（集落）があり、各行政区に一つぐらいは日用品雑貨店があったのだが、人口の急減期に入る2000年頃から次々と閉鎖されていった。1999年には地区唯一のスーパーが閉鎖され、2000年にはJA大張支所の購買部が閉鎖された。さらに、2002年には最後に残されていた日用品の小売店が閉鎖された。これで、大張地区には酒店２店を除いて買い物のできる場所がなくなった。丸森の町の中心や白石市、角田市までは約10km、クルマに乗れない高齢者は買い物もできない状態になった。一般的に、現在の中山間地域の65歳以上の女性の約70％は自動車運転免許証を保有していないとされている。

　このような事態に対し、2003年の春の頃から丸森町商工会大張支部が中心となり、地区の活性化、地区住民生活の利便性を目的に、地区内に店舗を設置し、住民の利便性を図ることを構想していく。そして、2003年８月30日には、丸森町商工会大張支部長の中村次男氏を中心に具体的に動き出していく。中村氏は

小学校の横のJA売店跡を利用する「なんでもや」

「封筒一枚、熨斗袋一枚買うのに、数キロ先までいかなければならなくなった」と語っている。9月2日にはJA大張支所購買部の空き店舗にターゲットを絞り、借用の打診に入っている。

なお、丸森町商工会は昭和の大合併前の旧町村を単位に商工会支部を組織している。各支部は支部長、副支部長、会計、事務局から構成されるが、専任の職員は置いていない。大張支部の場合は29会員から構成されている。全国的にみて商工会の地区事業者に対する組織率は60％程度であり、大張地区の場合は、40事業者前後が存在しているようである。

9月4日には、(仮称)大張物産センター開設についての発起人会の開設準備を始め、同日、民俗研究家の結城登美雄氏にアドバイスを依頼している。その結城氏からは、沖縄で100年も前から行われている住民出資による共同売店の話を聞く[1]。さらに、11月16日には大張公民館で店舗設置説明に加え、結城氏による地域活性化講演会を開催、住民から大きな支持を得ていった。結城氏によると、会場で若いお母さんが手を挙げて「もし私たちの村に沖縄・やんばるのような共同店をつくれるなら、私も出資したい。そして、大きなスーパーではなく、その店で買い物をしたい。そしてもし将来利益が出て、それがこの子らのために役立つことになるならば私は応援したい[2]」と発言すると、周囲の

人がみな頷いていたと記している。

▶住民の80％が出資してスタート

　沖縄の住民出資の共同売店のことを知り、当初20人ほどのメンバーで進めていったのだが、全体で300万円ほどの出資金が必要となってくると、みんな尻込みし、結果的に4人しか残らなかった。支部長の中村氏（現大張物産センターなんでもや代表）、一條正敬氏（同役員）、鎌田実氏（同顧問、丸森町議会議員）、佐久間憲治氏（初代店長）であった。ただし、この4人の出資で始めるならば個人商店と変わらないとして、地区全員に声かけすることにした。

　地区の世帯は約300、1世帯1万円で300万円になる。だが、高齢世帯に1万円の出資は厳しい。2000円ならば可能と判断、1口2000円とし、行政区長、各団体の長と共に住民に説明していった。その結果、200世帯が応じて40万円が集まった。残りについては商工会会員、役場職員など23人が1万円から10万円を出資してくれ、1カ月で221万円を集めた。残りの100万円は日本政策金融公庫から借り入れすることができた。

　JA購買部の空き店舗（13坪）を格安の月額1万5000円で借り、内装、設備等はみんなの協力を得た。地区の製材所が材木を提供、大工や建設業者が棚な

なんでもやの内部

どを作り、電気工事、設備工事の人が協力してくれた。婦人会も内部の清掃などをしてくれた。業務用冷蔵庫、精米機なども無料か格安で調達できた。話が始まってわずか10カ月後の2003年12月6日にオープンの運びとなった。

初代店長には初期からのメンバーであり、かつて営んでいた角田市の居酒屋を引き払い、帰郷していた調理師の免許を持つ佐久間憲治氏（1941年生まれ）に就いてもらった。当初は土日の2日間の営業を考えていたのだが、開店以来評判が良く「毎日やろう」ということになった。現在では毎年2月の総会の日以外は毎日9時から18時まで無休で開けている。

2．進化するなんでもや

店舗の名称は「地区の人びとが必要とするものは何にでも対応する」という意味を込めて「なんでもや」と命名された。取扱商品は地元の農産物をはじめ、日用品、菓子、惣菜、弁当、鮮魚、精肉、タバコから、工芸品、農機具、電気製品、軽自動車までに至る。酒類は地元に酒店が2店あることから扱っていない。

▶108名のテナントが出荷

店が小さくても多様な商品群を扱う場合、仕入れに大きな課題がある。なんでもやの場合は、入会金2000円（年会費等はない）を払った108名のテナント

季節の地元の農産物が販売されている　　佐藤す江さんの手作り豆腐

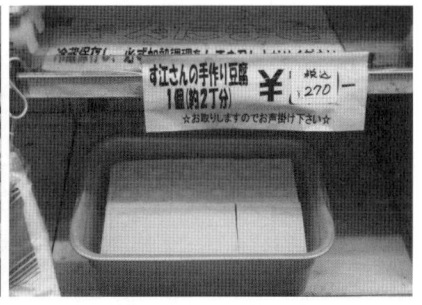

と称する農家、卸業者が出荷してくる。あたかも農産物直売所と日用品商店が組み合わさった趣であった。テナントの農家は約80戸、卸業者は30ほどであった。

　農家が持ち込む農産物や農産加工品の場合の販売手数料は15％（2008年までは10％）、シール代1枚1円であった。卸業者からは牛乳を除いて買い取りの形であり、利益率は30％程度にしていた。タバコも販売しているが白石市のタバコ店から入れており、利益は取れない。また、当初、精肉はなかったのだが、地元畜産家の大槻ファームの豚肉を毎週木曜日を「肉の日」として販売している。鮮魚はかつて居酒屋をやっていた佐久間店長の関係で返品可能な委託販売で入れている。家電製品や軽自動車に関しては、業者への仲介機能を担っていた。

　このようにして、なんでもやは住民の必要とするものは「なんでも」取り扱う共同売店として歩み始めた。また、店内にはテーブルを用意し、客がお茶を嗜んでくつろげる環境を形成している。いつも笑いの絶えないコミュニケーションの場となっていた。高齢者から子どもまでが地域の自分たちの店として楽しんでいるのであった。

　そして、このような共同売店ができたことにより、店主が亡くなり店を閉めていた地元唯一の豆腐屋佐藤豆腐店の佐藤す江さんが昔ながらの作り方で再開し、毎日限定24個の大型（約2丁）の豆腐を提供して評判を呼んでいた。また、老人会の人びとが工芸品を持ち込んでいた。なんでもやの開店が、人びとに大きな勇気と希望を与えているようであった。

▶調理場の設置と移動販売

　このような事業をスタートさせていく場合、献身的な努力を重ねる人がいないとうまくいかない。なんでもやの場合は、佐久間憲治氏がそのような役割を担っていった[3]。佐久間氏は地元大張の出身、25年ほどの居酒屋経営の経験があった。地元でのんびりと過ごそうと考えていたようだが、なんでもやの計画に誘われ、61歳で初代店長に任じている。

　当初は、仕入れ先の確保に苦労する。農産物、日用品は問題なかったようだ

なんでもやの隣に設置された調理場／受注した弁当を作っている

が、鮮魚、乳製品の調達に苦労したが、居酒屋時代に取り引きしていた魚屋からのルートを確保する。さらに、なんでもやに足を運べない高齢者に対して、当初、佐久間氏は毎週木曜日に30軒程度を回り、移動販売し、さらに注文を受け、それを届けていた。それが2009年4月から開始される「移動販売」の本格化につながっていく。また、佐久間氏自身調理師の免許を持っていることから、早い時期から飲食の場を併設することを意識していた。

　このような事情から、開店の翌年の2004年7月には飲食業営業許可を取得し、簡易プレハブの調理場を設置している。この調理場の設置と移動販売の本格化によって、幅の広いサービスの提供と事業基盤を固いものにしていった。佐久間氏は「高齢者が油を使うことは危険であり、天ぷらなどが喜ばれる」と語っている。当初は調理師である佐久間氏自身が調理場に立っていたが、現在では調理場はパートタイマー8人によるローテーションで対応している。常時3人体制、時間給700円／人と設定し、惣菜、弁当を作っている。弁当480円、おかずのみは380円、おにぎりは100円と200円に設定していた。弁当はイベント（運動会など）、役場の会議の際などに採用されていた。また、毎週水曜日には町役場の昼食として約30個が作られていた。

　移動販売は当初は佐久間氏の個人的な取り組みの色合いの強いものであった

保冷機能の付いた移動販売車

が、開店4年目から売上額が減少傾向をみせ始めたことから、2009年4月から本格的に取り組んできた。高齢化がさらに深まる中で、丸森町保健福祉課と協定を結び、山間地域商業活性化事業の対象とされ、「地域見守り隊」として緊急雇用対策の予算を受けている。2012年には宮城県から240万円を交付された。この事業には地元の石材屋を閉めた65歳の男性が就いている。現在、保冷仕様の軽トラを2台所有している。佐久間氏の個人的な取り組みが、なんでもやの事業とサービスの拡がりを促したということであろう。

　この移動販売は、店に置いてある日用品や惣菜を載せ、弁当を注文によって配達するというものであり、移動販売と買い物代行を組み合わせた形になっている。大張地区880人と隣の耕野地区730人の住民を視野に入れている。現在では、毎週月曜日から金曜日まで、毎日コースを変え、朝の9時前後に出発し、昼には戻り、さらに午後から夕方にかけて動いていた。

▶なんでもやの事業の推移

　表7-2は、なんでもやの事業開始以来の売上額推移である。当初は年間2000万円ほどの売上額を想定していたのだが、事業がスタートした1年目にはすでに3124万円の売上額を達成した。翌年には調理場が本格化し、売上額が

表7—2　大張物産センターなんでもやの売上額推移

区分	自販機等	一般食料品	菓子	日用品	委託販売	調理場	移動販売	合計
2003.12～04.11	804	17,862	5,200	1,438	4,276	1,657		31,237
2004.12～05.11	749	18,791	6,064	1,663	5,624	3,915		36,805
2005.12～06.11	2,080	18,186	5,908	5,977	6,453	1,904		40,508
2006.12～07.11	2,625	15,444	5,654	6,270	6,260	2,501		38,755
2007.12～08.11	2,524	14,156	5,162	5,732	5,625	2,015		35,215
2008.12～09.11	2,046	13,948	5,293	5,156	5,634	2,595	8,339	43,011
2009.12～10.11	1,268	14,451	5,128	4,920	5,313	2,586	9,618	43,185
2010.12～11.11	1,016	14,100	4,705	4,892	4,161	3,914	7,090	39,877
2011.12～12.11	632	10,493	3,695	5,503	2,671	4,255	4,397	31,646

注：単位：1000円。期間は各12月から翌年11月。日用品の第3期からタバコが入っている。
　　移動販売は2009年4月から。2011年3月11日の東日本大震災により、最近2年間は売上額が減少している。
資料：大張物産センターなんでもや

3680万円と上昇、3年目には4000万円を超えた。だが、その後2年ほど売上額が停滞していく。一般的に小売店は3年目がピークとされている。そのような事態を回避していくために、6年目の2009年からは移動販売（買い物代行）を本格化させている。

その結果、6年目の2009年には過去最高の4300万円を達成した。この頃には事業が安定化してきた。ただし、2011年3月11日の東日本大震災による放射能災害の風評は丸森町にも及ぶ。外部の買い物客からは「野菜はいらない」といわれた。また、経済全体が縮小気味であり、2011年11月末の売上額は3988万円と4000万円を割り込み、2012年11月末には3165万円へと縮小している。

ピーク時の2010年11月末と直近の2012年11月末を比較すると、売上額の総額では26.7％の減少であった。事業としては大きな問題であろう。事業部門別では、委託販売（49.7％減）と移動販売（54.3％減）が半分ほどになっている。また、額は小さいが自動販売機等（50.2％減）も半分になっている。特に、委託販売のメインは農産物の直売であり、風評被害が大きい。周辺からの客の減少が効いている。農産物を出荷していた人びとを失望させた。そのような意味

で、信頼の回復と周辺からの集客が当面の最大の課題であろう。また、農産物直売所の最大の客は出荷者自身とされている。農産物の販売によって得た収入により、買い物をしてくれる。まさに、それは共同売店の経営のベースの一つなのだが、農産物の売れ行きの低迷が、なんでもやの事業全体に大きな影を落としている。

　なんでもや側の分析では、これまで来ていた仙台、名取、岩沼、白石、角田からの客が遠のいているとしている。その分の売上額のダウンが30％としていた。2011年の末には賃金の遅配も経験している。そのため、東京電力と営業補償についての交渉を本格化させ、観光風評被害として、2012年から補償金を受け取っている。30％の売上額減少に対して、逸失利益として28％を計上している。経済的損失の補てんとして年間300万円ほどになる。すでに3年分を受け取っていた。この営業補償は2017年度までとされているようだが、先行きは不透明であろう。ただし、大張地区となんでもやにとって、風評による経済的損失以外に失われたものも少なくない。それはお金だけでは解決できない「信頼」に関わるものであろう。

　地域の住民に買い物の機会を提供するというなんでもやではあるが、事業として自立していくには、一定の売上額の確保が必要になる。風評を乗り越えていくための取り組みが必要とされているのである。

3．人口減少、高齢化の進む中でのなんでもや

　以上のように、現在のなんでもやにとって、最大の課題は「放射能風評からの脱却」であろう。だが、人口減少と高齢化はその間も深まっていく。2014年の大張地区の高齢化は37％程度となり、将来的には44％程度まで上がるとされている。

　この間、なんでもやのこれまでをリードしてきた佐久間氏が足の手術を契機に2012年に一線から身を退き、2代目の店長に佐藤美幸さん（1976年生まれ）が就いた。佐藤さんはなんでもやのオープンの時から、レジに立っていた。当初から「看板娘」とされていた。なんでもやの進化を見届けてきた。風評の中

での店長就任となった。

2代目店長の佐藤美幸さん

▶「風評」からの「信頼」の回復

なんでもやの当面の課題は、先に指摘したように「風評」からの「信頼」の回復ということになろう。それはなんでもやだけのことではなく、地域全体の課題であり、周囲に「安心、安全」を理解してもらうための取り組みが必要とされる。今後、丸森町、大張地区の人口減少、高齢化はさらに進む。それは地域の購買力の低下を意味し、反面、共同売店や移動販売の必要性をさらに高める。

今後、なんでもやの事業基盤を確保していくためには、周辺地域からの交流人口の拡大は焦眉の課題であろう。そのためには、これまでもそうであったように、周辺地域のイベントへの参加、信頼の回復、存在感の発信が不可欠であろう。

なんでもやの取り組みは幾つかの賞を受賞しているが、2008年3月には、平成19年度「地域づくり総務大臣賞（団体表彰）」を受賞している。受賞後の佐久間氏の談話では[4]「高齢者向けの惣菜の配食サービス……。食堂機能を持ったスペースを設置し、地域住民が気軽に立ち寄れる場所も整備していきたい」としていた。

▶後期高齢地域社会のあり方

大張地区の高齢者の年齢別人口動態をみると（表7－1）、10歳刻みであるために65歳以上人口を把握できないが、70歳以上人口は2000年の303人（構成比25.0％）から、2006年は320人（29.4％）へと絶対数、構成比共に高まっている。そして、2012年には高齢者の絶対数が276人（29.8％）へと減少している。今後も人口減少の中で、団塊世代という変動要因はあるものの、趨勢的に70歳以上人口は減少していくことが予想される。大張地区は、明らかに人口減

少に加え高齢者数が減少するという「後期高齢地域社会」に向かいつつある[5]。

　前期高齢地域社会の場合は、高齢者市場が増加するのであり、それに向けた市場が拡大することを意味する。だが、後期高齢地域社会に入ってくると、高齢者市場が急速に縮小し、必要とされるサービスの質も異なってくる。そのため、後期高齢地域社会ではなんでもやのような事業の基盤が大きく縮小していく。大張地区の場合、もう少し丁寧に統計等をみていく必要があるが、2006年前後を屈折点に「後期高齢地域社会」に向かっているものとみられる。人数の多い団塊世代の今後の影響はあるものの、明らかに人口減少の中で70歳以上人口の絶対数が減少傾向をみせている。今後もそれは深まっていこう。

　それは、なんでもやの事業サイドからみれば明らかな市場縮小を意味するが、反面、高齢化に対してきめの細かい対応を必要としていく。日々の見守りに加え、御用聞き型の買い物代行の充実、さらに食事の用意ができない高齢者の増加も予想され、配食サービスの充実も課題になってこよう。また、佐久間氏が指摘していたみんなが集まれる食堂機能を備えたスペースの設置と、きめの細かいサービスの提供が求められていくように思う。

▶さらに進化する「なんでもや」

　大張地区は2000年前後に地区内の食料品、生活用品販売の店舗がなくなり、沖縄の「共同売店」を学び、住民出資の共同売店なんでもやを設置してきた。関係者の献身的な努力でなんでもやは賑わい、当初の予想を上回る実績を上げてきた。地区の人びとは「自分たちのみせ」としてなんでもやを大事に育ててきた。さらに、高齢の農家の人びとは農産物の直売の機会を得、また、廃業していた豆腐店が再開された。それは地区の人びとに大きな勇気と希望を与えたであろう。

　それに対し、なんでもやの側も売店だけではなく、調理場の設置による惣菜、弁当等の供給に入り、移動販売車によるきめの細かい対応を重ねてきた。雇用も十数人に及ぶ。人口減少、高齢化に悩む山間地域に新たな可能性を提示したのであった。そして、数年が経ち、地域高齢社会の意味も異なり始め、さらに、東日本大震災による放射能風評にも悩まされている。「風評」に対しては「信

「頼」の回復への取り組みを重ねていくしかない。そして、それと重ね合わせるように、さらに深まる人口減少、高齢化を受け止めていかなくてはならない。この大張地区の取り組みは、人口減少、高齢化に悩む山間地域の先駆的なものであり、ここからさらに進化していくことが期待される。

1）　結城登美雄氏は、この間の事情を記した「『小さな村』には希望がある」という論稿を『現代農業』2004年11月増刊号に寄せている。また、住民が共同出資して運営する沖縄の共同売店については、本書第10章を参照されたい。
2）　結城、前掲論文、17－18ページ。
3）　なんでもやの初期の事情については、「惣菜から自動車まで扱う共同店」（『月刊「商工会」』第574号、2006年8月）を参照されたい。
4）「宮城県丸森町／住民による、住民のための共同店舗設置」（『平成20年度地域活性化ガイドブック「地域コミュニティの再生」』地域活性化センター、2009年2月）。
5）　この前期高齢地域社会と後期高齢地域社会については、本書序章、及び、関満博「人口減少、高齢化を迎えた地域社会と信用組合」（『しんくみ』第61巻第9号、2014年9月）を参照されたい。

| 第8章 | 岩手県北上市口内町／
共同売店化する農産物直売所と JA 売店跡の再開

人口減の旧町の仕事と暮らしを支える
（あぐり夢くちない、店っこくちない）

　全国に約2万2000カ所といわれる農産物直売所、その成り立ちは多様であり、また、それぞれの地域条件により興味深いスタイルになってきた[1]。岩手県北上市といえば、市をあげての必死の取り組みにより、2015年7月末現在、220社（関連含めて約270社）に及ぶ企業誘致に成功、北東北最大の工業都市を形成[2]、現在では北東北の物流基地としても発展を重ねている。縮む日本でほとんど唯一の発展する人口10万人前後の地方都市として注目されている。かつての半導体等のエレクトロニクス産業に加え、近年は自動車関連産業の集積が著しく、さらに、2015年にはセブンイレブンとしては最大規模のおにぎり、惣菜、パンの製造・物流基地が設置された。
　また、この北上市、1954年の昭和の大合併の際に、黒沢尻町を中心に、立花村（編入合併）、飯豊村（以下、対等合併）、二子村、更木村、鬼柳村、相去村、福岡村が新設合併して北上市となり、さらに、1991年4月1日には、北上市を中心に和賀町、江釣子村と新設（対等）合併し、現在の北上市となった。面積は約438km²である。
　昭和30年代には全域に農地が拡がっていたのだが、果敢な工業団地開発、企業誘致を重ね、現在では工業団地面積は700haを超える。自力でこれだけの工業団地面積を抱える地方中小都市はない。東芝、いすず、三菱製紙、シチズン、東京製鋼、明治製菓（薬品）、ヤクルト等、半導体、自動車関連、薬品、食品など多岐にわたる工業集積を形成していることで知られる。
　県庁所在地の盛岡とは花巻市等を挟んで45kmの距離にあるのだが、地方中小都市としては珍しく人口は増加基調で推移してきた。国勢調査ベースでは、1970年6万8074人、1990年8万2902人、2005年9万4321人、そして、2010年には9万3138人とやや減少した。

図8-1　北上市と口内の位置

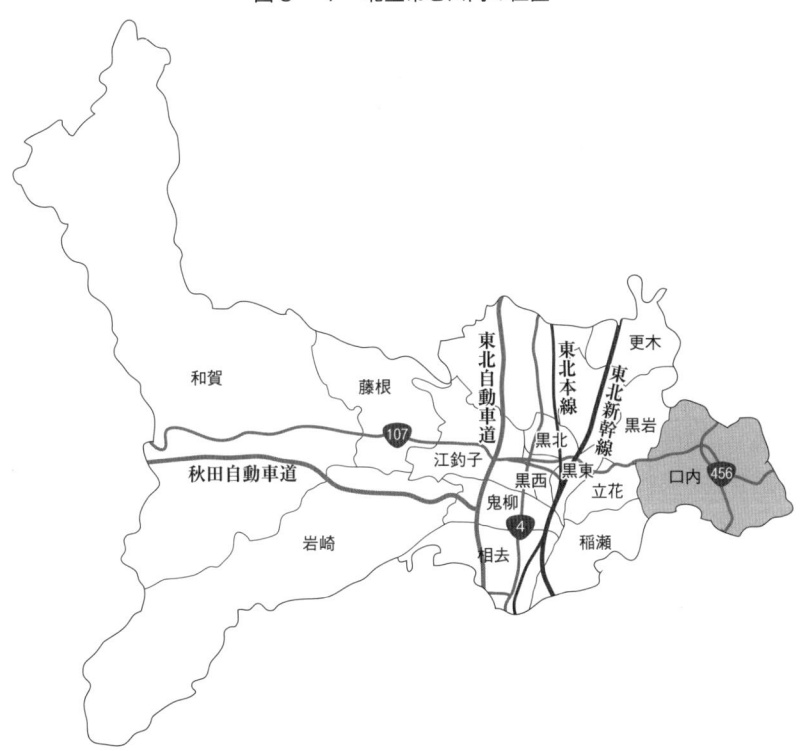

　旧黒沢尻町、飯豊町、鬼柳町のあたりが市街地、工業団地を展開させているものの、市域の東側に位置する口内、西側の和賀、岩崎といった旧町村部は広大な中山間地域を形成している。東北で最も成功した工業都市、さらに物流拠点として歩んでいるが、郊外は人口減少、高齢化が進む中山間地域である。その中山間地域の一つである北上市口内町（くちない）（旧福岡村）で興味深い取り組みが重ねられている。

1．口内町と農林産物直売所（あぐり夢くちない）

　口内町は北上市の東端に位置し、市街地から東に太平洋沿岸の大船渡市に向

表8−1　北上市地区別人口推移

区分	1990（人）	1995（人）	2000（人）	2005（人）	2010（人）	00/90（％）	10/00（％）
北上市	82,902	87,969	91,503	94,321	93,138	10.4	1.8
黒沢尻	30,150	32,296	32,974	33,578	33,266	9.4	0.9
飯豊	8,792	9,915	10,943	12,429	12,699	24.5	16.0
二子	3,292	3,318	3,453	3,533	3,451	4.9	−0.1
更木	1,550	1,498	1,412	1,340	1,256	−8.9	−11.0
黒岩	1,093	1,045	1,046	1,044	1,020	−4.3	−2.5
口内	**2,280**	**2,203**	**2,018**	**1,925**	**1,703**	**−11.5**	**−15.6**
稲瀬	1,044	1,015	984	911	854	−5.4	−13.2
相去	6,436	6,973	7,907	8,463	8,247	10.3	4.3
鬼柳	4,142	4,683	5,206	5,281	5,356	25.7	2.9
江釣子	9,346	10,433	11,161	11,741	11,809	19.4	5.8
和賀	4,862	4,637	4,441	4,195	3,876	−8.7	−12.7
岩崎	5,091	4,859	4,610	4,361	4,046	−9.4	−12.2
藤根	4,824	5,094	5,348	5,520	5,555	10.9	3.9

資料：『国勢調査』

表8−2　口内町の人口動態と将来推計

区分	2000	2005	2010	2020	2030	2040
15歳未満	245	217	157	101	73	45
15〜64歳	1,149	1,035	913	629	457	324
65歳以上	624	674	633	667	574	471
計（人）	2,018	1,925	1,703	1,397	1,103	840
高齢化率（％）	30.9	35.0	37.2	47.7	52.0	56.1

注：2010年までは国勢調査結果。2020年以降は国勢調査結果を用いた平均法で算出。
資料：北上市

かう国道107号に出て北上川の日高見橋を渡り、多岐峠を越えたあたりに拡がっている。典型的な中山間地域であり、周囲が山に囲まれ、冬季には積雪に悩まされる。面積は約30km²、人口は合併直前の1953年には3787人を数えたが、

浮牛城址からみた口内町の郊外

2000年には2018人、さらに、2010年には1703人、508世帯となった。約55年で人口は2080人の減少、減少率は55％に上る。この10年をみても、2000年から2010年の間で315人の減少、減少率は15.6％を数える。急角度の人口減少地域といえる。

そして、この口内町では、以下にみていくように、興味深い二つの取り組みが開始されている。一つは農林産物直売所の「あぐり夢くちない[3)]」であり、もう一つは、「NPO法人くちない」の取り組みであろう。これらはいずれも人口減少の中山間地域における先駆的なもののようにみえる。

▶旧伊達藩最北の地として小城下町を形成

　岩手県は「南部」といわれることが多いが、旧南部藩は青森県東部と岩手県北部の範囲であり、岩手県南部は旧仙台藩（伊達藩ともいう）が治めていた。廃藩置県後の「県」は旧藩を基礎にした場合が多いのだが、岩手県は旧南部藩と旧仙台藩が切り取られ新たに組み合わされて現在に至っている。その旧南部藩と旧仙台藩の境目が現在の北上市であり、市街地の中にかつての藩境を示す土盛りが一直線に点在している。このように、江戸時代の大藩の藩境（軍事境界線）という微妙な事情から、北上は最近まで経済発展の契機をつかむことが

できず、戦後の昭和30年代までは穏やかな農村地帯を形成してきた。

　そして、口内のあたりは、仙台藩の最北の地であり、軍事上の要衝とされ、浮牛城が築城されて小城下町を形成、100人ほどの武士団が常駐していた。天明の大飢饉（1782～1788年）の頃に、武士の内職として口内傘づくりを始め、特産品にもなっていった。戊辰戦争の帰趨を決したとされる白河の戦いに50人の武士団が出陣したが、敗北に終わった。明治維新後、全員が就農土着化していった。

　このような歴史的な背景により、この口内町はまとまりも良く、自立的な地区として知られている。明治時代の村制により現在の口内町の一帯が福岡村となり、さらに、1954年の町村合併により北上市の一部（現在の口内町）となった。

▶地区住民の大半が出資する直売所

　かつては小さな城下町を背景に口内傘、口内下駄等の特産品もあったのだが、戦後の洋風化の中で消えていった。その後は、林業、水稲中心の山間地農業、畜産などに展開しているものの、人口の流出は著しい。北上市街地、工業団地等までは峠を越えてクルマでわずか15～20分ほどの距離であり、通勤可能なのだが、冬季の積雪が厳しく、人口流出は止まらない。このような事情の中で、1997年12月、地区の人びとの念願であった農林産物直売所の直売センター北上協同組合がスタートしている。

　この口内、林業が盛んであったのだが、1970年代以降、林業が衰退し、農業による地域活性化を意識していく。そのため、山村活性化のための林業構造改善事業を利用して「農林産物直売所」の建設に向かっていった。1991年には口内町自治協議会がまちづくり推進委員会を設置し、「地場産品展示即売所の設置」についての検討をスタートさせ、1992年には林業構造改善事業による産直センターの建設促進を決定していく。さらに、1994年には口内町農林産物販売施設建設準備委員会（15人）を設置、1996年には組合員の募集開始をしている。そして、1997年3月には設立発起人会を設置、同年6月には「直売センター北上協同組合」の設立総会の開催にまでこぎつけている。

昆野将元氏　　　　農林産物直売所「あぐり夢くちない」

　当初の組合員は約280名であったが、口内町の世帯のほとんどが1口3万円の出資に応じるものであった。それだけ、地域の人びとの期待を背に船出したということであろう。組合の正式名称は「直売センター北上協同組合」だが、愛称は「あぐり夢くちない」という。全国の農産物直売所の中には、出荷者の出資に基づくものは少なくないが、あぐり夢くちないの場合は、協同組合の形態をとっていること、さらに、出荷意思のない住民までを含んだ幅の広い出資である点で際立っている。住民全体の「もの」としてスタートしたのであった。

あぐり夢くちないの店内　　　　鮮魚も置いてある

▶ミニスーパー、一般商店的な性格を帯びる

　1997年10月に着工、1998年11月竣工、同12月5日に営業開始となった。敷地面積2500㎡、展示販売施設307㎡であり、総事業費は1億円、補助金は岩手県60％、北上市25％となり、残りの15％は銀行・農協借入となった。現在の組合員数は約370名、実際の出荷者は約200名である。約170名は出荷していない。施設の構成は農産物、加工品、木工品、林業器具等の直売、それに、口内町内唯一の食堂が付設されている。

　なお、施設内を観察すると、精肉、鮮魚、刺身に加え、日常生活用品であるお茶、洗剤、カップ麺、熨斗袋、惣菜、北上市指定のゴミ袋等が置かれている。基本的には農林産物直売所であるのだが、もう一つの顔として「ミニスーパー」的な役割を演じている。この点が、全国の農林産物直売所の中でもあぐり夢くちないのもう一つの際立った特徴であろう。

　実質的な初年度である1999年の売上額は6760万円であったが、2011年の売上額は1億3000万円に達した。その後、東日本大震災の影響で2012年度は1億1100万円に低下したものの、2013年度は1億1700万円に回復している。商品別の売上額構成（2013年度）は、農畜産物58.0％、加工食品12.8％、林産物5.5％、その他23.7％であった。このその他の中には、精肉、鮮魚、刺身、その他の生活用品が含まれている。

　買い物客の地域別分布でみると（2013年度）、口内町32.3％、北上市内（口内町は含まない）38.9％、花巻市10.4％、奥州市（金ケ崎町を含む）9.8％が中

北上市のゴミ袋も置いてある　　　　　あぐり夢くちないの食堂

心であり、その他は釜石市、遠野市などとなっている。口内町内が3分の1を占めているのは、町内で唯一の食品ミニスーパー的な機能も備えているからであろう。この点、少し前の2009年の組合通常総会資料では「JA口内支所の閉鎖に伴い、店舗もなくなりました。地元の方とくに高齢者の方々にとって食料品、日用品の買い物が不便になったことに対し、『あぐり夢』として、できるだけ対応しているのですが、産直としての農産物、林産物のほかに、一般商店的な機能を持っていかねばなりません」と記されている。地元で唯一の食料品店であったJA売店が閉鎖され、あぐり夢くちないは、ミニスーパー、一般商店的な性格をも求められていったのである。

▶共同売店的性格を強める

また、あぐり夢くちないの組合員は、農家ばかりではない。当初から地元の畜産・畜産加工業である北上まきさわ工房も入っており、自家製のウインナーやフランクフルトなどを出していた。当初は畜産品のほかには菓子などが若干置かれていた。そして、その後、口内町の環境が変わり、人口減少、商店の閉鎖などから、あぐり夢くちないが新たな役割を演じていくことになり、北上まきさわ工房も精肉を提供するようになっていく。

さらに、従来、鮮魚の移動販売専業であった千葉商店が組合員となり、鮮魚からバナナ、ミカン等の果実までを入れてくることになる。その後、千葉商店は移動販売を停止し、あぐり夢くちないへの出荷を軸にするものになっていく。この千葉商店の場合は一日に数回出荷してくるのであった。店頭には鮮魚のほかに刺身なども並べられていた。また、お茶、日配品、菓子類、洗剤等は地元の小売店(吉辰商店)、桑茶は更木ふるさと公社[4](北上市更木地区)が入れてくる。

パン類はオリオンパン(花巻市)、ゴミ袋は市から直接購入、タバコは自動販売機(市街地の小売店が設置)で対応していた。なお、口内町の市街地に酒店2店が残っていることから、酒類は扱っていない。理事長の昆野将元氏[5](1948年生まれ)は「いわゆる農林産物の直売は80％、その他の日用品販売が20％ぐらいか」と語っていた。

また、あぐり夢くちないは高齢で直接持ち込めない出荷者に対しては、要請があれば庭先集荷も行っている[6]。商品の配達も必要に応じて行っている。このように、地域の期待を背に農林産物直売所としてスタートしたあぐり夢くちないは、その後、地域の人口減少、高齢化、さらに地元商店等の閉鎖などの中で、地域の人びとの暮らしを支える共同売店[7]、ミニスーパー、一般商店的な役割を演じていくのであった。

　さらに、2012年からは北上の中心市街地の空き店舗を利用し、4月から12月までの毎週2回（水、金）「街なか産直」を実施している。2013年は74回に及び、その売上額は400万円を超えた。また、市内常盤台団地（3回）、東京都江東区の区民まつり（2日間）にも出店するなど活動の範囲はさらに拡大しているのであった。

2．まちづくりに向かうNPO法人くちない

　口内町のさらに郊外の中山間地域で展開している「あぐり夢くちない」は、以上のような展開方向にあるが、口内町の中心市街地のあたりの人口減少、空洞化は著しい。スーパーは元々なかったものの、かつてはJA口内支所、JA売店、食料品店6～7店、ガソリンスタンド2店（1店はJA）などがあったのだが、次第に減少し、現在では、人口1700人の町の中心市街地で目立った施設としては、公民館（口内地区交流センター）、郵便局、酒店（2店）、タバコ・菓子・雑貨店（2店）、理容店（2店）、自動車整備工場以外に見当たらない。どこの人口減少地域でも、最後まで残るのは、酒店、理容店とされている。口内町の市街地もほぼそのような状況になっているのであった。

　そして、2007年にJA口内支所が閉鎖され、併設されていた売店もガソリンスタンドも同時に閉鎖された。JAの施設としてはATMだけが残された。郵便局にもATMがあり、口内町ではATMは2台となった。飲食店は現在ではあぐり夢くちないの中の食堂だけとなっているのである。

▶NPO法人くちないとボランティア輸送活動

　このような事情の中で、2009年5月、NPO法人くちないが設立認証されていく。理事長には畜産品加工の北上まきさわ工房の会長昆野先男氏が就き、副理事長には昆野将元氏が就いている。正会員20人ほどでスタートした。活動目的は「口内町のよさを次世代に伝えるとともに、存在するさまざまな課題を住民自らが解決することにより、口内町の明るく豊かな生活の実現に寄与すること」としている。活動分野は①保健、医療又は福祉の増進を図る活動、②社会教育の推進を図る活動、③まちづくりの推進を図る活動、④環境の保全を図る活動、⑤地域安全活動、⑥子どもの健全育成を図る活動、などに置いている。

　この5年ほどの活動の中で目立った事業は、「過疎地・福祉有償輸送」「緊急雇用創出事業（店っこくちない）」の実施であろう。この過疎地・福祉有償輸送事業は、公共交通が衰微し、クルマに乗れない高齢者等が待ち望んでいたものであった。2010年4月に北上市自家用自動車有償運送運営協議会で実施計画が承認され、運輸局東北支局に「過疎地有償運送」「福祉有償運送」を申請、7月5日付けで受理された。そして、9月27日に運行開始している。

　この事業は事前に登録された世帯に対して、買い物等の送迎、介護の必要な人の病院への送迎を自家用車でボランティア的に行うものであり、1回あたり

口内町の中心市街地にわずかに残る酒店

100円を徴収していた。登録者は31世帯であった。これらに対して、NPO法人くちないの会員等10人ほどがマイカーで無償で対応していた。

▶買い物弱者支援の取り組み

　先のJA口内支所と売店の閉鎖により、口内町市街地の買い物は著しく不便になった。そのような事情から、閉鎖された売店の復活が求められ、2012年7月1日から翌年3月11日までの約半年間、緊急雇用を使いながら平日の10時から16時まで開店した。その後、緊急雇用の補助は切れたものの、NPO法人くちないが自主的に開けている。精肉、鮮魚は置いていない。日用品、缶詰、菓子等を置いていた。注文があれば仕入れし、また、配達は3～4日の余裕をもって無料で対応していた。さらに、店舗の一角に調理場があることから、週に2日は天ぷら等の惣菜をつくり、注文があれば配達していた。ただし、弁当は生産していない。弁当生産には保健所の別の許可が必要とされていた。その他には、高齢者宅の庭の草刈り、家の中の簡単な修理、さらに、冬季には住宅敷地内の除雪なども引き受けていた。

　施設の持ち主は地質ボーリング調査などを事業とする㈱地水であり、地水自体はJAが事務所として使っていた本館を使っていた。NPO法人くちないはか

旧JAの売店を再利用した「店っこくちない」

つてのJAの売店であった部分を格安で借りていた。昆野将元氏は「当面、あぐり夢くちないとNPO法人くちないの二本柱で行く。NPOは資金的に苦しい」と語っていた。

このように、人口減少、高齢化の進む口内町では、住民出資の協同組合「あぐり夢くちない」と「NPO法人くちない」が両輪となり、地元の農産物、加工品の販売、さらに、生活支援のための食料品、生活用品の販売、さらに、ボランティア輸送を手掛けている。そして、これらの担い手の平均年齢は60歳を超えている。まさに、高齢者が高齢者を支える取り組みが繰り広げられているのであった。

3．人口減少、高齢化の中山間地域の暮らしの支援

「全国各地の買い物弱者を応援する方法としては、身近な場所に①店を作ること、家まで②商品を届けること、そして、家から③人々が出かけやすくすることが必要[8]」とされている。このような点からすると、口内町のあぐり夢くちないと店っこくちないの取り組みは、中心市街地と郊外に店を作るものであり、また、十分であるかどうかは検討の余地はあるものの、必要に応じて商品を届け、人びとを外に連れ出す取り組みを重ねているということになる。さらに、農林産物直売所を設置し、地域の人びとの生産物を直売し、勇気を与えていることも重要であろう。そのような意味では、人口減少、高齢化に悩む中山間地域における先駆的な取り組みと評価することもできる。

ただし、口内町の中心市街地の疲弊ぶり、人口の急減と高齢化という現象を眺めると、事態はそれほど単純なものではなさそうである。

▶発展する地方都市の郊外の若者の市街地への流出

条件不利の中山間地域の口内町ではあるが、発展する北上市街地との距離は意外に短い。一山越えてクルマで15～20分ほどである。町内に口内小学校はあるものの、かなり前に口内中学校は閉鎖され、現在は峠を越えて北上市立花の東陵中学校に通うことになる。北上市は通学バスを出している。高校は北上市

内に県立の普通高校2校、県立工業高校1校、私立高校が1校ある。口内町の子どもたちの大半は北上市内の高校に通うことになろう。

そして、18歳の春を迎えると、大学、各種学校への進学、就職ということになる。北上には各種学校は幾つかあるものの、大学はない。進学者の大半は盛岡、仙台、東京に向かう。就職については北上は地方都市としては豊富にある。そのような意味では、全国の地方都市のように、18歳の90％が一気に故郷を離れることはなさそうである。さらに、22歳、あるいは30歳でUターンしても、比較的就職先には恵まれている[9]。

ただし、口内町からの通勤は可能なものの、彼らの大半は北上市街地に住居を求めていくであろう。高校時代から通い慣れており、あるいは下宿しており楽しみ方も知っている。さらに、職場の多くは北上市街地、ないしその周辺である。逆に、山間地の口内町は冬季は積雪に見舞われ、居住条件は厳しい。口内町は北上市街地に通勤のできる距離感の場所でありながらも、若者の流出は進む。この点は、発展する地方都市の郊外を形成する山間地の悩みとなろう。口内町の人口減少、高齢化は若者の流出という点からも大きく進行していくのである。

▶発展する地方都市と周辺の落差

高齢者の事情も、この若者たちとよく似ている。近年、北上市街地の発展、整備は著しい。市街地の中心に大型ショッピングセンターやシネマコンプレックスもある。また、近年、中心市街地でマンション建設が進んでいる。洒落た料理店も増えてきた。このような事情の中で、中山間地域の積雪地帯に居住する高齢の富裕層は中心市街地のマンションに移っていく。

特に北上の場合は、この30年ほどの近代工業化の成功により地元に就業機会が増え、兼業、共働きが進んでいった。そのため、農業は機械化の体系が整っている水稲に傾斜していった。あたかも工業化を背景に兼業、共働き、水稲栽培により豊かになったとされる富山県型の発展のスタイルとなっていった[10]。そのため、北上の農村の人びとの資産形成も進んでいったことが指摘される。

そのような事情を背景に、2000年代に入って10年間で口内町の人口は約

15.6％も減少した。全国的にみても、これだけの減少を示したところは数少ない。生活環境が飛躍的に改善されつつある北上市街地と、積雪に悩む山間地の口内町はわずか15〜20分ほどの距離のところで隣接しているのである。

　広大な面積を抱える地方都市で、発展を実感できる空間はわずかなものである。一部の中心市街地だけであろう。この劇的な格差が山間地から市街地へと人口の移動を促していくことになろう。市街地と山間地の格差があまりにも大きく、それも時間と共に拡大していく限り、それを実感できる距離にある山間地の人びとは市街地に向かっていく。

　その結果、山間地に残されるのは、多様な事情で移動できない高齢者ということになろう。地元の古いしがらみから残らざるを得ない人びと、農林業等の生業から離れられない人びと、さらに、移転するための資力に恵まれない人びとであろう。北上市全体ではこの50年ほどの間に人口は約1.4倍に増加したが、15〜20分先の一山越えた口内町では、この間、人口は半減したのであった。地方都市の場合、発展過程にあっても、地域内ではむしろ際立った格差が発生することになる。

　そして、このような事情を背景に人口減少、高齢化が重なっていくと、生活を支えるための商店、飲食店、サービス業は事業基盤を失い、閉鎖されていく。口内町の中心市街地の状況はまさにそのようなところにある。人びとの暮らしをどのように支えていくのかが問われているのである。

▶中山間地域の人口減少、高齢化にどのように立ち向かうのか

　中山間地域の地区や集落が人口減少、高齢化のプロセスに入っていくと、地元に買い物の場がなくなっていく。このような事態に対して、一つの方向としては「共同売店」の設置運営、もう一つは「移動販売」の展開がよくみられる。

　また、序章で指摘したように、人口減少と高齢化には大きく二つの時期がある[11]。「前期高齢地域社会」と「後期高齢地域社会」である。

　前期高齢地域社会の場合は、ステークホルダーの年齢は比較的若く、また、まだ一定の市場規模が見込まれ、共同売店の設置に踏み込んだり、移動販売も事業ベースに乗ることが期待される。だが、後期高齢地域社会に入り、人口が

さらに減少し、高齢化が進むと、共同売店の運営が難しいものになり、また、移動販売は採算がとれなくなる。買い物弱者問題が際立っていく。食事の用意が難しい高齢者も増えてこよう。

このような段階になれば、事業ベースでの共同売店、移動販売は難しくなり、公共のサイドの出動が不可欠になる。また、外部からの支援や中間的な存在としてのNPOの活動も期待される。さらに、高齢化し外に出られない人びとに向けての買い物代行、配食サービスも必要になろう[12]。

私たちの中山間地域のこれからは、このような段階に向かっていくことが予想される。口内町の現状は、住民出資の農産物直売所が共同売店的なものに進化し、さらに、その活動が母体になって、閉鎖されたJA売店を復活させるところまできていた。また、北上の中心市街地に「攻めの産直」を実施していた。そして、このような意欲的な活動の背後には、昆野将元氏をはじめとする人びとの「地域を豊かにしていこう」とする個人のボランティア的努力が横たわっている。事業は「人」によって推進されていく。中山間地域の人の暮らしを支えるものとして、それを担う「人びと」の継続した努力が求められている。

それでも人口減少、高齢化は進む。それをくい止める有効な手段はみつからない。居住環境の整備、地域資源を活かした産業化、場所を選ばないIT産業の誘致、育成による新たな就業の場の創設等により、若者の関心を惹きつけていくことも必要であろう。そのような未曾有の課題を抱えながら、私たちは中山間地域の人口減少、高齢化に立ち向かっていくことが求められているのである。

1) 農産物直売所については、田中満『人気爆発 農産物直売所』ごま書房、2007年、関満博・松永桂子編『農産物直売所／それは地域との「出会いの場」』新評論、2010年、を参照されたい。
2) 北上市の工業化の歩みについては、関満博・加藤秀雄編『テクノポリスと地域産業振興』新評論、1994年、を参照されたい。
3) あぐり夢くちないのスタートの頃の事情と2008年頃までの事情は、関満博『「農」と「食」の農商工連携』新評論、2009年、Ⅱを参照されたい。

4）更木ふるさと公社については、関満博『地域産業の「現場」を行く 第6集』新評論、2012年、第155話を参照されたい。
5）昆野将元氏は、元々、酪農と稲作に従事していたのだが、あぐり夢くちないの発起人でないのにも関わらず、いきなり理事長に推され、以来17年間、理事長職に就いている。さらに、NPO法人くちないの副理事長、北上市産直直売所協議会会長にも就いている。この間の事情については、関、前掲『「農」と「食」の農商工連携』Ⅱを参照されたい。
6）高齢化した中山間地域の一つのテーマとして、庭先集荷が注目されている。直売所等の販売施設側が、中山間地域の奥までクルマで入り、高齢農家のわずかな生産物を預かり、販売するというものである。それは中山間地域の高齢者にわずかな収入をもたらし、また、社会参加する喜びを痛感させることになる。この庭先集荷については、高知県、島根県で取り組みが進んでいる。高知県については、社団法人高知県自治研究センター『コミュニティ・ビジネス研究2007年度 年次報告書』2008年、関満博編『6次産業化と中山間地域』新評論、2014年、島根県については、有田昭一郎「中山間地域の農産物直売所」（関満博・松永桂子編『中山間地域の「自立」と農商工連携』新評論、2009年、第8章）を参照されたい。
7）住民が共同出資して運営するする共同売店については、沖縄（約70店）、奄美大島（7店）が確認されている。沖縄の共同売店については、本章第10章を参照されたい。なお、沖縄の共同売店をモデルに自力で共同売店を展開しているものとして、宮城県丸森町の「大張物産センターなんでもや」（本書第7章）がある。この丸森のケースは、沖縄、奄美以外では限られたものである。
8）経済産業省『買い物弱者を支えていくために〜24の事例と7つの工夫 ve2.0（案）』2011年3月、3ページ。
9）この点については、関満博「人口減少、高齢化を迎えた地域社会と信用組合」（『しんくみ』第61巻第9号、2014年9月）を参照されたい。
10）近代工業化を背景に兼業、共働きが進み、農業が水稲栽培に傾斜し、全体として豊かになった代表的なケースとして富山県が知られる。この点については、北日本新聞社編集局編『千五百秋に――よみがえれ富山の農』北日本新聞社、2012年、を参照されたい。北上の発展スタイルは、この富山によく似ている。
11）前期高齢地域社会と後期高齢地域社会については、本書序章、及び、関、前掲「人口減少、高齢化を迎えた地域社会と信用組合」を参照されたい。
12）中山間地域の買い物代行、配食サービスの展開と意義については、本書第1章を参照されたい。

第9章　島根県美郷町／閉鎖されたミニスーパーを商工会有志で復活
調剤薬局を組み合わせる新たな取り組み（産直みさと市）

　島根県南の広島県境の中国山地のあたりは[1]、高知県の四国山地沿い[2]と並んで、日本の中山間地域の典型的なところとして知られている。人口減少は1960年代初めの頃から始まり、高齢化も急角度で進んでいる。そして、人口減少に伴い商店の閉鎖が相次ぎ、クルマを運転できない高齢者にとっては買い物をする機会も失われつつある。

　そのような事情の中で、人口減少、高齢化の先進県とされる島根県の各地で興味深い取り組みが重ねられている。益田市（旧美都町、匹見町）の中山間地域では地元商業者による買い物代行が行われ、邑智郡美郷町では閉鎖された市街地の中心（粕渕）にあったミニスーパーを地元商工会が再開させ、商店のなくなった地区（別府地区）では地元NPOによるデマンド車両を運行させている[3]。また、雲南市の旧掛合町では、集落に最後に残った小さな食料品店による軽自動車による移動販売（泉商店）[4]、旧掛合町波多地区の廃校跡を使ったミニ商店（はたマーケット）の形成[5]などが取り組まれている。

　さらに、平成の大合併時の広域合併により中山間地域、漁業集落を抱えることになった松江市では、漁業集落（御津）で唯一の店舗であった閉鎖されたJAの店舗を地元の水産加工企業（マルコウ）が復活させ（まるちゃんストア[6]）、あるいは、弁当屋のほかほか亭から、配食・買い物代行サービスに向かっている若手社会企業家（モルツウエル[7]）も出現してきている。

　そのような中から、本章では急激な人口減少、高齢化に直面している中国山地の最奥に拡がる島根県邑智郡美郷町で行われている取り組みをみていくことにしたい。

図9−1　島根県と美郷町の位置

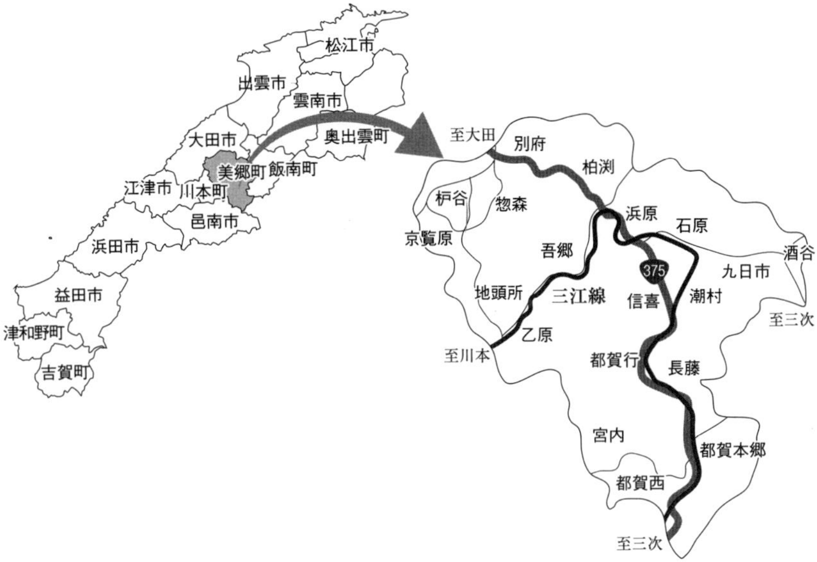

資料：美郷町

1．50年で人口が3分の1になった島根県美郷町

　島根県邑智郡美郷町は島根県のほぼ中心に位置し、南は広島県に接する。四方を山で囲まれる中山間地域であり、面積は約283km²、東は飯南町、西は川本町、邑南町、北は大田市、南は広島県三次市と接する。町の中心を中国地方最長の河川とされる江の川が流れている。この江の川に沿って市街地、集落が点在している。古くは石見銀山街道の一部を構成し、街道沿いの町として栄えてきた。明治の町村制施行以来、幾つかの合併が行われ、平成の大合併時の2004年10月1日に邑智郡の邑智町と大和村が合併（新設合併）し、美郷町が誕生した。合併の頃の人口は約6000人であった。

　軌道交通としては江の川沿いにJR三江線が走っている。この三江線は日本海側の江津駅から中国山地を超えて広島県の三次駅に通ずる山陰と山陽をつな

ぐ陰陽連絡路線として1930年代から建設が開始されたのだが、その全通は1975年までかかった。ただし、その全通の頃には既に地域間輸送は道路利用に移行しており、当初から超閑散路線とされた。現在は1日4～5往復にしか過ぎず、JRの全路線の中で輸送密度（平均通過数量）は最下位となっている。1日平均の平均通過数量は100人以下であった。

　主要道路としては、大田市から広島県三次市方面に抜ける国道375号が町内を縦断している。美郷町の中心市街地であり、町役場のある粕渕からは、大田市の中心部までクルマで約40分、中国自動車道三次インターまで約50分ほどである。このような事情から、クルマに乗れる住民の多くは大田方面、三次方面の大型店に向かうため、美郷市街地の商店の閉鎖が続き、商店街の活力が低下、高齢者等の買い物の場が失われつつあった。

　また、美郷町の北部に展開する小規模集落の別府地区などの山間地は、むしろ、大田市街地までクルマでわずか20分ほどの距離であり、住民の多くは大田周辺の大型店に向かうため地区の商店の閉鎖が続き、現在では酒・タバコを中心とした雑貨屋（田中商店）が1店残るのみになっているのであった。そのような現象は、人口減少、高齢化が進む中山間地域では普通にみられるものであろう。

（1）急激な人口減少と高齢化の進展

　人口減少、高齢化の先進県とされる島根県は、2010年の国勢調査で秋田県に抜かれるまで、三十数年間もの間、高齢化率（65歳以上人口）第1位の県として知られていた。島根県自身、1960年には88万8886人（国勢調査）の人口を抱えていたのだが、その頃から人口減少が始まり、1985年の79万4629人を最後のピークにその後一貫して減少傾向を深めている。国調ベースで2010年の島根県の人口は71万7397人となった。1960年からの50年で19.7％の減少、1985年からの25年間で9.7％の減少となった。この間、高齢化率は1985年の15.3％（全国平均10.3％）から2010年は29.1％（22.8％）に上昇している。

表9―1　美郷町の人口推移と高齢化

区分	島根県		美郷町		
	人口 (人)	高齢化率 (％)	人口 (人)	高齢人口 (人)	高齢化率 (％)
1960	888,886	8.4	15,460	1,412	9.1
1965	821,620	9.7	12,479	1,509	12.1
1970	773,575	11.2	10,494	1,544	14.7
1975	768,886	12.5	9,262	1,621	17.5
1980	784,795	13.7	8,838	1,784	20.2
1985	794,629	15.3	8,372	2,017	24.1
1990	781,021	18.2	7,606	2,273	29.9
1995	771,441	21.7	7,221	2,493	34.6
2000	761,503	24.8	6,624	2,586	39.0
2005	742,223	27.1	5,991	2,449	41.4
2010	717,397	29.1	5,351	2,278	42.6

資料：『国勢調査』

▶50年で人口は3分の1に減少

　表9－1によると、1960年から1970年にかけて、島根県の人口は11万5311人（13.0％減）の減少を示しているが、この間、県庁所在地の松江市は微増であり、他の市の多くもそれほどの人口減ではない。ただし、石見地方の中山間地域の美郷町（4966人減、減少率32.1％）、邑南町（7628人減、29.9％減）、津和野町（5745人減、27.2％減）の三つの町の人口減少が際立っていた。1960年代の10年間に、美郷町は人口のほぼ3分の1を減少させていたのである。

　これについては、1960年前後からの地域の基幹産業であった木炭需要の激減、外材輸入の拡大により、日本国内、特に中国山地の林業地帯は壊滅的な状況に追い込まれたこと、また、日本経済の高度成長が開始され、大都市や瀬戸内沿岸の工業地帯に人びとが吸引されていったことが指摘される。さらに、1963年の「三八豪雪」により一気に中国山地では「挙家離村」が進んでいった。中国地方の代表的な林業地帯であった美郷、川本、邑南、津和野などでは、1960年代のわずか10年間に若者たちと基幹産業であった林業（炭焼を含む）従事者は

表9－2　島根県市町村別人口と高齢化率

市町村	人口 (人)	2005年 65歳以上 人口 (人)	高齢化率 (％)	人口 (人)	2010年 65歳以上 人口 (人)	高齢化率 (％)	05～10年 の人口減 少率 (％)
島根県	742,223	201,103	27.1	717,397	207,398	29.1	－3.3
松江市	210,796	46,650	22.2	208,613	50,612	24.6	－1.0
浜田市	63,046	18,061	28.7	61,713	18,450	30.0	－2.1
出雲市	173,751	42,050	24.2	171,485	44,584	27.0	－1.3
益田市	52,368	14,818	28.3	50,015	15,466	31.0	－4.5
大田市	40,703	13,357	32.8	37,996	13,162	34.6	－6.7
安来市	43,839	12,374	28.2	41,836	12,760	30.5	－4.8
江津市	27,774	8,655	31.2	25,697	8,521	33.2	－7.5
雲南市	44,403	13,929	31.4	41,917	13,787	32.9	－5.6
奥出雲町	15,812	5,419	34.3	14,456	5,295	36.6	－8.6
飯南町	5,979	2,281	38.2	5,534	2,180	39.4	－7.4
川本町	4,324	1,663	38.5	3,900	1,618	41.5	－9.5
美郷町	**5,911**	**2,449**	**41.4**	**5,351**	**2,278**	**42.6**	**－9.5**
邑南町	12,944	5,117	39.5	11,959	4,850	40.6	－7.6
津和野町	9,515	3,673	38.6	8,427	3,487	41.6	－11.4
吉賀町	7,362	2,812	38.2	6,810	2,717	40.0	－7.2
海士町	2,581	939	36.4	2,374	924	38.9	－8.0
西ノ島町	3,486	1,280	36.7	3,136	1,240	39.5	－10.0
知夫村	725	300	41.4	657	305	46.4	－9.4
隠岐の島町	16,904	5,276	31.2	15,521	5,262	33.9	－8.2

資料：表9－1と同じ

都会に就業の場を求め、中国山地は人口を大幅に減少させていった[8]。

　このように、石見地方の山間部の町村は1960年代から人口を減少させているが、全国的にみると、この中国山地とエネルギー革命により閉山が相次いだ北海道の産炭地などを除き、地方圏の条件不利市町村の人口減少は1985年頃から始まる。この点、島根県全体では、1985年から2010年の四半世紀の間に、人口は7万7232人の減少、減少率は9.7％であったが、美郷町の場合は3381人減少、

減少率は38.7％を示した。美郷町の人口減少のすさまじさがわかる。美郷町は1960年から2010年までの50年間に人口は１万0109人の減少、減少率65.4％を経験してきた。50年で人口がほぼ３分の１となっているのである。

この間、美郷町の高齢化率は、1985年の24.1％から、2010年には42.6％へと上昇している。表９－２によると、2010年の島根県の市町村の高齢化率は、第１位が離島の知夫村（46.4％）、第２位に美郷町（42.6％）、以下、第３位に津和野町（41.6％）、第４位川本町（41.5％）、第５位に邑南町（40.6％）、第６位に吉賀町（40.0％）と続く。島根県で2010年に高齢化率40％を超えたのは以上の６町村であった。隠岐地方の知夫村を除いて、いずれも石見地方の内陸に位置する町であった。

▶2000年代に入り、後期高齢地域社会に突入

日本全体の人口減少は2008～09年頃から始まるが、地方の場合は、全般的に1985年頃を境に開始される。丙午（60年周期、最近では1966年）の前後のように人口も波を打つこともあるが、全体的な傾向として年々、出生数が減少していく。若い世代ほど人口は少ない。ただし、この人口減少と高齢者数の動きは平行して進むわけではない。

日本の場合は、人口減少が始まると、むしろ高齢者の数が増加していく。人口減少の中の高齢者数の増加という現象が起こる。そのため、高齢化率は急上昇するであろう。表９－１の美郷町の動向をみると、高齢人口は2000年にピークを迎えている。ここまでは高齢化率は40％前後に向かい急上昇していく（前期高齢地域社会）。そして、その後、人口減少の中で高齢者数も減少の方向に向かっていく。そのため、その後は高齢化率の上昇は50％前後に向かいやや緩やかなものになっていくであろう（後期高齢地域社会）。

現在、全国の地方圏を眺めると、現在のところ大半が「前期高齢地域社会」であり、「後期高齢地域社会」に踏み込んでいるのは、北海道の夕張などの産炭地、高知県の四国山地の町村、大分県の山間部、沖縄県の山原（やんばる）地方、そして、島根県の美郷町を典型とする中国山地の石見地方のあたりとなろう。

さらに、日本の事情では、この後期高齢地域社会の段階に入ると、75歳以上

の後期高齢者、特に80代、90代の比重が高まっていく。送迎バスに乗ることも容易でなくなり、食事の用意も難しいものになろう。市場が相対的に縮小し、また求められるサービスの提供の仕方も大きく変っていく。私たちはこのような未経験ゾーンに踏み込んでいるのである。

　また、表9－2の2005～10年の島根県市町村の人口減少率が際立って大きいことにも注目していく必要がある。本章では全国比較をする余裕はないが、このわずか5年の間に人口減少率が10％前後の町村が目立つことが注目される。最大は津和野町（11.4％減）、以下、西ノ島町（10.0％減）、美郷町（9.5％減）、川本町（9.5％減）、知夫村（9.4％減）と続く。隠岐の離島と石見の山間部ということになろう。全国の人口減少地域をみると、その多くはこの5年間の人口減少率は5％前後なのだが、島根県の石見地方の山間部は倍の10％前後を示している。このような人口の急減をどのようにみていくのか。私たちはたいへん難しい局面に入っていることが自覚される。

（2）美郷町の事業所の急激な減少

　戦後の日本の場合、復興過程とその後の高度経済成長期を通じて、新規の独立創業者が大量に生まれたことが知られている。戦後立ち上がりの時期から1970年頃までは事業者数が急増し、1970年代初頭のニクソンショック（1971年）、第1次オイルショック（1973年）以降は微増となったものの、1980年代中頃までは増加基調であった。そして、1980年代中頃を頂点に、以後、事業所数は減少に転じている。

▶事業所数のピークは1970年前後、以後、半減

　この点、美郷町の場合は、それとは異なる軌跡を描いている。戦後の事業所数の最大を数えていたのはそれよりかなり前であり、1960年に比べ人口が3分の1ほど減少していた1969年段階（事業所統計）でも、事業所数613件、従業者数2211人を示していた。当時、目立った産業は「卸売・小売業、飲食店」232件（構成比37.8％）、従業者数510人（23.1％）、「サービス業」213件（34.7％）、従業者573人（25.9％）、「建設業」88件（14.4％）、従業者403人

表9-3 美郷町の産業(大分類)別事業所数、従業者数

区分	1986 事業所数(件)	1986 従業者数(人)	1999 事業所数(件)	1999 従業者数(人)	2012 事業所数(件)	2012 従業者数(人)
全産業	510	3,198	370	1,902	289	1,546
農林漁業	14	339	7	78	10	122
非農林漁業	496	2,859	363	1,824	279	1,124
鉱業	1	1	2	11	1	10
建設業	68	754	50	532	41	317
製造業	45	781	29	377	20	162
電気・ガス等	7	32	3	32	3	31
情報通信業	—	—	—	—	—	—
運輸業	21	116	12	55	8	61
卸売・小売業、飲食店	160	388	126	342	71	219
金融業、保険業	5	33	4	20	4	18
不動産業、物品賃貸業	2	3	2	2	3	5
サービス業	171	578	135	453	—	—
学術研究、専門・技術サービス業	—	—	—	—	3	3
宿泊業、飲食サービス業	—	—	—	—	19	64
生活関連サービス業、娯楽業	—	—	—	—	25	55
教育、学習支援業	—	—	—	—	1	1
医療、福祉	—	—	—	—	25	343
複合サービス事業	—	—	—	—	61	42
サービス業(他に分類されないもの)	16	173	—	—	42	74

注:『事業所統計』『経済センサス』では、業種区分が変更になっている。「卸売・小売業、飲食店」が「卸売・小売業」「宿泊業、飲食サービス業」に分かれ、「サービス業」は「学術研究」以下、細分化された。
資料:1986年、1999年は『事業所統計』各年2月1日。2012年は総務省統計局『平成21年経済センサス-基礎調査』7月1日。

(18.2%)であった。この三つの産業で、事業所数の86.9%、従業者の67.2%を占めていた。美郷町の事業所数は1970年前後をピークとし、そのあたりから減少過程に入っている。人口減少よりも10年ほどのタイムラグがあったということであろう。

日本経済の転換点ともなる1980年代の中頃の1986年には、美郷町の事業所数は減少し510件（1969年に対して、103件の減少、減少率16.8％）、従業者数は逆に増えて3198人を数えた。「卸売・小売業、飲食店」は事業所数160件（72件減、減少率31.0％）、従業者数388人（122人減、減少率23.9％）となった。「サービス業」はほぼ横ばい。「建設業」は事業所数は68件と少し減少したものの、従業者は754人（構成比23.6％）となり、美郷町で最大の従業者を抱える産業となっていった。当時は公共工事が地域経済を支えたということであろう。

　そして、その後は一貫して事業所数、従業者数の減少を重ねている。2012年は事業所数287件（1986年に対して221件減、減少率43.3％）、従業者1546人（1652人減、減少率51.7％）とほぼ半減している。主要産業であった「建設業」は事業所数279件（217件減、減少率43.4％）となった。なお、2012年の『経済センサス』は業種分類がかつての『事業所統計』と変わり、「卸売・小売業、飲食店」が「卸売・小売業」となり、「サービス業」が細分化された。そのため、直接比較は難しいのだが、2102の「卸売・小売業」と「宿泊業、飲食サービス業」を合算すると、事業所数は90件（1986年に対して70件減、減少率43.8％）、従業者数283人（105人減、減少率27.1％）となっている。「卸売・小売業、飲食店」は件数で半減、そして、特に従業者規模の小さい事業所が退出したことがわかる。

　美郷町においては、1980年代中頃からの25年ほどの間に、人口は約8700人から約5300人へと約40％減少させたが、事業所についてもほぼ同様であり、人びとの暮らしに関わる「卸売・小売業、飲食店」はほぼ半減したのであった。人口減少が始まると、一般的には少しタイムラグを置いて事業所数の減少が始まるのだが、美郷町の場合、人口減少がかなり前の1960年代から開始されていることから、近年は人口減少と事業所（特に小売業、飲食店）の減少がパラレルに進んでいるのである。

▶中心市街地・粕渕商店街の事情

　合併町である美郷町は、北部が旧邑智町（面積約186k㎡、2014年7月住基台帳3599人）、南部が旧大和村（約97k㎡、1626人）であり、JR三江線と国道375

美郷町商工会が入居する商工会館

号でつながっている。美郷町内唯一の商店街は旧邑智町の粕渕地区に形成されている。この近くには美郷町役場もある。粕渕商店街は南北に直線で約250m展開し、国道375号と交わっている。事業所数は42、うち空店舗7店、その他に町役場、邑智小学校、邑智中学校、郵便局、山陰合同銀行粕渕支店をはじめとする金融機関が3店、内科医2、歯科医1が立地している。

　日本の町村等には地域経済団体として「商工会」が組織されている。対象となる事業者は原則として「小規模事業者」であり、製造業で従業者数20人以下、小売業で5人以下とされている。2014年12月1日現在の美郷町の商工業者は194、うち小規模事業者は182、商工会の会員は165名（法定会員155名）、組織率（法定会員÷商工業者）は79.9％であった。全国の商工会の組織率の平均は60％前後であることからすると、かなりの組織率といえそうである。会員の美郷町商工会に対する信頼は厚い。

　長年、地域の事業者をみてきた美郷町商工会は、粕渕商店街の現状を以下のように指摘している。

　「美郷町の中心部に位置する商店街は、古くから小さなまちの小さな商店街として地域住民の生活を支えてきたが、過疎化・高齢化などの影響から、地域住民の購買力が落ちるとともに、自家用車の普及などによって都市部に出かけ

て買い物をする住民が増えるなど、商店街の集客力は年々弱まり、衰退の一途をたどっていた。当該商店街の食料品や日用雑貨品などの地元購買率は、平成10年は52％と半数を超えていたが、平成22年は33％まで減少している。後継者不足の影響も重なり経営の維持が困難な店舗が増え、商店街に空き店舗が目立つようになってきた。平成21年6月には商店街の核となっていたスーパー（サバス）が閉店。続いて食堂や薬局も閉店になった。地域の活気がなくなると同時に、高齢者等の買い物の場が失われつつある[9]」。

このように、一方における急激な人口減少、高齢化、他方における地元事業者、特に商店、商店街の衰微が強く意識され、地域社会を持続させていくものとして、新たな取り組みに踏み出すことになっていった。

2．美郷町商工会と「産直みさと市」の展開

2010年10月、粕渕商店街の一角で1年半ほど前に閉店になっていたスーパー・サバスが、「産直みさと市」（売場面積100坪）の名称で再開された。農産物直売所とスーパー、薬店から構成されていた。この産直みさと市は住民が待ち望んでいたものであり、開店当日は最大約70人のレジ待ちの状況となった。

産直みさと市の外観

この産直みさと市は、地元美郷町商工会が中心になり新会社を起こし、人口減少、高齢化地域で食品スーパーを復活させたという全国的にみても前例のないものであった。また、当初、薬店は調剤のできないものであったのだが、その後、2011年7月には調剤薬局として衣替えし、さらに、美郷町周辺の医療機関、薬局の空白地域にも調剤薬局を展開するなど、地域の生活インフラとして興味深い進化を遂げている。

▶商工会幹部が個人保証して出発

2009年6月、粕渕商店街の入口にあり、核でもあったスーパー・サバスが閉店した。さらに、その年のうちに粕渕商店街の中の薬局、食堂、文具店が閉鎖していった。とりわけ、商店街の入口にあったサバスの閉店は、あたかも商店街にブラックホールができたように思えた。また、薬局の閉鎖により、町内に調剤薬局がなくなってしまった。

このような事態の中で、美郷町役場から商工会に対して「サバスの跡に、町内に点在している小規模な産直市（農産物直売所）をまとめられないか」との申し出があった。それを受けて、2009年の秋口から商工会で、産直市を補完するものとして「商業施設」を併設できないかと検討を重ねていく。産直市は出

産直みさと市のレジ付近

荷者による任意組合を組織することで対応できるが、商業施設、ミニスーパーとなるとオーナー、経営者が必要になってくる。

これに対し、商工会幹部が出資する株式会社形態をとることにした。都市の資本を誘致するのではなく、地元に残りうる形、さらに、後々後継者が出てきて持続していくことを期待しての株式会社化であった。それだけ商工会幹部に危機感と覚悟があったということであろう。2010年2月、㈱美郷振興を資本金900万円で設立している。株主は5人、各150万円ずつ出資した。出資者は当初、商工会長、副会長（2人）、美郷町長、副町長、教育長の6人であったのだが、役場関係者が出資するのはまずいということになり、一旦出資したものの、その後、出資者は民間人である商工会長、副会長（2人）、当時の商工会事務局長、その他1人の5人に切り換えられた。

店舗改装などの費用約4600万円のうち約1100万円は、国（850万円）、島根県（250万円）の補助金がついた。当時、民主党政権になったばかりの事業仕分けの時期であり、期待しただけの補助金にはならなかった。約3000万円は商工会長、副会長の個人保証により金融機関から借り入れた。

産直市との併設ではあるものの、店舗全体の管理、レジは美郷振興が行っている。店長には桑折久太郎氏（1978年生まれ）が就いていた。桑折氏は宮城県

産直専務理事の漆谷正克氏（左）と桑折久太郎店長

産直みさと市のスーパー部門

出身、早稲田大学文学部卒業後、海外研修を重ね、2009年7月には海外青年協力隊員としてホンジュラスに赴任の予定であったのだが、現地のクーデターにより頓挫する。その際、JICAの関係者から総務省の地域おこし協力隊を紹介され、2010年4月、美郷町に赴任してくる（2013年3月までの予定）。当時、産直みさと市の計画が推進されており、赴任直後の5月、美郷町商工会の経営指導員である中原忍氏（1958年生まれ）から店長就任の要請があった。桑折氏は6月下旬から2カ月ほどスーパーの研修を受けて、2010年10月1日、半年で地域おこし協力隊を辞め、㈱美郷振興に転籍、以来、店長に就いていた。すでに4年強経つことから、地域に定着したIターン人材ということになろう。

店長を4年重ねてきた桑折氏は「まるで休みがない。地元では良い方とはいうが、収入が低くて結婚もできない。東南アジアでこのような仕事をしたい」と語りながら、ニコニコと動き回っているのであった。

▶みさと市の仕組み、調剤薬局

ボランタリーチェーンで知られる全日食（木部東京）は、創業（1961年）以来50年以上の実績があり、全国に約1800店を組織し、小規模店舗への安価で安定的な商品供給の仕組みを作り上げてきた。特に、2007年からは「高齢社会に

対応した店舗開設——人口密度が低い買い物不自由地域における店舗運営」を目指し、一つに売場面積45〜70坪、3500品目前後の小商圏スーパー（シティマーケット）、もう一つ、売場面積10坪、1000品目前後の極小スーパー（マイクロスーパー）の展開を目指している。既に、シティマーケットは全国に約30店舗、マイクロスーパーは2店舗（茨城県大子町［2013年11月開業］、島根県雲南市［2014年10月開業］[10]）展開している。

また、2007年には全日食は島根県の誘致を受けており、2008年には旧大和村の13店舗（現6店舗）と共同仕入組織（大和商店会、現合同会社美郷商店会）を展開していた。人口減少、高齢化に悩む中山間地域等の小規模店舗の仕入れを支えるものとして機能していた。さらに、2011年には任意の美郷商店会は合同会社美郷商店会に衣替えし、美郷町商工会の会長以下3人が株主となっている。そして、この枠組みを利用し、産直みさと市は合同会社美郷商店会の支店として全日食から商品供給を受ける形をとっている。全日食チェーンの店頭価格はスーパー並みに安い。そのため、逆に粗利益率は17％程度と低く、その改善のためには付加価値の高い「惣菜部門」の充実が課題とされていた。

もう一つの調剤薬局はまことに興味深い仕組みで成り立っていた。現在、世間では医薬分業が推進されている。ただし、人口減少地域においてはそのよう

産直みさと市の中の「みさと薬局」

産直部門／野菜の他に加工品も多い

な調剤薬局はない。そのため、小規模な診療所においても薬局部門を持たざるを得ないが、薬の在庫負担は限りなく大きい。このような事情に対して、産直みさと市に調剤薬局を設置することは、人口減少地域の小規模診療所の負担を大きく和らげることになる。また、産直みさと市に調剤薬局を設置することにより集客機能も格段に向上する。

なお、産直みさと市内の調剤薬局である「みさと薬局」は㈱美郷振興の直営店であるが、その後、周辺の診療所からの要請に対し、2011年10月には旧大和村に「だいわ薬局」、2012年10月には近くの島根県美都町に「みと薬局」を設置している。さらに、この産直みさと市の調剤薬局の経験を踏まえ、2012年には㈱美郷振興の別会社として美郷ファーマシー㈱を設立、新たな事業として、松江、出雲、広島県庄原の条件不利地域に調剤薬局を3カ所展開しているのであった。

▶みさと産直企業組合

スーパー・サバスが閉店した後に、美郷町役場から商工会に対し産直市にできないかとの打診があった。美郷町内には小規模な産直市がいくつか展開し、粕渕地区にも2カ所設置されていた。ただし、いずれも週1～2回開催のもの

であり、それらを大きくまとめられないかというのであった。そして、この産直市を補完するものとしてスーパー併設が構想されていった。

　2010年10月には産直への出荷者による「みさと産直協議会」を設立、当初から法人化を意識し「企業組合」の形態を目指していく。1口3000円で91名が出資し、全体で50万円が集まった。これを基礎に2012年4月には「みさと産直企業組合」を設立している。組合員は美郷町内在住者か事業所のある人とし、販売手数料は20％としていた。町外者は組合員にはなれないが、出荷してくる場合の手数料は23％としていた。現在、組合員は130名になっている。男性の名義になっているものが多いが、実際には多様であり、女性の農産物加工グループや業者も一部に入っている。

　産直みさと市自身の開店時間は8時30分から20時までだが、出荷者による搬入は7時40分から。レジはスーパーに依存していた。したがって、出荷者がレジに立つことはない。品切れになると電話で請求して補充している。コンテナの置き場は、みさと市側の「売り出し」などの都合で決めていた。全体的な傾向として昼にかけてと夕方17時以降によく売れる。出荷者130名のうち、毎日出荷してくる人は10〜20名程度であった。農産物直売所の一つの目標として出荷者の年間売上額100万円といわれるが、みさと市の場合は、最高で年売上額100万円前後、大半は月に2〜3万円程度であった。支払は月末締めの翌月10日払いであった。また、月、水、金の週に3日は軽トラで庭先集荷に出かけていた。前日までに電話で要請があれば向かうのだが、対象の出荷者は5〜6軒である。

　このように、産直みさと市の「産直市」は企業組合を形成しているものの、ややスーパー依存が強い。年間の売上額も1250〜1300万円とされていた。組合員130名で割ると1名当たり年間10万円前後ということになる。この産直みさと市の事業は、当初、産直市がメインで補完するものとしてスーパーを付設というものであったが、事態は逆転している。産直市部門はスーパー部門の売上額の10％程度を占めるにすぎない。

　スーパー部門は住民向けの事業であるのに対し、産直市は住民プラス外部の人びとということになろう。現状、建物、看板からすると全体が「産直市」の

ようにみえる。通りすがりの観光客などが入りやすい立地、雰囲気となっている。そうした外部の人に応えられるような産直市として成長していくことが期待される。また、現状のスタイルでは生産者と消費者のコミュニケーションがあまりとれていないのではないかと思う。月に一度くらいは売場の整理などの理由で現場に立ち、消費者とのコミュニケーションをとっていくことが求められる。そこから新たな作物、加工品を作っていくなどの意欲も沸いてくるであろう。産直市の良さは、生産者と消費者のコミュニケーションにあることが指摘される[11]。

▶産直みさと市の成果と課題

　閉鎖されたスーパー店を商工会が主体になり復活させた「産直みさと市」、2010年10月に開店して4年強が経過した。この間、2011年6月に調剤薬局がスタートするまでは月の売上額は600〜800万円であったのだが、調剤薬局が動き出してからは大きく売上額を増加させている。2014年の段階になると、スーパー・産直部門の売上額は月1400〜1500万円とほぼ倍になっている。

　調剤薬局部門の売上額はスタートして1年後の2012年の頃は月1000万円前後で推移していたのだが、2014年には月2000万円を超えている。両方を合計すると、産直みさと市の売上額は年間4億円ほどになっている。調剤薬局を始める前に比べて、売上額は約4倍ということになる。調剤薬局に訪れる客がスーパー、産直で買い物をしていくという効果が現れているのであろう。

　調剤薬の価格は決まっているが、スーパー・産直部分は付加価値を上げていくことは可能である。産直における珍しい野菜・加工品の提供、あるいは価格が決められている全日食からの調達品に加え、独自に惣菜等の開発を進め、より幅の広い商品供給をしていくことも課題であろう。美郷町は人口減少、高齢化の先進地域である。高齢になった人びとに対し、高齢者向けの農産物加工品、惣菜の開発などが期待される。それは、産直みさと市の事業の改善というばかりではなく、高齢化する日本の社会全体への新たな価値の提供となろう。

　2010年10月に産直みさと市がオープンした際の従業員数は、スーパー事業7人、薬局部門が1人の計8人であった。当時、薬局部門は一般医薬品のみの販

売であった。その後、調剤部門に拡大し、2014年11月末の段階では、産直みさと市のスーパー部門は6人、薬局部門は外部に出しているだいわ薬局、みと薬局を合わせて8人になった。計14人の雇用ということになろう。さらに、別会社の美郷ファーマシーは調剤薬局を別に3店経営しているが、その雇用は10人であった。ここまで含めると24人の雇用を生んだことになる。

　民間のスーパーが撤退し、地元の商工会の人びとを中心にする必死の取り組みは、興味深い方向に向かっている。事業的にも年商4億円になり、人口減少、高齢化に悩む地域の希望の星ともなっている。特に、全日食チェーンの中に入り、精肉、鮮魚から食料品全般、日用品までの品揃えを行い、また、野菜、農産物加工品は産直で対応していること、そして一つの興味深い取り組みは、過疎地における調剤薬局に大きな光を当てたことであろう。そして、この薬の調達先として、九州地区の薬販売のボランタリーチェーンの九友会のメンバーに入り、薬の仕入を確保しているのである。

　高齢化により、当面、医療需要は拡大する。調剤薬局のない地域での小規模診療所では薬の在庫負担は相当に大きい。産直みさと市の中に調剤薬局を取り込むことにより、集客にも結びつけていた。そして、その経験を踏まえ、過疎地での調剤薬局の必要性と可能性を見出していったことも興味深い。人口減少、高齢化に悩む島根県最奥の美郷町の地で、商工会主体による新たな取り組みが重ねられているのであった。

3．新たな可能性に向かう取り組み

　ここまで検討してきたように、急激な人口減少、高齢化に直面している島根県最奥の邑智郡美郷町で、中心商店街の核であり看板であったスーパーマーケットが閉鎖され、商店街の空洞化が懸念されたのだが、地元商工会によりスーパーが再開されていく。当初は「産直市」としてイメージされたが、補完的なものとして提案された商業施設、スーパー、さらに薬局を導入することにより、新たな可能性を切り開いていった。

　人口減少、高齢化が進む地域では、「食」に加えて「医療」の問題が重要性

を帯びてくる。「食」については、移動販売、配食サービス、買い物代行サービス、送迎バス等が各地で模索されている[12]。

　この点、医療、薬局については、デマンドバス、巡回医療等が模索されているものの、医薬分業を前提とする新たなスキームを描き出せていなかった。この点、島根県美郷の地で、そのような局面に切り込み、過疎地の小規模診療所の薬の在庫負担を和らげ、他方でスーパー店舗に集客していくという興味深いビジネスモデルが形成されていたのである。

　また、人口減少地域でスーパー店舗を展開していく場合、仕入が問題になる。この点、条件不利地域での展開に意欲を示しているボランタリーチェーンの全日食チェーンと接触し、精肉、鮮魚から食料品一般、日用品まで含めた品揃えを可能にしている点も興味深い。全日食チェーンの側も、これらの取り組みの蓄積により、新たな可能性を見出していくことになろう。

　今後、高齢化がさらに深まると、移動販売や配食サービス、買い物代行等が必要になっていく。その場合、仕入機構として幅広い商品構成ができているスーパー店の意義は一段と大きなものになる。仕入れを一元的に行え、移動販売、買い物代行にもスムーズに対応できることが期待される。また、惣菜部門などを充実させていけば、配食サービスにも踏み出すことが可能になろう。

　この産直みさと市の周辺の取り組みは、この事業によるリターンはほぼ期待できない中で、商工会幹部の熱意と個人的な出資、そして、彼らによる金融機関への個人保証をベースに成り立っている。いわば社会企業家的な事業ということになろう。

　人口減少、高齢化が進む条件不利地域において、人びとが不安のない安心・安全な暮らしをしていくためには、そこに「店」を作る、商品を「届ける」、店に「出かけやすくする」ことが必要とされている[13]。そして、これから進む人口減少、高齢化の中で、これらの組み合わせを重ねながら、人びとが「幸せ」になれる持続可能なあり方が模索されていく必要がある。島根県美郷町の商工会の人びとの取り組みは、そこに新たな可能性を示したものとして注目されるであろう。

1）島根県の中山間地域の事情等については、関満博編『地方圏の産業振興と中山間地域──希望の島根モデル・総合研究』新評論、2007年、関満博・松永桂子編『中山間地域の「自立」と農商工連携──島根県中国山地の現状と課題』新評論、2009年、同編『「農」と「モノづくり」の中山間地域──島根県高津川流域の「暮らし」と「産業」』新評論、2010年、松永桂子『創造的地域社会』新評論、2012年、を参照されたい。
2）高知県の中山間地域の現状と課題等については、関満博編『6次産業化と中山間地域──日本の未来を先取る高知地域産業の挑戦』新評論、2014年、を参照されたい。
3）別府地区の取り組みについては、本書補論9を参照されたい。
4）この点については、本書補論1を参照されたい。
5）波多地区のケースについては、本書補論7を参照されたい。
6）松江の「まるちゃんストア」については、本書補論5を参照されたい。
7）「モルツウェル」については、本書補論2を参照されたい。
8）1960年代の中国山地の状況については、中國新聞社編『中国山地【上】【下】』未來社、1967年、1968年、に詳しい。「木炭の斜陽化で、すでに10年前から生活の基盤はくずれ始めていたが、これに最後のとどめを刺したのが（昭和）38年1月の豪雪だ。雪で山仕事を奪われたうえ、炭ガマに大穴があいた。さらに苗しろ期を過ぎても雪どけ水が流れ、追い打ちをかけるように冷害が襲った。その年の秋、出かせぎと離村がどっと起こった」(【上】361ページ）。なお、1960年代の行政単位からすると、中国5県の中で、1960～65年の5年間で、最大の人口減少を示したのは島根県弥栄村（現浜田市）の34.8％であった。以下、広島県吉和村（現廿日市市）の30.5％減、山口県美川村（現岩国市）の27.2％減、島根県匹見町（現益田市）の26.9％減、岡山県柵原町（現美咲町）の23.6％減などであった。
9）美郷町商工会、内部資料。
10）雲南市掛合町のマイクロスーパーについては、本書補論7を参照されたい。
11）農産物直売所（産直市）については、田中満『人気爆発 農産物直売所』ごま書房、2007年、関満博・松永桂子編『農産物直売所／それは地域との「出会いの場」』新評論、2010年、を参照されたい。
12）移動販売、配食サービス、買い物代行サービス、送迎バス等の具体的な取り組みについては、本書第1章、第2章、第4章、及び補論を参照されたい。
13）経済産業省『買い物弱者を支えていくために～24の事例と7つの工夫～』ver2.0（案）2011年3月、3ページ。

第10章　沖縄県／100年の歴史を重ねる共同売店
人びとの暮らしを支える仕組みと課題

　近年の買物難民、買い物弱者問題の登場の中で、沖縄の集落（区、字）の住民出資による「共同売店[1]」が注目されている。そして、この共同売店に関しては、現在、沖縄県に70店弱、鹿児島県の奄美大島本島に7店が確認されている。さらに、人口減少、高齢化の中で店舗が無くなった全国の中山間地域などで、新たに「沖縄型」の店舗が設置され始めているなど[2]、沖縄の「共同売店」は古くから行われているものだが、人口減少、高齢化に悩む日本の条件不利地域における新たなあり方としても注目される。

　100年以上前に沖縄本島北部の山原で生み出され、最盛期には沖縄の各集落に130店以上も設置されていたとされる共同売店は、1980年頃を境に、人口減少、高齢化に加え、モータリゼーション、大型量販店やコンビニエンスストアの進出などにより、苦しい立場に立たされている。

　この間、沖縄の共同売店は1970年代後半の頃から注目され始め、学術的な研究も積み重ねられてきた[3]。特に、沖縄に身を置く沖縄国際大学南島文化研究所が1978年から数年をかけて実施した実態調査とその報告[4]は、沖縄共同売店研究の基礎を築いたものとして注目される。本章も、この南島文化研究所の研究成果に負うところが大きい。

　沖縄本島北部の山原の共同売店を訪れ、その「現場」の「人びと」と語り合うと不思議な世界を感じさせられた。いずれの方も、「なくては困る」「自分の身体がいつまで続くかわからない」と呟きながら事にあたっていた。1960年代に入り、エネルギー革命により山原の「いのちの産業」であった林産物（薪）は一気に市場を失い、本島北部から多くの人口を流出させた。さらに、1975年の沖縄国際海洋博覧会（1975年7月～1976年1月）に向けた道路整備の頃から北部の道路条件が劇的に変わり、量販店やコンビニエンスストアが北上、そして、逆に、北部からの若者の流出が進み、人口減少、高齢化は際立っていく。

この間、本島南部の共同売店は消え去り、新たに進出してくる商業施設とのせめぎ合いの前線は、人口減少、高齢化の目立つ北部地域を北上しているとされる。その新たに進出してくる商業施設が北部の小さな集落に暮らす人びとを豊かにすることができるのか。商業施設が撤退を重ね、高齢者が買い物の場を失っている四国山地や中国山地の「買い物弱者」問題とは異質の、これまで集落の人びとの暮らしを支えてきたはずの共同売店のこれからが問われているのである。
　そのような事情の中で、この100年の集落の暮らしを支えてきた共同売店はどのような方向に向かうのか、本章ではその歴史と地域条件変化を振り返り、沖縄が生んだ共同売店の意義とこれからを論じていくことにしたい。

1．奥共同店にみる共同売店の成立と発展

　鹿児島を起点にし、種子島、奄美諸島をつないで国道58号は国頭村奥区で沖縄本島に上陸、那覇に向かう。南部の那覇からみれば、奥区は沖縄本島最北の地となる。那覇から奥までは直線で約100kmもある。沖縄本島自体、平地が少なく南北に長い。特に、山原といわれる北部は切り立った尾根が海岸に向かい、可住地は限られている。人びとは小さな湾にできた平地に集住し集落を形成してきた。このような場所を「シマ」という。近年、畜産農家が山間部を切り拓き、牧場経営に踏み出しているケースもあるが、山原ではごく最近まで人びとは湾岸の小さな集落に身を寄せて暮らしを立てていた。生計の基礎は豊かな森林資源であり、木材を切り出し、製材、薪として那覇方面に送り出してきた。林産物は、奥区をはじめとする本島北部の「いのちの産業」なのであった。
　だが、当時、本島北部の東海岸には道路がなく、海上輸送が基本とされていた。北部地域は東シナ海と太平洋を分けるように突き出た地形であり、周囲に豊かな海を拡げているのだが、漁業は自家用程度にしかすぎなかった。小さな港湾は台風よけとされていた。林業が最大の基幹産業なのであった。魚介類は約20km北にある奄美諸島の与論島の漁師が海を渡って運んできたとされている。
　そして、1960年前後からの薪炭・石炭から石油に移行するエネルギー革命に

図10—1　沖縄本島北部と共同売店の分布(1978年)

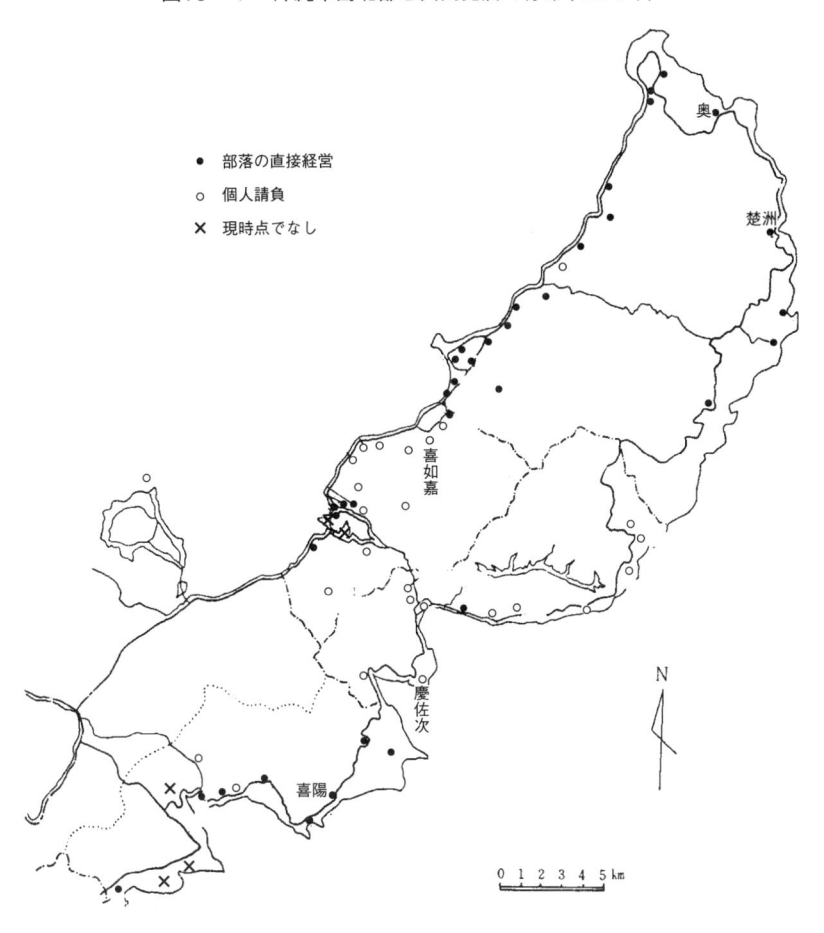

● 部落の直接経営
○ 個人請負
× 現時点でなし

資料：安仁屋政昭・玉城隆雄・堂前亮平「共同店と村落共同体——沖縄本島北部農村地域の事例(1)」(『南島文化』創刊号、1979年3月) 80ページ。

直面、その頃から北部地域は人口を大幅に減少させる。例えば、奥区の位置する国頭村では1960年から1970年のわずか10年の間に、人口は1万0853人から7324人へと3529人の減少、減少率は32.5％を数えている。この時代に10年で人口の約3分の1を失った地域としては、夕張市、赤平町、歌志内市などの北海

道の産炭地域、さらに、島根県の旧弥栄村（現浜田市）、旧匹見町（現益田市）、美郷町、川本町、津和野町、広島県の旧吉和村（現廿日市市）、山口県の旧美川村（現岩国市）などの中国山地の町村が知られる。いずれも、石炭、薪炭などを基幹産業としてきた地域であった[5]。このような地域条件を背景に、110年ほど前の奥区で興味深い取り組みが重ねられていた。

（1）本島最北の国頭村奥区で成立

奥共同店に社会科学の視点から最初に注目したとされる玉野井・金城論文では、共同売店について、以下のように指摘している。「共同店は、……明治末期に沖縄本島北部域を中心に設立され、主に村落共同体の生産物の集積・出荷、生活物資の購買・販売等を担う、いわば生産・消費組合的性格を有するものであった[6]」。

明治末期の頃の奥区（当時は国頭間切奥村）をめぐる環境は、外部資本が山原船を握り、内部では商人的資本が2件成立し、対立の構図にあった。その2人とは、早い時期から地元に定着していた糸満盛邦氏と外部から来たばかりの太田氏とされる。当時の奥区の基幹産業は林業であり、山原船により海上輸送を通じて那覇方面に送り込まれ、帰りに生活物資を運んできた。そこに大きな利益が発生していた。ただし、糸満氏と太田氏という2人の商人が争う中で村落崩壊の危機に直面、先住者であった糸満氏が「自分の財力を村落民のために投げ打つ決意をし、村落所有の『共同店』の設立を具体化[7]」させたとされている。奥共同店は1906（明治39）年に設立された。

▶奥共同売店の成立と独特の集落構造

この間の事情を、宮城能彦氏は以下のように述べている。「雑貨商を営んでいた糸満盛邦は……商売による利益が奥の人々皆の利益になる方法を考えていた。そして、ついに自らの雑貨商店の資本を奥部落に譲渡し、共同店の設立の資本金としたいことを部落に提案した。奥の人々はそれに賛成し、資本金として320円余りを集め、さらに沖縄銀行名護支店から600円を借り入れて1906年に『奥共同店』を開店するに至った。……創立3年後には、銀行からの借入金を

図10－2　1906年～1921年頃の奥集落と町屋

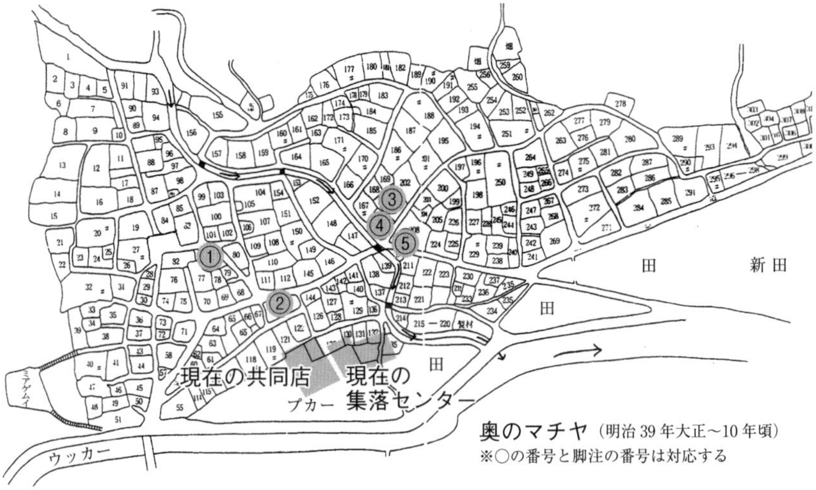

奥のマチヤ（明治39年大正～10年頃）
※○の番号と脚注の番号は対応する

注：当時、奥区には5店ほどの町屋があった。①酒販売、②酒・雑貨・山原船所有、③豆腐屋、④酒・雑貨・豆腐販売、⑤豆腐屋。
資料：沖縄県国頭村奥共同店『奥共同店創立90周年記念誌　奥共同店のあゆみ』1996年10月

返済し、さらに土地・建物と山原船（当時の主な輸送帆船）3艘、資本金3000円まで発展した[8]」とされている。

　人びとは山から木を切り出し、薪にして共同売店に持ち込み、それを山原船で中部の与那原や南部の那覇方面に運び、利益を得る形を構築した。そのような意味で「奥共同店」は、単なる生活物資の販売店ではなく、地域商社・物流企業としての機能を担うものとして発展していった。そして、獲得した資金をベースに、製茶工場、精米所、酒造工場などを設立、さらに、金融業、奨学金の手当てなども手掛けていた。「地域の総合的な事業体」ということができる。この点、中村誠司氏は奥共同店について「総合コミュニティ企業体[9]」と称している。近年、中山間地域などの条件不利地域で地域資源の見直し、6次産業化、外販などを意識する「地域商社[10]」というべき存在が出現しているが、奥共同店はその先駆的、かつ先鋭的な取り組みを重ねてきたことになる[11]。

　図10－2にみるように、明治末から大正にかけては、奥区には酒、豆腐、雑

第10章　沖縄県／100年の歴史を重ねる共同売店　225

貨などの町屋（商店）が5店ほどあった。また、この図10－2で注目すべき点は、奥川に沿った奥区は狭い範囲に人びとが集住している点であろう。戦前期にはこの居住地の背後に段々畑（現在は森林になっている）が拡がり、さらに山奥は森林になっていた。いわば一つのまとまりのあるコンパクトタウン（ヴィレッジ）ということもできる。このような集落構造が独特の共同売店を生み出した一つの背景のように思う。琉球時代に山林の管理を意識し、このような集落構造の形成を促したとされる。山原の各地の他の集落もほぼ同様に形成され、地縁的な運命共同体として集落の結束は固く、逆に周囲の集落とは切り離され、独立性が強く、その後、お金を外に出さずに集落内で経済を完結させるかのように、各集落が競って共同売店を設立していった。共同売店は集落単位の独立的なものとして形成された。

　このような周囲数百メートルという徒歩圏の範囲に集住する集落構造であることから、共同売店は各戸から数分の距離である。そのような事情から、現在においてもパンなどの移動販売車は訪れるものの、日用品・生鮮品まで含めた移動販売車は沖縄には存在していない。このような点は、山間地に集落や住宅が点在している中国山地、四国山地あたりとは事情が大きく異なることを意味する。

　▶戦前、戦後の歩み
　その後、1900（明治33）年には産業組合法が施行され、沖縄県の勧めにより、奥区の共同売店は1914（大正3）年に産業組合に転換するのだが、うまくいかなかった。そのため、奥区の人びとは多くの負債を必死に返済し、1916（大正5）年、共同店を復活させている。さらに、その後は「新たに貯金部を設けて各戸の税金も共同店の預金を通じて支払うようにな（っ）た。……その他、字費や学校後援会費、青年会図書費なども共同店がまかなったので、外からは『無税村』と言われるようになった[12]」とされている。

　戦時中は1944年10月10日の空襲により、奥共同店は店舗と輸送船奥伊福丸を失い、一旦、1945年10月に解散する。その後は、『創立百周年記念誌　奥共同店』によると、以下のような展開になっていった[13]。

1946年2月	売店設置	
1946年10月	個人経営の製茶工場を公営（部落有）に移管を決定	
1947年2月	製茶工場竣工	
1948年6月	戦災で失われた山原船を復活。「おく丸（20トン）」進水	
1949年1月	預金部設置	
1949年7月	酒造会社認可	
1951年12月	機構改革。共同店（購買、販売、船舶、預金）、生産組合（製茶工場、精米所、電機部、さらに1953年に酒造会社合併）	
1955年8月	運送業務、海上輸送から陸上輸送（トラック）に移行	
1956年1月	戦後初の株式配当	
1983年2月	国頭農協と奥給油所に関する業務委託契約	
1985年10月	共同新店舗に移転	
2001年4月	平成13年以降、株主配当打ち切り	
2006年10月	創立100周年記念式典	

このように、1956年に株式の配当を行うなど、戦後、見事な立ち直りをみせたが、ピーク時に約1300人を数えた人口も、林産物という「いのちの産業」を失い始めた1960年頃から減り始め、奥区は1971年の124世帯、人口535人、1978年には101世帯、375人に160人減（減少率29.9％）となっていく。1985年には新店舗に移るが、その頃には若者の流出、人口減少、高齢化も進んでいたのであった。

（2）地区の産業拠点として機能

図10－3は1958年頃の奥区の仕組みを示したものだが、大きく「社会」「政治」「経済」の三つの領域に分かれていたことがわかる。奥区の住民は各戸代表の「奥区常会」に組織される。また、青年会（16～25歳）、成人会（26～40歳）、婦人会といった分科会もある。奥区常会が最も基礎的な単位であり、その選挙によって、区長、村会議員、共同店主任（店長）、奥区議会のメンバーが決まる。

当時の共同店は、売店の他に、製茶工場、精米工場、酒造工場、電灯事業、

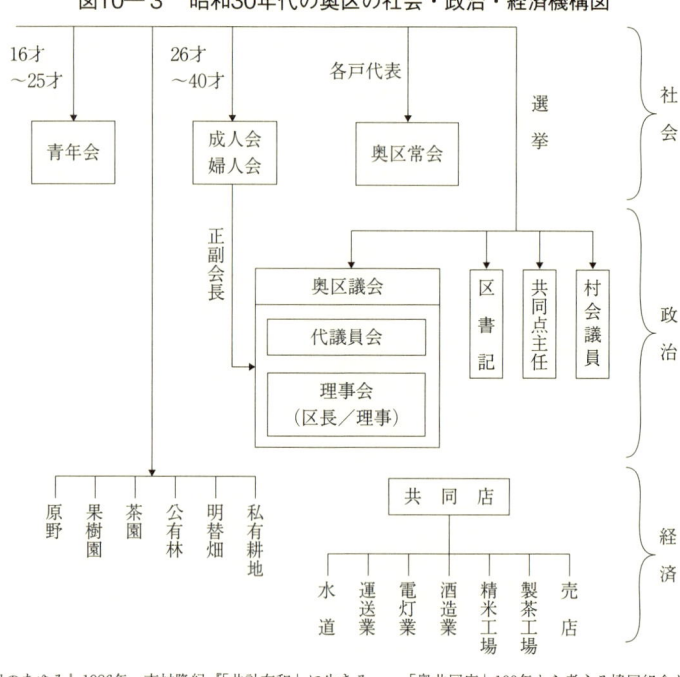

図10—3 昭和30年代の奥区の社会・政治・経済機構図

資料:『奥のあゆみ』1986年。市村隆紀『「共計在和」に生きる——「奥共同店」100年から考える協同組合と地域の未来』財団法人協同組合経営研究所、2007年、から引用した。

運送業、水道事業も行っていた。この他に、『創立百周年記念誌 奥共同店』によると、資金貸付、診療所、公衆浴場まで営んでいたようである。まさに、「地域の総合的な事業体」ともいうべき機能を身に着けていたのであった[14]。

主力の林産物については、長らく奥区の経済を支えていたのだが、1960年前後からのエネルギー革命により生産、搬出は減少、1972年12月には取扱業務は打ち切られた。

茶業については、その本格的栽培は1929（昭和4）年に開始された。1972年頃には栽培面積17ha、茶生産組合員は60名を超えていた。また、1947年に公営となった製茶工場は、1972年には利益額600万円を上げていた。その後、農家の後継者不足が進み、2004年には栽培農家16戸、栽培面積5ha、生産収量（84トン）と、1975年の3分の1の水準に低下していった。

運送業は1906年の創立と同時に山原船を3艘購入し、運送船として就航させた。その後、船舶の買い換えを重ねていたが、1944年10月の空襲で最後の「伊福丸」を失った。戦後は1948年6月に「おく丸（20トン）」を自力で建造し、就航させている。だが、1953年に奥までの公道（琉球政府1号線、現国道58号）が入ることになり、海上輸送は幕を閉じ、自動車による陸上輸送に切り換えられた。そして、木材生産の低下と共に、1970年には奥共同店としての輸送業務は停止されていく。

　製材所は戦後の1946年に復興資材生産を目的に奥区の公有事業としてスタートしたのだが、うまくいかずに1963年8月に営業停止した。

　精米所は1934年に私営事業としてスタートしていたが、空襲で被災した。戦後は1949年4月に公営で再開。その後、昭和40年代後半に閉鎖している。

　電灯事業については、与論島の近くに座礁していた米軍の船舶からエンジンを取り出し、発電を開始している。この電灯事業は、1967年、村の電化事業により停止された。

　資金貸付に関しては、大正時代、猪害に対する猪垣設置に対して共同店から資金貸付が行われた。また、1920（大正9）年から1930（昭和5）年にかけて、他地区の共同売店開設、運転資金等に対して高利子（年利15〜20％）で貸し付けていたことが記録されている。さらに、出稼者への渡航費、病気療養費、畜産購入資金、育英資金等の貸付も行われていた。現在はこのような資金貸付は行っていない。

　これらを含めて、1978年に調査した沖縄国際大学南島文化研究所の報告によると[15]、当時の奥共同店で実施されていた事業は、購買、茶の集出荷、育英資金・病気療養費、電話取次、林産物販売、製材、製茶、精米、造林事業などであった。また、当時、奥区には小学校、郵便局、営林署、さらに食堂1店、民宿2軒が確認されている。

　このように、1980年前後という時期になると、奥区の道路事情も改善され、また、かつての基幹産業の薪も終わり、さらに、人口の減少期に入っていた。そのような事情から、それまでの奥共同店を特色づけていた幾つかの事業は停止されていったのであった。

奥共同店／右の石碑は糸満盛邦氏を顕彰

（3）売店、ガソリンスタンド、製茶工場が残る現在

　1960年の頃には約1300人を数えた奥区の人口も、1978年には約3分の1の375人、そして、2015年には185人ほどに減少している。ピーク時に比べ約7分の1となった。高齢化率も60％ほどとされていた。少し前までの地域の「いのちの産業」であり、人口保持力のあった林産物以後の産業を生み出し得なかったということであろう。奥中学校は2010年に閉鎖になり、国頭村役場のある西海岸の辺土名中学校に統合された。中学生はスクールバス30分ほどで通っている。奥小学校は2年前から生徒数15人であり、2015年2月現在は、1～2年生と3～4年生は複式学級、5年生は0人、6年生4人であった。2015年度は生徒数12人に減少する。今後の維持が問題になってきた。また、奥郵便局は2015年10月に閉鎖予定であり、その後は簡易郵便局を設置していく。

　基幹の農業は、茶農家5戸、柑橘類（タンカン、シークワサー）10戸、米もサトウキビも現在ではやっていない。かつて最大19haもあった茶の栽培は5haほどに縮小している。茶の栽培の作業は1人では無理であり、1人になってしまった場合はタンカン等の栽培に変わっていく。奥の茶は3月10日頃から収穫に入れる露地ものとしては日本で一番早いとされていた。一番茶は近くの道の駅で100g640円ほどで売られていた。この奥区の茶の大半は静岡にJA

奥共同店のガソリンスタンド

を通じて出荷されていた。また、近年、畜産農家が6戸となった。繁殖牛農家が3戸（黒毛和牛各40〜50頭）、養豚農家が3戸（白豚）という構成になっていた。この畜産家たちは山を切り拓き、牧場とし、そこに居住していた。

現在、共同売店を除いた奥区内の民間事業所は民宿3戸、美容院1店のみである。理容店は以前は辺土名から出張で来ていたこともある。なお、奥から本島最北の辺戸岬を回り込んで国頭村から大宜味村の国道58号沿いにはファミリーマートとローソンが15年ほど前から出店している。奥区には若い人はほとんどいないが、彼らはクルマで国道沿いのコンビニエンスストア、あるいは国頭村の役場があり、関連施設、小規模なスーパー等のある辺土名、さらに、名護（クルマで1時間）の量販店に買い物に行く。なお、パンを載せた移動販売車が週に2回、名護から訪れていた。

以上がこの十数年に起こった変化であり、人口減少、高齢化がさらに際立ってきたのであった。

▶最近の奥共同店をめぐる状況

2015年現在の奥共同店は奥区の直営のスタイルであり、売店主任（店長）は区民の信認投票によって選出される。任期は2年、最長3期（6年）までできる

奥特産の茶／おくみどり　　　宮城県丸森町の新米（ひとめぼれ）が入荷している

る。信頼されている人が就くことになる。現在の共同店の事業は、購買、ガソリンスタンド、製茶工場（従業員3人）だけになっている。常勤の職員は店長1人、その他にパートタイマーの販売員が2人いる。開店時間は夏季は7時から19時30分、冬季は7時から18時30分であった。7時開店とは早いが、農作業の人はその頃には来店してくる。基本的には配達はしないが、高齢者に対しては応じていた。共同店の売上額は2000年の頃までは1億円を超えていたのだが、人口減少と名護周辺に進出してきた量販店の影響が大きく、2008年には7000万円、2009年には6000万円、そして、2014年には5500万円に低下していた。

　この数十年、販売の主軸は茶であったのだが、最近は酒類、食料品に加え、ガソリンの比重が高い。この奥共同店の隣のガソリンスタンドは、元々、1983年にJAに委託の形でスタートしたのだが、1996年に自前に切り換えていた。特に、農機用燃料としての需要が大きい。設置以来30年以上が経ち、地下タンクの換え時なのだが、その余力はない。毎日、販売の終わった夕方と翌朝のスタート時のタンクの量を計りながら、慎重に使っていた。奥区にガソリンスタンドがなくなると、27〜28km先の辺土名まで行かなければならない。特に農機を扱う高齢者が困ることになる。力の弱まっている奥共同店が地下タンクを更新することは容易でない。この点も差し迫った問題であろう。

　商品の仕入れについては昔からの付き合いの卸業者から入れている。名護方面から来る場合が多く、15業者以上ある。大半は現金購入であり、販売価格は

自由に設定しているが、粗利益を20％ほど乗せる形にしていた。野菜や果物は地元の人からの委託も少なくない。全体的に価格がコンビニエンスストアより割高との評価であった。また、交流の深い宮城県丸森町の「なんでもや」からは新米の「ひとめぼれ」が送られてきており、奥側からは茶の「おくみどり」を送っていた。

▶この難局にどう対応していくのか

このような共同売店の縮小はこの奥共同店ばかりではなく、北部の共同売店に共通するものになってきた。そのような事態の中で、2004年3月には、「共同仕入事業」に向けて北部3村（国頭村、東村、大宜味村）の共同売店等懇談会が、3村の商工会の主催により関係者約35人の出席で開かれた[16]。メンバーの危機感は大きく、事態はスムーズに行くと思われたのだが、各共同売店の事情があり、まとまらなかった。その後も2度ほど「共同仕入」が話題になったのだが、今日に至るまで実現していない。

このような事情に対し、1995年から2005年まで4期8年間（途中で1期休む）、奥区長に任じていた島田隆久氏（1937年生まれ）は、「戦前は資金貸付で儲け、戦後しばらくは林産物で儲けた。今は厳しい。買手が減少し、若い人が

島田隆久氏　　　　　　糸満盛也氏（左）と宮城一剛区長

立ち寄らない。いつまで存続できるのか。20年後は現在の体制では無理。他のチェーンなどに入るのかもしれない」と語っていた。他方、奥区では若い世代に属する、自然体験・特産物販売を手掛けている糸満盛也氏（1951年生まれ）は、エコツーリズム（集落散策など）、棚田のオーナー制に取り組んでいる。糸満氏は「共同店だけで考えていてはダメ。地域全体で考える必要がある。同業の創業を認めなかった共同店が足かせになっている」と語っていた。

　このように、世代により、先のみえ方が異なる。奥区は沖縄本島最北の地であり、辺戸岬も近く、伝統的な集落が残っているなど、観光的なポテンシャリティは高い。事実、他の共同売店の場合の立ち寄りは、地元民：交流人口＝８：１から９：１の場合が多いのだが、奥の場合は６：４か５：５と交流人口の比重がかなり高い。こうした点をどのように受け止めていくか、その場合には、宿泊施設（民宿等）の充実、空家の提供などが必要としていた。国頭村、奥区の状況からすると、いっそうの人口減少、高齢化は避けられそうもなく、それを受け止めながら、新たな課題に向かっていくという難しい局面に立たされているのであった。

２．沖縄の地域条件と共同売店の展開

　1906（明治39）年に奥共同店が開始されたが、その後、相次いで奥共同店にならい共同売店が設立されていく。設立年のわかっているものとしては、国頭村の辺土名共同店（1906年）、楚洲共同店（1914年）、安田協同組合（1916年）、辺戸共同売店（1916年）、宇嘉共同店（1918年）、辺野喜共同店（1918年）、宜名真共同店（1919年）、謝敷共同店（1919年）、安波共同組合（1921年）、佐手共同店（1921年）、浜共同店（1921年）、桃原共同店（1922年）、奥間共同店（1923年）、鏡地共同店（1927年）、半地共同店（1928年）、そして、東村の有銘共同組合（1914年）、川田区売店（1918年）、慶佐次共同売店（1923年）などがある[17]。全体的に国頭村の共同売店の設立は早い。

　その後、昭和戦前期には産業組合への転換が進められたが、それらは戦後、再び共同売店に戻っていったものも少なくない。さらに、戦後においては名護

市、今帰仁村、中部の市町村、また、石垣市、波照間島等の離島にまで大きく拡がっていった[18]。

このように国頭村から始まった共同売店は、1910（明治43）～1920（大正9）年、昭和戦前の1930年代中頃の産業組合運動の時代、そして、戦後の1950年前後という大きく三つの時代に誕生している場合が少なくない。

この節では、そうした点を意識しながら、発祥の地となった本島北部（山原）の地域諸条件、産業の成立条件に注目し、共同売店が本島全域から離島にまで拡がっていった点に注目していく。そして、1970年代の本土復帰以降の交通条件の改善、中南部地域のインフラ整備、量販店、コンビニエンスストアの進出などの地域条件変化の中で、共同売店がどのようになってきたのか等に注目していきたいと思う。

（1）本島北部（山原）の地域条件と人口減少

先に沖縄本島北部の地形的な特質、交通条件等にふれたが、国頭村のあたりは中心都市の那覇には直線で約100kmもあり、道路が十分でない時代には海上輸送に頼らざるをえなかった。道路交通については戦後の占領時代、さらに、特に沖縄国際海洋博覧会が開催された1975年を前後する頃から大きく改善されていった。それでも、沖縄唯一の高速道路である沖縄自動車道（那覇～名護間57.3km）が全通するには1987年（起工は1975年）まで待たねばならなかった。

この間、1960年前後から始まる薪炭・石炭から石油へという世界的なエネルギー転換が起こり、薪生産を基幹産業にしていた北部山原地域は一気に縮小していく。この間の事情を表10-1の人口動態でみていくと劇的であったことがわかる。表10-1は沖縄県全体、北部の中心都市の名護市、そして、北部3村の国頭村、東村、大宜味村の人口を国勢調査にしたがって、1950年から直近までみたものである。ここから幾つかの興味深い点が指摘される。

▶人口増加する沖縄県と北部中心都市の名護市

昭和戦前期には人口60万人弱であった沖縄県は、戦後、国勢調査（当初は琉球政府行政主席統計局調査）は1950年から行われ、その段階で人口は戦前期を

表10—1　沖縄県と本島北部の人口推移

区分	沖縄県		名護市		国頭村		東村		大宜味村	
	人口	増減率	人口	増減率	人口	増減率	人口	増減率	人口	増減率
1950	698,827		41,064		12,000		3,482		9,208	
1955	801,065	14.6	39,224	-4.5	11,287	-5.9	3,285	-5.7	7,648	-16.9
1960	883,122	10.2	41,662	6.2	10,853	-3.8	3,165	-3.7	6,497	-15.0
1965	934,176	5.8	41,595	-0.2	9,192	-15.2	2,721	-14.0	5,552	-14.5
1970	945,111	1.2	39,799	-4.3	7,324	-20.3	2,425	-10.9	4,535	-18.3
1975	1,042,572	10.3	45,210	13.5	6,568	-10.3	2,300	-5.2	4,178	-7.9
1980	1,106,559	6.1	45,991	1.7	6,873	4.6	2,067	-10.1	3,626	-13.2
1985	1,179,097	6.6	49,038	6.6	6,510	-5.3	2,134	3.2	3,567	-1.6
1990	1,222,398	3.6	51,154	4.3	6,114	-6.1	1,891	-11.4	3,513	-1.5
1995	1,273,440	4.2	53,955	5.6	6,015	-2.1	1,963	3.8	3,437	-2.2
2000	1,318,220	3.5	56,606	4.9	5,825	-3.2	1,867	-4.9	3,281	-5.5
2005	1,361,594	3.3	59,436	5.0	5,546	-4.8	1,825	-2.2	3,371	2.7
2010	1,392,818	2.3	60,192	1.3	5,183	-6.5	1,794	-1.7	3,225	-4.3
2015	**1,425,701**	**2.4**	**62,121**	**3.2**	**5,040**	**-2.8**	**1,732**	**-3.5**	**3,134**	**-2.8**
2010年の高齢化率		17.4		17.4		27.5		30.8		25.9
1970～2010年の増減	451,644	46.4	20,393	51.2	-2,141	-29.2	-631	-26.0	-1,310	-29.0

注：人口＝人、増減率は5年間の増減率（％）。
資料：『国勢調査』。2015年は1月末の『住民台帳基本調査』
　　　1950年から1970年は、沖縄の場合は『琉球政府行政主席統計局調査』

　超える69万8827人を数えていた。その後、国調ベースでは一度も人口減少を経験することなく人口を増加させ、2010年には139万2818人、2015年1月末の『住民基本台帳調査』では、142万5701人を数えた。1950年からするとほぼ2倍になったということであろう。東京都、滋賀県といった大都市及びその周辺以外では、沖縄県は唯一依然として人口を増加させている。特に、1950年から1960年の戦後の立ち上がりの時期と本土復帰の1970年の頃には5年で10％以上の人口増加を経験していることは興味深い。

　そのため、沖縄には若い人が多く、2010年の高齢化率（65歳以上人口）は

17.4％（全国平均22.8％）と全国で一番低い。こうした点に着目し、近年、若い「人材」を求めて沖縄に進出していく企業も少なくない[19]。

　また、全国的な人口減少が進んでいる中で、都道府県をみると県庁所在地及びその周辺市町村に人口が集中し、それ以外の市町村は人口減に直面している。この点、沖縄県の場合は、那覇市及び周辺の増加は著しいが、もう一つ本島北部の名護市への人口集中も際立ってきた。名護市の1950年の人口は4万1064人であったのだが、特に本土復帰のあった1970年代に入ってから人口が急増している。後にみる北部3村の減少ぶりとは対照的であり、北部3村からの流入を受け入れてきたことがわかる。復帰前の1970年の3万9799人に比べ、2010年は6万2121人とこの40年間で51.2％の人口増加となった。全国的にみても地方小都市としては珍しい現象であろう。名護は那覇との高速道路がつながり、都市インフラが充実し、そして、リゾート開発も進んで北からも南からも人びとを惹き寄せているのである。

▶人口が激減する北部3村

　これに対し、北部3村はまことに厳しい。最北の国頭村の場合、1950年には1万2000人を数えた人口は、1960年から1975年の15年の間に4285人減（39.5％の減少）となった。この時期、東村の人口減少は27.3％減、大宜味村は35.7％減であった。15年間で3分の1前後の人口を失っている。この時期は薪炭から石油へのエネルギー転換、そして、本土復帰に伴う建設需要の拡大が人口の地域間流動を促している。あたかも1960年代の中国山地の趣である[20]。

　そして、その後も北部3村の人口減少は続き、先の沖縄県全体、名護市とは対照的に、1970年から2010年の間には、人口が国頭村は29.2％減、東村は26.0％減、大宜味村は29.0％減となった。そして、2010年の高齢化率は沖縄県、名護市はいずれも17.4％と全国平均の22.8％を大きく下回ったのだが、国頭村27.5％、東村30.8％、大宜味村25.9％を記録したのであった。ただし、この高齢化率30％前後という数字は、中国山地、四国山地などの町村の多くが40％台であることに比べるとさほど高いものではない。それでも、個々の小さな集落をみると、高齢化率が60〜70％に達しているところもある。

沖縄本島最北のコンビニエンスストア／　　国頭村役場のある辺土名の商店街とスーパー
国頭村の国道58号沿い

　日本の地方圏の高齢化の推移は、当初は人口減少の中でむしろ高齢者の数が増加し、高齢化率40％程度に急角度に上がる。そして、40％を超えるあたりから高齢者の絶対数が減少を始め、高齢化率50％前後のところまで緩やかに上がっていく。そうした点からすると、この5年、10年が沖縄本島北部3村の高齢化がさらに大きく進むことが予想される。

　また、北部3村については、西海岸と東海岸では事情がかなり異なる。西海岸は国道58号が海岸沿いを走り明るいイメージがある。道路も拡張整備されてきた。それに対し、東海岸は急峻な尾根が海岸まで張り出しており、幹線の県道70号国頭東線は山間部を曲がりくねって走る。かつて陸上交通は限られ、海上交通が基本であった。東村の北のあたりが沖縄本島の辺境という印象を受ける。いまだに県道70号沿線には商店等の影は薄い。小さな海辺の集落に共同売店がポツリと建っている場合が少なくない。この東海岸のエリアでは、共同売店の意義は大きい。ただし、東海岸では若者の流出、人口減少、高齢化が際立ってきつつあり、共同売店も疲弊、縮小を余儀なくされている。

　この点、西海岸の事情はかなり異なる。国道58号は何度かの改修により、開けたものになり、ドライブイン、道の駅、カフェ、また、コンビニエンスストアも国道58号沿いに北に向かって進出しつつある。大宜味村から国頭村に向かう国道58号には、かなり北までコンビニエンスストアが進出していた。また、北部3村の一つの拠点である国道58号沿いの辺土名には、国頭村役場、県立辺

土名高校があり、また古びた辺土名商店街、国頭スーパーといった小さな量販店もある。奥区や楚洲区の人びとにとって、辺土名が一つの拠り所であり、そして、その先には名護が横たわっているのであろう。

　人口拡大基調にある沖縄県において、本島南部に位置する県庁所在地の那覇市及びその周辺地域の人口増大は著しい。沖縄本島における南北の格差問題が深く痛感される。さらに、停滞する北部の中でも中心都市の名護市への人口集中は著しく、その他の北部3村との格差を拡大させている。北部3村は本島全体の南北問題に加え、北部の南北問題という二重の格差構造の中に取り込まれているといってよい。

　さらに、北部3村から名護、那覇方面への若者の流出と人口減少、高齢化の圧倒的な動きに加え、国道58号に沿って量販店、コンビニエンスストア、レストラン、カフェなどが次第に北上している。それは北部3村の人びとの利便性の改善となる一方で、これまで人びとが作り上げてきた共同売店にとっては大きな脅威となっている。北部3村の人口減少、高齢化の進展、他方での北上してくる新たな商業施設との間で、共同売店はどのようになっていくかが問われているのである。

（２）共同売店の機能と新たな分解の方向
　　　　──直営、請負、個人商店化、閉鎖に分化・再編

　沖縄独特の共同売店については、住民の共同出資、区（字）経営との一体化、地元生産物の販売、生活物資の調達と販売などがその特徴としてあげられる。これらは、その地域的な諸条件によって異なり、また、戦前、戦後、そして、沖縄開発が積極的に推進された1972年の本土復帰以降、さらに、モータリゼーションの普及、量販店、コンビニエンスストアなどの商業施設の設置などの時代状況により、大きく変質してきた。先にみた共同売店の先駆的なものであった国頭村奥区の共同売店をみても、基幹的な産物であった林産物の販売、山原船による海上輸送、精米所、酒造工場、電灯事業等はすでに無くなり、現在では売店、ガソリンスタンド、製茶工場の経営のみとなっている。

　また、1980年前後を境にして、かつて約130を数えた共同売店も、現在では

ほぼ半数の70店弱ほどに減少している。地域条件変化による経営破綻が指摘される。設立当初は全住民による共同出資でスタートし、区民の総意の下で売店主任（店長）が選出され、区が管理するという直営のスタイルが多かったのだが、経営が悪化する中で、特定個人への請負（委託）が行われている場合も少なくない。さらに、それが進むと個人への店舗の売却、あるいは閉鎖という事態も生じる。逆に、近年、後にみる東村川田区売店のように一旦閉鎖したものの、その必要性が痛感され、区所有の区直営により再開の運びとなった（共同）売店も登場している。

　このように、100年の歴史を重ねる共同売店は、地域条件の変化等の中で多様な方向に向かっている。この節では、共同売店の機能とその新たな変化の方向をみていくことにする。

　▶出資の仕方の多様性
　沖縄国際大学南島文化研究所の報告によると、共同売店の出資の方法は以下のようにまとめられている。
　「共同店の発足にあたって、その資金調達は字共有金と株出資の方法によってなされている。字共有金あるいは字基本金といわれるものは、字として積み立てておいた資金、字の共有財産を処分して得た資金、字民の共同作業などで作った資金、字の責任において金融機関等から借入した資金をさしている。字共有金だけで共同店の資本金調達をできる場合は少なく、……多くの共同店では、字共有金のほかに、出資金を一定額に定めて部落住民から資金を募っている。一般に『株主』と呼んでいるが、原則的には部落ぐるみ全員が株主であり、子供、老人の区別がない場合が多い[21]」とされている。

　この株出資も、「世帯」ごとに割り振る場合や、区民個々に割り当てる「人口株」がある。北部3村をみると、国頭村は世帯株は少なく、東村はほとんどが世帯株、大宜味村は約半数が世帯株とされている。人口株については、20歳以上としている場合や、生まれて直ぐに割り当てられる「自然増資株」といったものもある。また、この株主（組合員）になれるのは、一般的には区に本籍を有するものとされるが、外から来た永住者や、人口減少が進んでいる近年で

は工事などの長期滞在者がなる場合もある。

▶直営と請負。さらに売却、閉鎖

また、共同売店の経営は区の直営として推進され、区民の総意の下（選挙、信認投票）で選ばれた売店主任（店長）が就いていたのだが、時代と共に「人選難」「経営悪化」となり、請負（委託）となっていく場合も少なくない。なお、この請負の場合は1期2年などとされ、区民の信頼の厚い人が起用されている。ただし、近年は人選難が強まり、特定の人が長期にわたって引き受けている場合も少なくない。また、受託金として請負人が一定額を区に支払うが、多くの共同店の場合、経営悪化が進み、受託金を減額させている。

また、北部3村をみると、直営、請負の状況はそれぞれ異なる[22]。1978年の段階で、国頭村は20の共同売店のうち請負は1店のみであり、他は全て直営であった。東村は反対に7店中、直営は1店だけであった。大宜味村は16店のうち5店が直営、11店が請負であった。これらの請負に移行している共同売店も、スタートの時はいずれも直営であった。

1980年前後から各地の共同売店は、区の人口減少、高齢化、さらに、モータリゼーションの普及、量販店、コンビニエンスストア等の商業施設の進出等により、経営悪化に直面していく場合が少なくない。その場合、直営から請負に、逆に請負から直営に戻っていくこともある。さらに、経営が悪化すると売却、ないし閉鎖となろう。1978年段階では120店ほどの共同売店があったのだが、2015年には70店弱に減少している。特に、那覇市周辺にあった4店は全て閉鎖されている。2015年現在、沖縄本島においては、南限は中部地域のうるま市、恩納村となっている。そして、この南限は次第に北上しつつあるようにみえる。

このように、沖縄共同売店は、住民出資をベースにする区の直営として推進されてきたのだが、その後の地域条件の変化により、経営悪化に陥るところも多く、それらは請負、さらに売却、閉鎖となってしまうことになる。それでも、閉鎖後数年後に再開されていく場合もある。

(3) 沖縄の辺境で続く共同売店
——本島北部と離島

　沖縄本島北部の国頭村奥区で始まった共同売店のスタイルは、先にみたように、1910(明治43)～1920(大正9)年頃に北部3村を中心に大きく拡がった。戦後においては、米軍放出物資の配給所が各地(ほぼ字ごと)に作られ、それが母体となり共同売店に進化したものもある。そして、1950年頃からは石垣島等の八重山諸島の開発、移民の促進などにより、特に大宜味村から八重山に入植した人びとは、母村で普及していた共同売店の仕組みを持ち込んだとされている。石垣島北部にある共同売店はその典型的なものであろう。

　このように、幾つかの時代を経て、沖縄の各地に共同売店が拡がったのだが、1980年代以降、特に本島南部から中部にかけての共同売店の多くは閉鎖されている。

　表10-2は、2015年3月末の沖縄県と奄美大島の共同売店をリスト化したものである。開店中は沖縄県で67店、奄美大島で7店が確認されていた。また、この時点で一時閉鎖中が沖縄県に12店ある。常に共同売店をウォッチングされている共同売店ファンクラブ事務局長の眞喜志敦氏(1971年生まれ)によると、「毎年1～2店は閉鎖しているが、逆に再開もある」としていた。また、このリストに掲げられている店舗の中には、一部に区から店舗を買取り「個人商店」になっているものも含まれている。

▶北部3村に集中するが、大宜味村は減少傾向

　2015年3月末現在、開店している沖縄の共同売店67店のうち、発祥の地の国頭村は14店と最大数を示し、東村(7店)、大宜味村(6店)を合わせた北部3村で27店(構成比40.3％)を数えた。名護市も8店を数えるが、これらの多くは東海岸の旧久志村に所在している。かつて、この旧久志村から東村が分村され、また、旧久志村は1970年に名護市と合併している。このあたりは東海岸に面しており、地域条件からすると東村とさほど変わらない。名護市街地には山道を越えていかなくてはならない。かつては久志村を含めて北部4村として扱われていたこともある。

表10—2　沖縄県と奄美大島の共同売店（2015年3月末現在）

区分	開店中 件数	開店中 共同売店	一時閉鎖中 件数	一時閉鎖中 共同売店
伊平屋村	4	田名共同売店　前泊共同売店　我喜屋共同売店　島尻共同売店	1	野甫売店
伊是名村	2	勢理客共同売店　仲田区共同売店		
国頭村	14	辺戸共同店　**奥共同店**　楚洲共同店　伊部売店　安田協同店　安波協同店　宜名真共同店　宇嘉共同店　辺野喜共同店　与那共同店　伊地共同店　奥間共同店　桃原共同店　浜共同店	4	佐手スーパー　宇良共同店　比地共同店　鏡地共同店
東村	7	高江共同組合　魚泊共同店　宮城協同組合本店　**川田区売店**　平良共同店　**慶佐次共同売店**　有銘共同売店	1	宇出那覇共同売店
大宜味村	6	田嘉里共同売店　謝名城共同売店　**喜如嘉共同店**　大兼共同売店　大川共同売店　大久保共同売店	1	屋古売店
今帰仁村	3	崎山共同売店　諸志共同売店　呉我山共同売店	1	湧川共同売店
名護市	8	**嘉陽共同店**　三原共同売店　瀬嵩共同売店　大浦共同売店　久富共同売店　運天原共同売店　呉我共同売店　羽地中部協同売店	2	天仁屋共同売店　汀間共同売店
恩納村	6	喜瀬武原共同売店　**恩納共同組合（売店）**　谷茶里ストアー　山田共同売店　真栄田共同売店　すや売店		
宜野座村	1	漢那共同売店		
うるま市	2	伊計島共同スーパー　桃原共同販売店	1	宮城共同売店
読谷村	1	都屋売店		
宮古島市	2	狩俣購買組合　島尻購売店		
石垣市	4	明石共同売店　伊野田二班共同売店　星野共同売店　大里売店	1	伊野田一班共同売店
西表島	1	大富共同売店		
波照間島	5	名石部落売店　丸友売店　南共同売店　まるま売店　冨嘉売店		
与那国町	1	比川地域共同売店		
沖縄計	67		12	
奄美大島	7	こぐま商店　大棚商店　宇検商店　芦検商店　佐念商店　名柄商店　平田商店		
合計	74			

注：太字は本章で採り上げるケース。
資料：共同売店ファンクラブ

先に1978年段階の北部3村の各村の共同売店数は、国頭村20店、東村7店、大宜味村16店としたが、2015年3月末段階では、東村は7店で変わらないものの、国頭村は6店減少して14店、大宜味村は10店減少して6店になっていた。大宜味村の減少ぶりが目を引く。これらは西海岸の国道58号沿いの各集落に展開していた場合が多く、名護市の大型店との距離感、また、リゾート開発などにより、共同売店の存立基盤が失われてきたのであろう。
　この点、東海岸の東村を中心にするあたりは、道路事情は相当に改善されたとはいうものの、買い物をする場所は少なく、人口減少、高齢化の中でも、共同売店の必要性は大きい。このような事情が東村（旧久志村を含めて）を中心とする東海岸に共同売店が比較的残されている要因となっている。

▶人びとの暮らしを支える離島の共同売店

　また、離島では閉鎖された共同売店は少ないことも興味深い。八重山諸島、宮古島をみると、1980年頃と比べて石垣島は4店で変わらず、西表島も1店、波照間島も5店で変わらない。宮古島は街に近い2店（成川、下崎）が閉鎖され2店に減少していた。全体的な印象として、離島では共同売店が比較的維持されているようにみえる[23]。
　石垣島と西表島の共同売店は、琉球政府の戦後の開拓移住政策の中で生まれてきた。八重山地方への開拓移住は1948年に開始され、1957年までの10年の間に石垣島に615戸、2805人、西表島に187戸、580人、計802戸、3385人が渡った。石垣島の場合は島の南側に形成されている市街地とは逆の裏石垣といわれる北側の斜面の未開の地に展開された。また、この入植者の中には大宜味村の人が多かった。現在こそ、大宜味村の共同売店は6店と少なくなってはいるが、戦前戦後を通じて、大宜味村では国道58号に面する小さな集落のほぼ全てに共同売店が設置されていた。八重山に入植した大宜味村の人びとは、入植後、母村に習って共同売店を設置していった。店則等は大宜味村に習ったものであり、また、「個人店は認めない」など、本島北部地域の共同売店の古くからのやり方を濃厚に示している。
　人口約500人の波照間島の場合、石垣島港から約40km、1日に高速船3便

（約1時間）、フェリーは週数回となっている。島は5集落によって構成され、そのそれぞれに共同売店が設置されている。これらは全て戦後に開設されたものである。設立の経緯は地元漁協の販売店が漁業不振によって閉鎖されたことによる。現状、島には生活用品を購入できる店は共同売店だけであり、船賃がかかるために販売価格はやや高くなるが、唯一の存在としてあてにされている。25年ほど前に比べて人口は3分の1と人口減少も著しいが、地域条件からしてこれからも必要とされる共同売店といってよさそうである。

　以上のように、1980年前後を最後のピークに、沖縄の共同売店は減少傾向を深めている。この35年の間に、店舗数はほぼ半数になった。市街地や量販店に近い利便性の高い地域から順に減少が始まっている。だが、それにも関わらず、本島北部の東海岸や離島の場合は、買い物の環境が整っておらず、共同売店の果たす役割は依然として大きい。経営的には人口減少によりたいへんだが、「自分たちの店」として守っていくことが必要なのであろう。ここにきて、日本全国、人口減少、高齢化による「買い物弱者」問題が大きなものになってきた。その場合、「近くに店を作る」が一つの課題になってきた。その先駆的なものとして、沖縄の共同売店が注目されるであろう。

3．辺境の高齢者を支える共同売店

　一時期、沖縄本島のほぼ全域に拡がった共同売店も、先にみたように、70店弱とピーク時の約半数に減少している。そして、残った共同売店の大半は本島北部の東村を中心にする北の国頭村、南の旧久志村（現名護市）などの東海岸に集中している。同じ北部の中でも西海岸に展開する大宜味村は、道路条件が格段に良くなり、北部の中心都市である名護の市街地にも近い。そのため、特にクルマを運転する人の買い物の大半は、名護方面に流れている。そのような事情から、大宜味村の共同売店はこの35年ほどの間に急速に減少している。

　この点、東海岸は道路事情が改善されたとはいえ、西海岸とは相当に事情が異なる。海岸沿いの広い道路（国道58号）が続く西海岸に対して、東海岸のメイン道路の県道70号国頭東線は海岸沿いから離れた山中を走っている。延々と

図10—4　沖縄本島北部周辺の位置図

注：北部市町村と本章で採り上げる共同売店

曲がりくねった山道が続き、休憩する場所も乏しい。当然、海岸に張りついている小集落では、買い物をする場所もない。このような事情の中で、東海岸の幾つかの集落に共同売店が点在している。

それらの中から、この節では、本島北部最奥の地というべき東村楚洲区、名護市（旧久志村）の嘉陽区、そして、東村川田区の三つの共同売店を歩みと現状、そして、今後のあり方を考えていくことにしたい。

（1）本島の辺境、北部東海岸に立地
　　　——高齢化した地区唯一の店として残る（国頭村／楚洲共同店）

国頭村の北に位置する奥区から南の安田にかけての東海岸の約15kmの間には人の気配がなく、また、森林管理の必要性から、1736（元文4）年、奥区など

の周辺の集落から人びとを移住させて楚洲の集落が形成された。集落の周辺は国有林960ha、字有林50ha、私有林20haがあり、薪が基幹的な産業であった。これら林産物の物流は、県中部の与那原あたりからやって来る商人の山原船によっていた[24]。

このような事情の中で、隣の奥区の影響も受け、楚洲共同店は比較的早い1914（大正3）年に開設されている。基本的には世帯株であり、区の直営として経営されてきた。自前で船を所有し、多様な事業に展開した奥共同店ほどではないが、以前は収益が上がり、そこから字費の補填、住民の経済負担の緩和等に大きく貢献してきた。なお、現在の楚洲共同店の機能は、生活用品の売店のみである。

現状、道路条件はかなり改善されてきたものの、クルマで楚洲から那覇までは約2時間30分、名護までが1時間30分、そして、国頭村の中心部である辺土名までは40分（1日2往復の村営バスで1時間から1時間20分ほど）であり、楚洲は那覇からみると本島内で一番の辺境ということになる。

▶人口減少、高齢化により赤字経営が深まる

楚洲区の人口は、1960年には203人を数えたが、1985年167人、2000年には87人、2005年は68人、そして、2015年3月現在では、31世帯、60人とされていた。しかも、楚洲区に住民登録しながらも、実際は辺土名、名護などに居住してい

辺境の集落の唯一の売店／楚洲共同店　集落の上の建物は、廃校跡の複合施設「楚洲あさひの丘」

広いカウンターはコミュニケーションの場／左は店長の森根民子さん

る人びとが10人はいる。また、楚洲小中学校は2004年3月に閉鎖された。小中学生は辺土名に寄宿、ないし家族で移住していく場合が少なくない。高校生は辺土名高校か名護の高校に寄宿して通うことになる。現在、楚洲区には小中高生は1人もおらず、保育園児2人（兄弟）いるのみである。この幼児たちの親の仕事は高台の牧場経営であり、若い夫妻と祖父母の3世代で暮らしている。実質的に海岸沿いの楚洲では高齢化率は60％程度とされていた。

　また、高台にあった楚洲小中学校は改修され、2006年、社会福祉複合施設の「楚洲あさひの丘」が設置されている。この施設は生活支援ハウス、デイサービスセンター、保育所から成っている。さらに、2階は最大62人の宿泊能力を備え、スポーツ、音楽などの合宿などに利用されている。また、施設と区の間には、食料品等の一部を楚洲共同店から購入するなどの取り決めが交わされている[25]。この部分が楚洲共同店の売上の一定部分を占めている。それでも近年の売上額低下は著しい。2005年頃から収支はマイナスを続けている。これに対し、一時期は区からの赤字補填があったのだが、2010年には補填がなくなった。その頃はまだ赤字とはいえ売上額が年1500万円ほどあったのだが、ここに来て1000万円ほどに低下している。特に、夏の光熱費負担がこたえているようであった。

毎日来る一人暮らしの常連さん

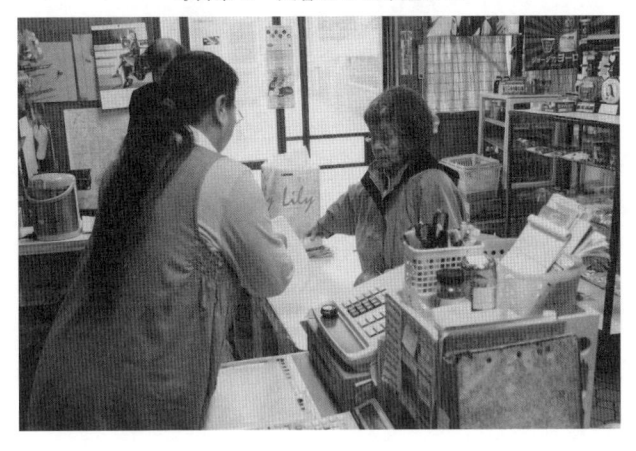

　この楚洲区の海岸は夏のキャンプ等で賑わう。従来は飲料、食料等を共同店で買ってくれたものだが、近年は途中の名護の大型店が充実し、そこで調達してくる場合が目立っている。夏季には共同店はトイレ利用が中心になり、レジに並ぶより、トイレに並ぶ人の方が多い。トイレットペーパー、清掃等、その負担は大きい。先の山上にある宿泊施設の泊まり客も、降りてきて共同店で買い物をする人はいない。このような状況に対し、山浦陽一氏は、量販店、コンビニエンスストアと相対する「南の前線」に対し、内側から困難に向かっている北端の楚洲共同店のような状況を「北の前線」と指摘しているが[26]、まさにそのような事態が切迫しているようである。

▶「やめるわけにはいかない」
　仕入先については、以前は15〜16件ほどあったようだが、現在では9件に減少していた。食料品を中心に酒類、タバコ、日用品などが並べられている。近くの辺土名から野菜、冷凍食品関係の卸売業者が来るが、他は名護、中部から来ていた。5〜6年前と品物はほとんど変わらない。夏季に自家用野菜の余ったものを持ってくる住民がいるが、店で売ろうとすると「あげる。売るのであれば、持ってこない」といわれる。漁業も以前は数人いたが、現在では誰も

やっていない。したがって、地元のものは一つも置いていない。販売は基本的に現金であり、ずいぶん減ったものの特別の事情のある4人だけは従来からの「ツケ」で対応していた。

店に入ると、80代の女性が長くゆんたく（おしゃべり）をしていた。「息子たちは沖縄市に住んでいる。私は一人暮らし。毎日、この店に来て店長とゆんたくして、ケンカするのが楽しみ」と語っていた。

仕組みとしては住民出資、区の直営、そして、売店主任（店長）が置かれている。年中無休で、開店時間は8時から19時まで。従業員は店長の森根民子さんに加えもう1人60代の女性がいる。基本的には常に1人が対応している。店長の週休は1日のみ。店員の場合は最低賃金を支払っているが、店長の森根さんは「経営が厳しく、ほとんどボランティア。この集落には店がここだけ。やめるわけにはいかない。区から『あなたしかいない』といわれている。みなさんのために続けている。私の給料は月6万円」と語っていた。森根さんは5年ほど店員をやっていたのだが、2014年に口説かれて店長に就いていた。

このような状況に対して、森根さんが区の幹部に「どうするねん」と尋ねると、誰も応えず、「沈黙」が漂うとしていた。人件費を削ぎ落とし、特定の人のボランティアによってかろうじて維持されているようにみえた。まさしく

嘉陽共同店の前は美しい海岸

「北の前線」の位置にあった。

（２）本島北部中心都市の名護市東海岸の辺境に立地
——高齢者のみの地区に残る（名護市［旧久志村］／嘉陽共同店）

　名護市の東海岸に面する旧久志村、1970年に名護市と合併した。現在、名護市には共同売店は9店舗あるが、国道331号に面した嘉陽共同店が一番東村に近い位置にある。位置的条件としては東村とほぼ同様ということができる。この嘉陽、ウミガメの産卵地として知られ、海水浴場としても人気スポットであった。1980年前後までは夏季には砂浜にテントが50張ほど出ていたものだが、近年、若い人たちはテント生活などしない。現在、夏季にわずかに張られるテントは60代の人ばかりである。そして、近年、近くの埋立工事で砂が採取され、さらに、数年前の台風の影響で砂浜が縮まり夏季でもかつてほどの賑わいはない。ウミガメもあまり来なくなった。

▶縮小と高齢化の中で、Iターンが2組
　戦前は東村同様に陸路がなく、薪を積むための山原船が与那原からやってきていた。ここもやはり「シマ」であった。戦後、ようやく陸路が開設された。

宮城和恵さん　　　　　　嘉陽共同店（左）と公民館

嘉陽共同店が設立されたのは戦前の産業組合時代の1934年。戦災で焼失し、1949年に世帯株で共同売店を開始している。人口の減少が激しく、2006年頃にはまだ住民は93人を数えていたものの、2015年現在は64人となっていた。この10年で３分の１が流出していった。嘉陽小学校も2010年には閉鎖され、近くの小中一貫９年制の緑風学院に統合されている。字には10代、20代は１人もいない。2015年１月に南部の糸満からＩターンしてきた30代の家族（マッサージ師）がいて、そこに乳児が１人いるのみである。地つきで40歳以下の人はいない。もう１人、宮崎県から60代のシーサー（漆喰）作家が１人住みついていた。さらに、夏季になると民宿、ペンションが開かれ、カヌーやサーフィンなどをする若者たちが１月単位で滞在していく。先にみた国頭村の楚洲区に比べてやや開けた雰囲気はある。

　その海岸に面したところに、地区会館（公民館）、嘉陽共同店、お食事処「和」、マッサージ小屋「Kia Ora」が固まっていた。ただし、「和」の店主の宮城和恵さん（1945年生まれ）は、現在、嘉陽共同店の経営を請け負っており、「和」は閉鎖されていた。少し前の紹介文では、食堂もあり、店の品揃えも良く、弁当も提供しているとあったのだが、事態はかなり縮小していた。

奥のテーブル席では「ゆんたく」が

▶「南の前線」と「北の前線」のクロスポイント

　戦後スタートした時は世帯株出資の株式制をとっていたが、近年、赤字が続き配当が出せなくなり、2005年3月をもって株を清算して区所有による請負制に転換した。当初は請け負った人が家賃を払っていたのだが、それも難しくなり、現在では家賃は無料、電気代も区負担、水道料だけ払っていた。請負制に転換して10年、この間、経営者は5人代わった。契約更新は1年毎、経営者は1〜2年で交代している。宮城さんは5代目として2012年8月から引き継いでいる。ここまで3期受けていた。

　地元出身の宮城さんは若い頃は那覇におり、帰郷して先の「和」を開いていたのだが、他に受け手がなく、「頼まれて」、引き受けた。開店時間は8時から20時まで。毎日開けていた。また、売店内に厨房施設があることから、弁当（350円）、惣菜を作っていた。弁当は多い日で15食程度（護岸工事の人などが入る日）、少ない日で5食、平均10食程度であった。また、ついでに揚げ物などの惣菜も作っていた。以前は高齢者に弁当の宅配もしていたのだが、亡くなられたので現在は宅配はしていない。

　仕入は失業している息子が手伝っていた。品物は名護あたりの卸業者が入れていた。これらは全て現金で支払っていた。かつてよく売れた酒類は、住民の高齢化が進み量も激減している。それでも、夕方になると、店内にあるテーブルを囲んで男性たちの酒盛りが始まる。昼間は高齢の女性たちが立ち寄っていた。

　立ち寄ってゆんたくしていた65歳という女性によると、「私はクルマの運転ができるので30分ほどで行ける名護の量販店で好きなものを買ってくる。ここで買うのは豆腐、パン、米ぐらい」と語っていた。沖縄の人びとは「豆腐好き」で知られる。名護から東海岸に入ると数キロおきにつながる集落（区）に大浦共同売店、瀬高共同売店、三原共同売店、嘉陽共同店とそれぞれに共同売店があり、豆腐屋は1店1店豆腐を置いていく。以前は週3回来ていたが、現在は2回に減っていた。このコースの終点が嘉陽共同店であり、1回あたり置いていく豆腐は3丁であった。

　宮城さんは「1日の売上は2万円強。とてもやっていけない」、「なくなった

らたいへん。自分の身体が続く限り」と語っているのであった。国道も改修され、名護まではクルマで30分ほどで行ける。そのような意味で、嘉陽共同店は「南の前線」と「北の前線」がクロスするポイントのようにみえた。

（３）いったん閉鎖し、区所有の直営で再開した売店
——地区に必要なものとして再認識（東村／川田区売店）

　経営不振のため閉鎖になる共同売店も少なくないが、逆に一旦閉鎖したものの、住民の要請を受けて改めて再開する共同売店もみられる[27]。「なくなってみると、有り難みがわかった」とされていた。沖縄の場合、共同売店は古いもので100年以上も経つ。この間、戦前の産業組合運動、戦災、戦後復興など多様な経験を重ねてきた。そして、道路が良くなり、近くに量販店ができると多くの人びとはそちらに向かい、共同売店は苦しくなっていく。そのような経過を踏まえて一旦閉鎖し、その後、住民の意向を受けて再開した興味深いケースとして、東村の川田区売店があった。

▶川田区の売店の設立と変遷

　国頭村の奥区から東海岸の県道70号を南下すると、時々海岸沿いを走るものの、大半は曲がりくねった山道となる。東村に入りしばらく行くとようやく海岸沿いに出て東村役場の少し手前の県道沿いに川田区売店が立地していた。この川田区売店、以前は少し奥まった所にあったが、再開に際し県道沿いに出てきた。このあたりは、旧久志村を含めて、数キロ毎の海沿いの点在集落（シマ）にそれぞれ共同売店が設置されていた。
　この川田区の「川田共同店」の設立は1918（大正7）年、資本金150円で出発している[28]。この最初の資本金は区の財源から出したものであり、住民の協力を得ながら木造茅葺きの建物を新築し、職員2人でスタートした。主な事業は二つ。一つは、区民の搬出してくる林産物の買取りと販売、二つ目は区民の生活必需品の仕入と販売であった。特に、林産物の販売は外部商人の山原船で運んでもらい、那覇で販売していた。この事業は順調に進み、1933（昭和8）年までは配当を数回出すところまで発展していた。そして、このような発展に

より、護岸工事などへの資金融通、区の行事への寄付、奨学金の無利子貸付などまで行っていた。このような事業展開は、国頭村奥区の奥共同店の足跡によく似ている。沖縄型共同売店の初期の典型的な歩みといえるであろう。

産業組合運動が推進されていた1933（昭和8）年には、共同売店から川田産業組合が発足、従来からの林産物、生活必需品の買取・販売事業、信用事業に加え、新たに製糖工場、精米工場、製茶工場などを建設していく。それらは、区民の生産するサトウキビ、米、茶の加工施設として大きな役割を演じていった。だが、1944年10月の空襲によって全てを失った。

終戦後数カ月で、人びとは収容所から解放されたものの、全てを失った人びとは各区に設置された米軍放出物資の配給所に頼るしかなかった。その後、1950年には配給所が廃止になる。川田区の評議会は共同売店の設立を決定、即、共同組合を発足させている。組合は有限責任の任意組合となり、1株75円とし、戸主は4株、次男〜三男は2〜3株の出資で総株数400株、資本金3万円で発足した。店舗は個人商店から買収、職員は主任1人、書記2人でスタートしている。仕事は従来のように林産物の売買、生活必需品の売買を軸に、家畜の屠畜販売にも従事していた。その他、区の事業に対する援助等も重ねてきた。その後、林産物の需要はなくなり、1975年には事業の中心を食料品スーパーに移行させていった。その頃には、川田共同店は東村最大の店舗となっていたのであった。

▶2004年に共同組合を解散、売店を閉鎖

東村の共同売店は早い時期から「請負」に変っている場合が多いのだが、川田共同店は直営を続けてきた。1990年頃になると名護のあたりに大型スーパーができ始め、客足は遠のき、経営は悪化していく。そのような事態に対して、川田区の売店も請負にしようとする意見が出てきて、1999年には請負制に移行していった。そして、しばらくは請負経営が安定していった。その頃の事情について、その後、区長に任じ、共同売店の閉鎖、そして再開をリードした池原善尚氏は以下のように語っている。

「最初に受けた人は、割りと順調に運営していた。（数年が経ち、新たな）請

金城利邦区長　　　　　　再建された川田区売店

負人を決める入札にしたら、予想を超えた大きな額で請負をやる新人が現れ、……実情の知らなさ、運営の計画性に疑問を感じ、これでは経営ができないと進言したが聞き入れ（られなかった）[29]」。そして、その後、経営が行き詰まり、サービスの低下、建物の老朽化、さらに、その頃、名護に大型スーパーができるなどがあり、区民の足はますます遠のいていった。

　こうした事情の中で、2004年3月、川田共同組合の臨時総会において「建物の解体と共同組合の解散」が決議された。共同組合の解散となると、組合員に出資金を返さなければならない。当時、池原区長は組合の財産の範囲で出資金は返せると判断、「皆さんが売店の必要を感じた場合には、それなりの手をみんなで考えてください」と言い残し、組合を解散、出資金は全て返却した。池原区長には「再開」の要請が必ずくるとの読みがあった。

　▶1年9カ月後、区直営で再開
　半年ほどが経つと、不満の声が起こり始め、1年も経つと悲鳴に近いものになっていった。川田地区の隣の地区の共同売店までは2kmほどあり、高齢者は耐えられなくなった。その頃を見計らい、区長は区民の意向調査を行い、区の代議員会で検討を重ねていくと、次第に共同売店の再開は全員の意見となって

いった。ただし、以前は住民出資の形であったのだが、配当を出すまでの事業にはなりにくいとの判断で、川田区が保有していた基金で対応することにした。3000万円が基金から出された。したがって、新たな売店は「共同売店」ではなく、100％区の所有する「売店」ということになる。そのため、名称を「川田区売店」とした。合わせて、場所は広場のある旧公民館の立地していた県道沿いにした。その結果、空白の1年9カ月を経て、2005年12月29日、土地、建物も区が所有する「区の直営の売店」として再開を果たした。

この間、当時の池原区長は「再建して良かったと思っているが、……名護には、賑やかな大型店舗があり、……まともに競争できるわけがない。常々（区民に）いっていることは、100％共同店を利用しなさいとは言わない。……今まで名護で100％買っていたものを、その30％ぐらいは共同店で買う心構えを持ちなさい。……区民の協力がなければ川田共同店は潰れてしまい、二度とは立ち上がれません[30]」と語っているのであった。

▶ 再開して10年、区民の理解も深まり、軌道に乗る

2015年2月末現在の川田区は117世帯、人口380人前後、統合校の東小学校があり、児童は100人ほど在籍していた。東村は先の表10－1でみたように、人

リーダーの平良利恵子さん　　　　　　川田区売店の店内

口減少率、高齢化率共にかなり高い。そのような中で、ここまで売店を再開して10年、着実に歩み、2014年度までは利益が出て区民に還元していた。一度閉鎖した売店の再開ということもあり、区民の利用率はかなり高そうにみえた。川田区には他に店舗はない。また、近くに小学校、中学校があるため、父兄が送迎にくることも多く、ついでに立ち寄って買ってくれることもある。利用率からすると、区民が60％、その他が40％ほどの構成であった。食品、タバコ、酒類がよく売れていた。店内の冷蔵ショーケースの中は充実しており、良く管理されていた。そして、ここでも海岸でありながら漁業は行われてなく、刺身、鮮魚は中部の与那原から届けられていた。

仕入先の多くは名護方面の卸業者であり、30以上の業者と付き合っていた。ほとんど現金による買取りであり、返品可能なものは、アイスクリーム、精肉ぐらいであった。販売価格は卸業者の価格に30％を乗せていた。また、野菜については大半は名護から仕入れているが、一部に区民からの預かりの野菜もある。その場合は手数料10％としていた。区民外の場合には手数料は15％であった。店内は清潔であり、品物も豊富で魅力的に陳列されていた。区の人口が減少していることから、売上は伸び悩み、「売上をどう伸ばすかが課題」としているが、再開以来10年、落ち着いた展開になっているようにみえた。

住民出資の共同売店ではなく、区所有の区直営ということで、区長が組合長（店主）を兼任、店長は置いていない。従業員は中年の女性3人、早番、遅番に分けて働いていた。開店時間は夏季が7時から20時、冬季は7時から19時とされていた。店長ではないが、10年前の再開当初からのメンバーである平良利恵子さんがリーダーのようであった。店内には暖かな空気が流れていた。

区民は株主ではないが、年に2回開催される「部落常会」では、「売店の利用協力のお願い」を行っていた。区で唯一の店舗であり、閉鎖からの再開ということで、継続していくことの意味を、区民も従業員も良く理解しているようにみえた。再開し軌道に乗せるには多くの苦労があったと思うが、閉鎖が続く共同売店の新たなあり方を示したものとして、この川田区売店の意義はまことに大きいと思う。

4．新たな地域条件の下での模索

　先にみた川田区売店のように、いったん閉鎖した後復活した共同売店はあるものの、全体的には人口減少、高齢化の中で、集落（区）に力がなくなり事業が縮小傾向にあること、他方での道路交通条件の改善、モータリゼーションの進展、量販店、コンビニエンスストアなどの進出などが加わり、区の単位で自立的に共同売店事業を維持、推進していくことが難しいものになってきた。直営から請負、個人への売却、閉鎖、さらに、経営難による店長の人選の難しさなどが指摘されている。当面は区の資産の売却等による資金的支援、特定個人のボランティア的な対応により維持されている場合も少なくない。そのような意味では、沖縄の100年を彩った共同売店は、現在、大きな曲がり角にあるのかもしれない。

　全国の地方圏の中で、唯一、人口を増加させ、若者の数も多いとされている沖縄県、他方で就業機会が限られているとされる沖縄県、さらに、東アジアにおける位置的条件の良さから国際的な物流基地への期待が高まっている沖縄県、ここに来て大きな構造変化を引き起こしていく予感に満ちている。他方で、本島と離島、本島の中での南北問題、北部の中での発展する名護と北部3村の格差など、内部にも多くの課題を抱えている。そのような枠組みの大きな変化をみていく限り、これまで独特の役割を演じてきた共同売店は新たな対応を求められていくように思う。

　急角度に始まった人口減少、高齢化により、本土の各地域は急にマスコミに採り上げられてきた「買い物弱者問題」に驚愕し、成熟化と縮小する経済社会の行く末に戸惑っている。この点、条件不利地域でありながらも自立的な経済社会を築いてきた沖縄の地域の知恵は、「買い物弱者問題」に新たな視野をもたらすであろう。「新たな地域条件の下での模索」と題する本節では、新たな地域条件の中で独自性を保とうとする大宜味村の喜如嘉共同店、リゾート開発の前線に立つ東村の慶佐次共同売店、そして、市街地化に取り込まれながら、独自な方向に向かおうとする恩納村の恩納共同組合に注目し、今後の課題と可

能性をみていくことにしたい。

（１）本島北西部に残り、高齢者を支える
――量販店、コンビニとは別の世界を形成（喜如嘉共同店）

　本島北部の中でも国道58号に沿うあたりは、道路条件の改善も著しく、開けた雰囲気になってきた。名護から大宜味村、国頭村と北に向かっていくと、国道沿いにコンビニエンスストア、道の駅、さらに洒落たレストラン、カフェなどが現れてくる。この手前に拡がる大宜味村は、戦前から多くの共同売店が設置されたことで知られている。1978年段階で16の共同売店が確認されている。ただし、現在ではわずか６店が残されているにすぎない。北部３村の中でも地域条件が最も劇的に変わった村ということになろう。この大宜味村、険しい山が海岸まで迫り、可住地域は沿岸の一部に限られている。張り出した尾根と尾根の間の小さな湾のあたりに集落が形成されていた。その中の一つ、大宜味村の中では村役場のある兼久・塩屋地区に次ぐ北部の拠点集落である喜如嘉区で、興味深いことが重ねられていた。

　喜如嘉区の1978年の人口は503人、2012年の人口は432人（減少率14.1％）と北部の集落としては人口規模がかなり大きく、人口減少率は相対的に低い。

喜如嘉集落の伝統的な家屋とたたずまい

1978年段階では、公共施設は小中学校、村診療所、芭蕉布工房、民芸館、事業体としては個人商店（1）、鮮魚店（2）、食堂（1）、民宿（1）、建設会社（1）が確認されている。2015年現在、中学校は統合されてなくなったものの、喜如嘉小学校、公民館、診療所、芭蕉布会館、カフェがある。この喜如嘉区の国道58号から少し入ったあたりに喜如嘉共同店が立地していた。

▶多岐の変遷を経て、区所有の共同売店に

　喜如嘉区に共同売店が設置された年は定かでないが、1909（明治42）年の頃とされている。その後、行政の指導により産業組合に移行したが、経営がうまくいかず解散した[31]。しばらくは共同売店再建の動きはなかったが、1930年代の産業組合運動の盛んな頃に再開、1944年の農業会へと進み、終戦となった。戦前期には、大宜味村の場合、集落単位の動きよりも村単位の動きが大きかったとされている。だが、戦後になると集落単位の動きが活発となり、1954年には区の単位の喜如嘉農業協同組合を発足させ、製茶、製材、精米、製粉、電気事業等に拡大していった。さらに、1966年には大宜味村の各集落の農協が合併し大宜味村農協が誕生、製茶工場等の資産は大宜味村農協に引き継がれていった。このような事態に対し、喜如嘉区としては購買面での住民へのサービスが

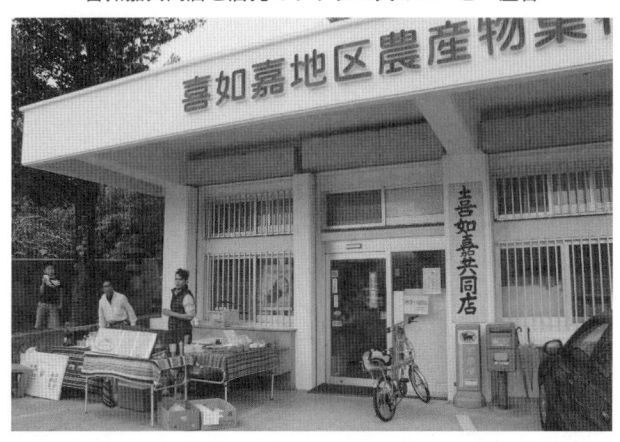

喜如嘉共同店と店先のブラジル人のコーヒー屋台

前田睦さん(左)と従業員　　　線香と紙銭が大量に置いてある

不可欠ということになり、1966年、住民ばかりでなく団体出資も受入れ、喜如嘉共同組合が組織されていった。

　当初、この新たな喜如嘉共同組合は直営で共同売店を運営していたのだが、1972年に請負制に転換していく。当初の年間の請負金は142万円とされていた。その後は2年単位で入札が行われるようになった。さらに、1995年には株主に出資金を返還し、区の財産としていった。現在も区の所有であり、請負制によって運営されている。そのような意味では、すでに住民出資の喜如嘉共同組合は解散し、区所有の喜如嘉共同店ということになる。この喜如嘉共同店の歩みは、戦前、戦後の経済社会環境の変化を濃厚に映したものであったということができる。

　▶15年も請負い、安定した経営に
　現在の喜如嘉共同店を請け負っているのは前田睦さん（1949年生まれ）、地元出身で20年ほど那覇で働き帰郷していた。戻ってからは喜如嘉の村立診療所で事務の仕事に就き、また、共同店でアルバイトをしていたこともある。請負制に転換したものの、なかなか人選が難しく、少し前までは区の事務所が経営しており、1995年に久しぶりに請負の入札が行われた。丁度、前田さんは「転職しよう」と考えていた時であり、「やりたい」と表明し、入札に応じた。入札には5人の保証人が必要だが、家族や友人にお願いした。以来15年、競争相手もおらず、前田さんが継続してきた。現在は8回目の請負であった。

当初、区の希望する請負金は年間120万円であったのだが、それでは経営が成り立たず、現在は年間40万円にしてもらっている。これらは毎月分割して支払っていた。開店は7時から19時30分、年中無休である。現状、パートタイマーを4人ほど雇い、パートタイマーの休みの日には前田さんがレジに立っている。商品は生鮮から冷凍食品、日用品、酒類、タバコ、さらに、信仰心の厚い沖縄の家庭用の「線香」「紙銭」も大量に置いてあった。野菜・果物類は地元の農家の人からの受託で置いていた。前田さんは周囲の住民に「家庭で食べきれないものを、持ってきてください」と伝えていた。この場合の手数料は20％としていた。全体的に、みやすい陳列になっていた。

商品の仕入は以前の納入業者からであり、引き継いだ15年前は50業者ほどを数えた。現在は30業者ほどに絞っていた。冷食関係、菓子類、パン、野菜、日用雑貨などの業者であり、那覇からが1軒、名護が3〜4軒、その他中部、南部から来ている。村内からは木炭が届けられていた。従来からの引き継ぎが多いが、新規に採用しているところもあった。これらは地元の野菜の受託販売を除き、全て現金による買取りであった。販売価格の設定は仕入価格の1.2倍を基準にしていた。トータルでみると、粗利益率は15〜18％とされていた。スーパーよりは高く、コンビニエンスストアよりは安い価格設定であった。

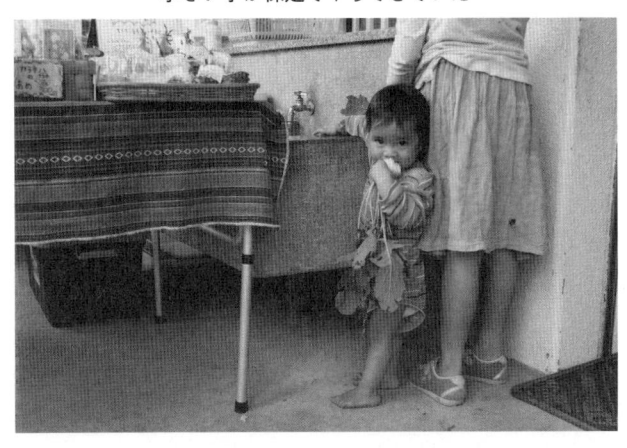

小さい子が裸足でやってきていた

沖縄の共同売店の場合、歴史的に「ツケ」の形が資金力を圧迫するとして問題になっていたのだが、喜如嘉共同店の場合は、特別の事情のある集落の数人だけを残していた。お客の大半は集落の住民であり、その他としては工事の人などが目立つ。配達にも応じる構えであり、近くの家庭には御用聞きに出ていた。1日の客数は30〜40人、男女半々、男性は酒類、タバコ、コーヒー、子供は駄菓子などである。客単価は1000〜2000円、1日の売上額は10万円を少し超えるところであった。年間の売上額は4500万円前後であった。前田さんは、損益分岐点を月で350万円程度とみていた。苦戦する共同売店が多い中で、喜如嘉共同店は安定した経営を重ねていた。

▶喜如嘉集落の魅力をどう表現していくか

　15年の経験を踏まえ、前田さんは二つの課題を意識していた。一つは、人口減少、高齢化の中で売上額が落ちている点を指摘していた。15年前には年間売上額は5000万円を超えていたのだが、現状では20％は落ちている。喜如嘉共同店から国道58号に出ると、コンビニエンスストア（ローソン、ファミリーマート）、道の駅（おおぎみ、ゆいゆい国頭）が近くにあり、また、クルマで30分ほどで名護の大型量販店に着く。クルマ利用の若者たちはそのようなところに買い物に行くであろう。売上額の回復のためには若い人を呼び込んでいかなくてはならない。そのような事情から、2015年3月からは、店先に喜如嘉に定住している若いブラジル人による、自家栽培のタピオカ（キャッサバの根茎から取ったデンプン）の菓子やコーヒーを提供する屋台を出し始めた。何か不思議な雰囲気が漂っていた。

　また、近くの芭蕉布会館を訪れる人も少なくない。そのような交流人口も視野に入れた店づくり、商品展開も必要なのではないか。特に、喜如嘉の集落は伝統的な家屋が大量に残っており、村の散策などは魅力的なものとなろう。そのような伝統的な暮らしを実感できる場として、喜如嘉の集落と共同売店が新たな輝きを増していくことが期待される。

　もう一つは、いかに商品を安く仕入れるかとしていた。現状のような多数の小規模な卸売業者経由であるならば、仕入コストは下がりにくい。2004年頃に

話題に上がった複数の共同売店による「共同仕入」の取り組みが改めて必要なのではないか。沖縄の共同売店はかなり特色のある品揃えになっている。この特色のある品揃えを満たすものとしての共同購入が必要なのであろう。
　世の中には、全国的なレベルのボランタリーチェーン、地方色の豊かなボランタリーチェーンがある。一般的な商品はボランタリーチェーンに任せ、自社仕入は沖縄の特色ある商品に限定していく。あるいは、全国レベル、地方レベルのボランタリーチェーンに沖縄の特色を加えた品揃えを要求していくなどして、仕入コストの低減を実現していくことは、近づいてきている大型量販店、コンビニエンスストア等との競争、あるいは若者を惹きつけていくためにも必要なことではないかと思う。スーパーより価格がかなり高く、さらに、コンビニエンスストアよりも高いのでは、この情報社会の中で生き残っていくことは難しい。コンビニエンスストアよりも安く価格設定をしている喜如嘉共同店の粗利益率15〜18％では、経営は厳しいであろう。仕入コストを下げて持続可能な利益を確保していく必要がある。
　大宜味村の国道58号沿いの共同売店の多くは既に姿を消している。そのような中で、国道から少し入った落ち着いた伝統集落にある喜如嘉共同店は、魅力的な環境の中にある。その特質を活かしながら、新たな可能性を切り拓いていくことが期待される。

（2）リゾート開発が進む中の共同売店
——新たな環境条件にどのように向き合うか（東村／慶佐次共同売店）

　東村は、1923（大正12）年、旧久志村（現名護市）から分村して成立した。その東村のかなり南に字慶佐次がある。慶佐次川が太平洋に注ぎ、慶佐次湾の奥のあたりに国の天然記念物であるヒルギ林（マングローブ林）が拡がっている。1960年の頃までは林業（薪）が基幹産業であったのだが、エネルギー革命により衰退、次の基幹産業に向けて酸性土壌に強いパイナップルに注目、幾つかの課題を乗り越えながら、東村は全国一のパイナップル産地となっていった[32]。ただし、このパイナップル、新たな「いのちの産業」として期待されたのだが、国際価格との差が大きく政治的にも不安定要素を含むこと、また後継

ヒルギ林とカヌー体験

者問題も深刻であり、今後に大きく期待することは難しい。

このような中で、東村では、慶佐次におけるヒルギ林の利活用を意識した多様な取り組みを重ねてきた[33]。特に、ヒルギ林におけるカヌー体験、1998年からスタートさせている環境保全型自然体験活動（エコツーリズム）をベースにする修学旅行の受入れ（民泊）などで大きな成果を上げてきた。この民泊事業は東村全体で約60世帯が対応し、年間1万人を受け入れている。今では農業に代わり東村最大の産業となっている。

そして、このような魅力的なヒルギ林、カヌー、民泊によるエコツーリズムなどの拡がりにより、本土の人の別荘も増え、慶佐次だけでもその数は30を下らない。人口200人弱の慶佐次は北部3村の中で魅力的な空間を形成しつつある。また、コンビニエンスストアが進出の構えをみせているのだが、東村は、むしろ、沖縄本島の市町村の中で唯一コンビニエンスストアのない地域を目指しているのであった。

▶直営、請負、直営と変化を重ねる

分村直前の1923年に字慶佐次直営の共同売店が設立されるが、その頃は林業（薪）は慶佐次にとって主要な現金収入の手段であった[34]。字所有の山林で農

閑期に共同作業による山稼ぎが行われていた。この薪は山原船で中南部に送られた。山原船が慶佐次に入港する時期を見計らい、字では山稼ぎの日を設定し共同作業を実施していた。共同作業は「ジュウサンロクジュウ」といい、13歳から60歳までの男女が行うことになっていた。薪は共同売店に買い取られ、山原船で運ばれていった。また、到着した山原船は生活物資を積んでおり、それは共同売店が買い取って販売していた。この仕組みは戦前から戦後の1960年の頃までは慶佐次経済を潤わせるものであった。

　1944年10月の空襲により全てを焼失するが、戦後は米軍放出物資の慶佐次配給所から再生し、1954年には共同売店を復活させている。その後、1969年には直営から請負制に転換した。この請負制への転換時に、区民の中の有力者に株を持たせ資金調達している。このあたりから区所有から住民出資の株式制への転換の萌芽がみられる。この頃には、共同売店は売店機能にほぼ純化し、冷凍食品を含む食料品の販売、日用品の販売、地元の人が栽培した各種野菜の受託販売が中心になっていった。また、電話が普及していなかった時代には、どこの共同売店も電話の取次ぎは主な仕事の一つであった。

　その後、共同売店は順調に進み、配当金も多かったことから、字民全体に配当金が届くように全世帯（世帯株）に株式を持たせていった。1960年代はエネ

国道に面する慶佐次共同売店

ルギー革命により薪の需要は激減するが、1971年に完成をみた米軍通信施設からの軍用地代の収入が大きなものになり、慶佐次経済は豊かなものになっていった。ただし、この米軍通信施設は1993年には縮小され、現在は海上保安庁の施設となっている。

その後、1996年には共同売店を現在の国道331号に面する場所に移転新設する。国道を挟んでヒルギ林、カヌー乗り場が展開している。なお、この移転を機会に住民所有の株式を区が引き取り、以後、区の所有による直営の形に戻している。

▶交通条件の改善により、購買力が流出

現在の仕組みは区が土地、建物その他を所有する直営であり、区長が組合長を兼任する。売店主任（店長）は置いていない。店員3人を正規雇用し、売店事業から給料を出していた。店長は置いていないが、店員3人のうちの1人がリーダーとされていた。年中無休であり、基本的に売店には常に店員が1人配置される形をとっていた。開店時間は夏季は7時から20時、冬季は7時から19時とされていた。店内には鮮魚、惣菜、弁当、豆腐、冷凍食品、日用品などが一通り置かれていた。なお、サシミは月・金の週2日、豆腐は月・水・金の週3日販売されていた。

慶佐次からは国道331号で名護市街地にはクルマで30分ほどで行ける。そのため、クルマに乗れる人は名護に向かう。また、別荘族も必要なものの多くを

慶佐次共同売店の内部　　　サシミは月・金、豆腐は月・水・金に販売

名護で調達してくる。このような事情から売店の売上額は減少傾向にある。移転新設の1996年の頃に比べて売上額は半減とされていた。その理由として、売店側は一つに道路事情が良くなり名護まで30分になったこと、その名護にはイオンなどの大型店が増えたこと、二つに、慶佐次自体の人口減少、高齢化を指摘していた。

　以上のような点は、道路事情の改善、北部の中心都市としての名護への大型店の集積の中で、人口減少、高齢化に直面している北部の各地の共同売店に共通する問題であろう。交通が便利になり、近くに魅力的な店舗が集積していけば、若者を中心に流出が進み、また、クルマに乗れる人びとはそちらに向かっていく。それは個々人の意識の問題だと思うが、その流れを押しとどめることは難しい。慶佐次共同売店もそのよう難問に直面していた。

　▶新たな可能性に向けた課題

　少し前までの慶佐次では、食堂は1軒もなく、店舗は共同売店のみであった。だが、東村のエコツーリズムの取り組みなどにより、環境改善が進み、民泊には年間1万人の修学旅行生も集まってくる。また、ヒルギ林の整備も進み、カヌーで楽しめるなど魅力的な空間も拡がってきた。先にみたように本土の人の別荘が30戸前後も建てられている。

　このような状況の中で、2010年前後から新たにレストラン、カフェ、軽食店など3店が立地してきた。このことは、慶佐次の地域条件が大きく変わってきつつあることを象徴している。名護が近くなったということは、逆に、慶佐次は北部の中心都市の名護からも近くなったことを意味する。その名護に暮らす人、訪れる人を亜熱帯の特色を濃厚に示すヒルギ林（マングローブ林）に惹きつけていくことが求められている。そして、その中に魅力的な共同売店が展開され、地元の特産物をベースにした楽しめるスポットにしていくことが課題であろう。日本一のパイナップル産地であることは、もう一つの潜在的な要素となろう。

　現状の慶佐次共同売店は、慶佐次区民向けの色合いの強いものである。地元の人びとの生活を支えるという意味では、そうした要素の重要性は高い。そし

て、そのような地元の人びとの暮らしの中にある飲食や特産物は、外の人びとに意外性を感じさせることが少なくない。それらをうまく洗練させることによって、新たな可能性が拡がってくる。時代はそのような方向に向いているのではないか。慶佐次のエコツーリズムは修学旅行生の体験を含んだ民泊による受入れから始まったが、次の可能性は大きく拡がっていくのではないかと思う。

（3）都市化が進む本島中部西海岸の共同売店
　　──ミニスーパー化して存続（恩納村／恩納共同組合［共同売店］）

　恩納村は本島中部に位置し、国道58号が貫通している。沖縄屈指のリゾート地であり、2000年7月に開催された九州・沖縄サミットの沖縄会場は恩納村のホテルに設置された。このような位置的条件からインフラ整備や市街化の程度が高く、人口も増加基調にある。1970年の人口は7483人、1990年8486人、2000年9064人、2010年1万0151人と継続的に増加している。また、かつて沖縄本島全域に設置されていた共同売店は南部からは消え去り、恩納村、うるま市（島嶼部＝宮城島）のあたりが南限となっている。実質的には本島の南限は恩納村ということになろう。また、恩納村の共同売店は戦前期には12店を数えたが、1978年時点で8店、そして、2015年時点は5店となっているのである。

　恩納村を区（字）別にみると、字恩納が政治・経済・文化の中心であり、恩納村役場、学校給食センター、農協、郵便局、恩納医院、小中学校、保育所等が集中している。このような枠組みの中で、恩納共同組合（恩納共同売店）は興味深い歩みを重ねてきた。

▶沖縄最大規模の共同売店を展開

　恩納共同組合の設立は1922（大正11）年とされている。戦前の産業組合運動と共に歩んできた。戦中に消滅し、戦後の1950年には国道58号沿いの現在地に木造茅葺屋根の店舗を建設している[35]。その後、1995年頃にコンクリート造3階建の店舗を建設するまでに至った。2015年現在の恩納区（字）の世帯は216、全世帯が株主であり、組合長は選挙で選ばれている。ただし、売店主任（店長）は地元出身の40代中頃の専門職であり、恩納共同組合の売店に20年以上勤

共同売店の域を超える恩納共同組合（共同売店）　　恩納共同売店のレジ付近

務し、この6年ほどは店長職に就いていた。

　店舗の1階（約100坪）は食料品売場であり、品揃えとボリュームは普通の食品スーパーと変わらない。2階（約50坪）は回廊状になっており、そこに日用雑貨が陳列されている。そして、3階が事務所、倉庫等になっていた。沖縄の共同売店の中で最大規模であった。世界最大の共同売店となろう。当然、年中無休、開店時間は夏季は7時から21時、冬季は7時から20時となっていた。これだけの規模に対して、従業員は17人を数えていた。この従業員の大半は区内住民であり組合員でもある。一部の従業員は隣の区から通っている。

2階からみた1階の食品部門

客の80〜90％は区民を中心とした近隣の固定客であり、一元客は10〜20％程度とされていた。また、区内にある保育所（3カ所）には、それぞれ週に2〜3回は食材を配達していた。個人の電話注文・配達は受けていないのだが、高齢の決まった人には配達を行っていた。外観上も、内部の商品の充実度も他の共同売店の域を超えていた。

▶発展の次のステージの課題

　十数年前にボランタリーチェーンの全日食グループに加盟し、仕入の60〜70％は全日食から入れていた。納品は月曜日から土曜日までの週6日であり、そのために特別に在庫を持つ必要はない。売価は自主的に決定できる。価格は他のスーパーと同じレベルにしていた。この全日食からの仕入はほぼ買取りの形であった。鮮魚等の仕入は委託の形であり、鮮魚卸商が入れてくる。また、惣菜部門は今後の課題だが、現状では揚げ物と弁当を内部で生産していた。弁当は1日100食程度、価格は320円と430円に設定していた。高齢化が進む中で、惣菜の必要性は高く、その利益率も高い。また、チラシは恩納中学校区の範囲の新聞折込みとレジでの配布であり、2週間に1度ぐらいは打っていた。

　このように、共同売店として歩みながらも、実態的には民間の小規模食品

野菜などが充実

スーパーの趣であった。知らずに立ち寄れば、共同売店とは気がつかないのではないかと思う。

　この5〜6年の動きをみると、売上額が漸減していた。最大のポイントは国道58号のバイパスが完成し、予想されたことだが、クルマの流れが変ってきたことが指摘されていた。近くの競合店（食品スーパー）としては、隣のうるま市（旧石川市）に1軒あり、周辺にコンビニエンスストアも増えている。インフラが整い、住宅化も進み、商業施設がかなり増えてきている。そのため、共同組合の総会の際には、組合員に「できるだけ買って欲しい」と伝えていた。

　このように、その置かれた地域的条件の下で、恩納共同売店は共同売店としては異色ともいうべき発展の方向を示してきた。地方の小規模食品スーパーと遜色のないレベルに達し、雇用も17人とかなりなものになっている。それでも共同売店としての基本である地域住民の店であることを目指し、雇用、販売に意を尽くしていた。他の小規模な共同売店の場合、ゆんたくしていく余裕はあるが、この恩納共同組合の場合には、そのような状況はなさそうであった。それでも、レジのあたりには人数も配置し、丁寧に対応しているようにみえた。

　住民（組合員）に商品を供給していくことと、人びとにコミュニケーションの場を提供するという二つの役割を意識しながら、バランスのとれた展開をしていくことが求められている。この恩納共同組合の場合は、これまでの拡大路線の次のステージとして、普通のスーパーになっていくのか、あるいはそれとは異なった新たなものを築き上げていくのか、それが問われているようにみえた。

5．沖縄共同売店の意義と未来

　ここまでみてきたように、沖縄においては100年以上前から「共同売店」という興味深い仕組みが形成されてきた。そして、この共同売店の仕組みは沖縄本島ばかりでなく、八重山諸島などの離島にまで拡がっていった。その間、戦前の統制経済の進展、戦災、戦後の復興過程等を通じ、その役割、機能、形態等も変質していくが、現在でもピーク時の半数ほどの共同売店が維持されてい

る。特に、沖縄全体では人口は増えているものの、共同売店が立地している地域では、この30年ほどは人口減少、高齢化、他方での道路事情の改善、モータリゼーションの進展、大型量販店、コンビニエンスストアなどの集積、拡がりなどが著しい。そのため苦戦を強いられている共同売店も少なくない。それでも、地域に必要なものとして、人びとの深い関心を惹きつけているのである。

　本章の最後となるこの節では、ここまでの歩みと幾つかのケーススタディを振り返り、改めて共同売店の意義を問い直し、さらに、今後に取り組まれていくべきあり方を考えていくことにしたい。

▶人口減少、高齢化の中で変質してきた共同売店

　100年以上前に、この「共同売店」が生まれたのが、交通条件に恵まれない沖縄本島最北の国頭村奥区であったことが興味深い。むしろ、そのような条件不利を跳ね返そうとする人びとの努力が、共同売店という独自なあり方を創出していった。本論でみたように、奥区の共同売店は当時の「いのちの産業」であった薪の供給に関連して、その物流（海上輸送）を握っていた外部商人への対抗措置として開始されている。自前で山原船を用意し、独自に那覇方面まで売りに行き、帰りに生活物資を積み込み住民に提供していた。そして、資本蓄積を進め、多様な工場を展開、金融機能から奨学金の提供までと、地域経営全体の担い手としての機能を果たしてきた。あたかも「集落の総合的な事業体」として発展していったのであった。

　そして、この仕組みは国頭村から周囲の東村、大宜味村、旧久志村あたりにまで拡がっていった。この間、戦災で全てを焼失したものの、戦後の早い時期から再開に踏み出していった。だが、1960年頃から顕著になってきたエネルギー革命により、薪の需要は激減、その結果、その供給地であった本島北部は圧倒的な人口流出に見舞われていく。そのため、共同売店の事業も次第に縮小し、食料品・日用品を扱うものに限られていった。それでも集落の唯一の店として重要な役割を果たしてきた。さらに、共同売店は単なる販売店としてだけではなく、人びとの集う場、コミュニケーションの場として機能してきたことも重要であろう。

日本全体は2000年代の後半以降、人口減少社会に突入しているが、地方圏では唯一沖縄県だけが人口増加基調を続け、高齢化率も低い。ただし、沖縄の内部をみると、本島と離島の格差、本島内部における南北格差が際立っている。その格差の焦点である離島と本島北部に共同売店が多くの残されていることは示唆的であろう。人口減少、高齢化が進む地域で共同売店が果たしている役割は大きい。さて、この共同売店、極度な人口減少、高齢化に見舞われ、他方で大型量販店、コンビニエンスストアが向かってくる本島北部で、どのような役割を果たしうるのか、また、どのような取り組みを求められているのかが問われている。それは、買い物弱者問題に揺れる全国の中山間地域のような条件不利地域に重大な示唆を与えることになろう。

　▶集落の連携が必要な時代

　現在、かつての集落の総合的な事業体としての色合いをわずかに残すのは、沖縄の共同売店の中でも奥共同店の製茶事業ぐらいであろう。大半の共同売店は食料品を中心とする生活用品の販売店的なものに変質している。そして、1980年からのわずか三十数年で沖縄の共同売店は半減してしまった。また、閉鎖して数年が経ち、再開してくる共同売店もある。全体的には少しずつ縮小、減少に向かいながら、閉鎖、再開が繰り返されていくのかもしれない。ここでは三つのシナリオをイメージし、共同売店のこれからを論じていきたい。

　一つ目の道筋は、流れに身を任せ、ボランティア的な人びとにより継続され、縮小しながらも継続されていく、あるいは、ギリギリまで踏ん張り、その力も失い閉鎖に向かうというものであろう。このような懸念は、先の東海岸にあった楚洲、嘉陽の共同売店のケースで浮かび上がってくる。区（集落）の人口は50〜60人にまで減少し、事実上の高齢化率は50％を超えている。若い人はゼロに近い。すでに何年も前から経営は大幅な赤字であり、改善の見通しはない。特定の人（店長、請負人）のボランティア的な取り組みでかろうじて維持されている。楚洲店長のこれから「どうするねん」という問いかけに、「沈黙」が拡がるばかりということは、そのような事情を象徴している。すでに人口が減少し、高齢化して個別の集落で対応できるレベルを超え始めている。ボラン

ティア的対応も限界に近づきつつあることが懸念される。その時、一気に「買い物弱者問題」が鮮明化してくるであろう。その場合、近年、本土の中山間地域などで取り組まれている移動販売、買い物代行、デマンド交通などの可能性を模索していくことを求められるのかもしれない。

　このような場合は、二つ目の選択として、近くの幾つかの集落の共同売店と連携、ないし集約していくことも考えられる。幾つかの集落が連携し、事業的な可能性が期待できる規模に再編、ないしサテライト化していくことであろう。公営、共同出資、個人経営、コンビニエンスストアへの転換（加盟）、食品ボランタリーチェーンへの加盟などが考えられる。どこかの共同売店がチェーンに加盟するとなると、一定の採算規模が必要になり、周辺の共同売店は一気に成り立たなくなる可能性も高い。周辺との合意に基づいてチェーンに参加するか、あるいは独自に参加していくかで道筋はやや異なろうが、いずれにおいても、徒歩圏に共同売店がなくなる集落も出てきて、移動手段、例えばデマンド交通（過疎地有償・福祉有償運送）[36]、あるいは、買い物代行、移動販売等を組み合わせていく必要がありそうである[37]。なお、小規模にサテライト化していくには、新たな知恵が必要になろう。

　なお、この場合、どの集落に集約化していくかについての合意を形成することはまことに難しい。本島北部の各区（集落）のこれまでの歩みが自立性、独立性が高かったことが、むしろ、連携と合意形成を難しいものにしていく可能性が高い。場合によると、共倒れの懸念もある。この選択は極めて現実的なものと思うのだが、ギリギリのところまで引き延ばされていくであろう。コミュニティがしっかりしており、集落の範囲で共同売店という自立性の強い興味深い仕組みを作り上げてきた沖縄の場合、このような議論はなかなか始まらないが、本土の四国山地、中国山地ではすでに集落の単位では店舗が全てなくなっている場合も多く、現実の問題として多様な取り組みが重ねられているのである。

▶地域資源を活かす──「直売」「加工」「レストラン」の3点セット
　三つ目はより積極的な対応の方向である。集落の人口減少、高齢化が続く限

り、食料品、生活用品の販売店的性格となっている現状の共同売店のままでは維持していくことは難しい。奥区の糸満盛也氏が指摘するように、「共同売店だけで考えていてはダメ。地域全体で考えていく必要」があろう。その場合、地域資源を見直した産業化、6次産業化が課題となる。100年前の頃は優れた林産資源があり、「いのちの産業」として薪産業を生み出してきた。そして、それを起点に多様な産業化、雇用の場の形成を実現できた。

　そして100年が経過した現在、改めて地域の資源の見直しと産業化が不可欠となっているのであろう。その場合、おそらく、沖縄本島北部の最大の地域的資源は亜熱帯の自然環境、伝統的なたたずまい、家屋、そして、人びとの暮らしであろう。さらに、多様で独特な農産物資源がある。また、あまり利用されているようではないが海洋資源にも注目していく必要がある。この場合の海洋資源とは魚介類、海藻類ばかりではなく、景観や海洋レジャー的要素も含まれる。これら各集落の固有の資源を見直し、新たな産業化を図り、共同売店に新たな力を蓄えていくことが求められる。

　その具体的な姿は、一方における新たなツーリズムの提供であり、もう一つは農水産物資源の掘り起こしと高付加価値化、産業化、あるいは6次産業化であろう。新たなツーリズムについては、沖縄独特の亜熱帯の自然と伝統的な生活様式のさりげない提供がポイントになろう。西海岸で提供されているような華やかなリゾート開発ではなく、暮らしの伝統を深く感じさせるものであることが求められる。

　また、農水産物に関しては、独特な農産物、果物の「直売」、「加工」、そして伝統食を提供する「農漁村レストラン」といった点に注目していく必要がある[38]。これらは農山漁村地域活性化の「3点セット」というべきものであり、人びとの関心を惹きつけ、また、そこに関わる地元の人びとに新しい可能性を感じさせることになる。これまで破棄していた地元の余剰の新鮮な農林水産物を直売することにより、生産者の意欲は高まっていく。また、余剰の農林水産物を加工し、あるいは伝統食として提供していくことは、地域に新たな付加価値をもたらし、人びとに大きな勇気を与えていくことになろう。本章で採り上げたケースの中でも、奥、川田、慶佐次、喜如嘉のあたりは、そのような可能

性が高いのではないかと思う。なお、この3点セットについては、一気に全てを行おうとすることは現実的ではない。可能なところから出発し、幅を拡げていくことが必要であろう。「直売」から行くのか、「加工」からいくのか、あるいは「レストラン」からいくのか、地域諸条件を見極めながら対応していくことが求められる。

　集落の共同売店を軸にしながら、独特の亜熱帯の自然環境、伝統的な生活様式を焦点とするツーリズム、そこに独特な農林水産物をベースにした「直売」「加工」「農漁村レストラン」の3点セットを組み合わせていくならば、地域は新たな色合いを帯びていくのではないかと思う。そのような可能性がみえれば、若者の流出は弱まり、また、新たな若者が向かってくることも期待される。この100年の間に共同売店は大きな変転を経験してきた。次の課題は地域丸ごとの産業化の新たな焦点として蘇っていくことではないかと思う。

　このように、100年以上の歴史を重ねてきた沖縄の共同売店は、いま、大きな転換点にあるようにみえる。人口減少、高齢化、他方での交通条件の改善、また、量販店、コンビニエンスストア等の進出により、置かれている位置が大きく変ってきた。若者にとって、あるいはクルマに乗れる人びとにとって日常の利便性は飛躍的に改善されているのかもしれない。ただし、高齢化し、クルマに乗れない人びとにとって、地域が育て上げてきた共同売店の縮小、閉鎖は難問を残すことになる。一方での利便性の向上は、他方でその恩恵にあずかれない人びとを取り残す。

　こうした時代的状況にありながらも、地域のコミュニティがしっかりしているとされる沖縄では、本論でみてきた川田区売店のように、復活してくる場合も少なくない。共同売店を長らく観察されている沖縄大学の宮城能彦教授は「共同売店はむしろ、なぜなくならないのかが不思議」と語っている。また、共同売店ファンクラブの眞喜志敦事務局長は「共同売店の場合、『閉店』と言っても数ヶ月から数年で再開することがよくあります。これは、担い手が経営的理由以外にも病気や介護などを理由に辞めてしまった場合でも、土地や建物が部落有のまま残されている場合がほとんどであり、また組合組織は存続

していることも多いからです。しばらく後に個人請負者が見つかって復活したり、宜野座村漢那のように住民ニーズの高まりを受けて新築してしまう場合もあります。また株（組合）は解散（精算）しても、『区直営』という形で再開した例もあります[39]」と語っている。

　それは沖縄の地域の強さなのかもしれない。小さな集落で暮らしていくことの焦点として共同売店が位置づけられ、形を変えながら生き残っている。本土の中山間地域の「買い物弱者」問題に苦しむ私たちが学ぶべきは、まさにこの点にあるのではないかと思う。

1）　この共同売店については、共同店、売店、購買店、共同組合などと呼ばれることもある。本章では「共同売店」を採用するが、固有名詞については、そのまま用いた。なお、この沖縄の「共同売店」については「協同」ではなく「共同」が用いられている。この点については、以下のような事情がある。戦前期においては、共同売店は「実質的には生活協同組合でありながら、法人組織とは認められず、共同店の運営責任者である売店主任の個人名義で登録し、個人商店と同じ扱いを受けていた。……戦後の一時期、琉球政府が共同店から個人商店と同じく営業税を徴収したことに対し、国頭村一円の各共同店ではこれに抗議し、実質的な生活協同組合としての役割りと歴史を尊重せよと要求……、以後、行政的に、協同組合に準じた扱いを受けてきている。」（安仁屋政昭・玉城隆雄・堂前亮平「共同店と村落共同体(2)——沖縄本島中南部地域と離島の事例」（『南島文化』第5号、1983年3月、180ページ）。
2）　沖縄型共同売店を学習して設置されたものに、宮城県丸森町の「なんでもや」がある。この「なんでもや」については、本書第7章を参照されたい。また、沖縄を意識したものではないが、独自に住民出資の共同売店を設置したものとして、広島県安芸高田市（旧高宮町）の川根振興協議会と高知県四万十市大宮地区（旧西土佐町）の大宮産業が知られる。川根振興協議会については、小田切徳美「新たな農村コミュニティの実態と性格」（小田切徳美編『農山村再生の実践』農山漁村文化協会、2011年、第1章）、松永桂子『創造的地域社会』新評論、2012年、第1章、大宮産業については、本書補論4、及び、関満博編『6次産業化と中山間地域——日本の未来を先取る高知地域産業の挑戦』新評論、2014年、第5章を参照されたい。この他にも、農協の売店が閉鎖されたことに対して、住民出資で再開した近年のも

のとしては、常吉村営百貨店（1997年、京都府京丹後市）、ふらっと美山（2002年、京都府南丹市）、空山の里（2003年、京都府綾部市）、コミュニティーうきさとみんなの店（2007年、三重県松坂市）、ふるさとセンター山田（2007年、長野県高山村）などが知られている。また、元農協職員等が閉鎖された農協店舗を買収し、継続している場合は少なくない。

3） 沖縄の共同売店の研究は、田村浩『琉球共産村落之研究』関書院、1927年、に始まったとされる。近年のものとしては、以下がある。玉野井芳郎・金城一雄「共同体の経済組織に関する一考察──沖縄県国頭村奥区の『共同店』を事例として」（『商経論集』沖縄国際大学、第7巻第1号、1978年12月）、安仁屋政昭・玉城隆雄・堂前亮平「共同店と村落共同体──沖縄本島北部農村地域の事例(1)」（『南島文化』創刊号、1979年3月）、安仁屋政昭・堂前亮平「波照間島・石垣島・西表島の共同店と村落構造」（沖縄国際大学南島文化研究所『地域研究シリーズ No.3 波照間島調査報告書』1982年）、安仁屋政昭・玉城隆雄・堂前亮平「共同店と村落共同体(2)──沖縄本島中南部地域と離島の事例」（『南島文化』第5号、1983年3月）、奥共同店『字誌・奥のあゆみ』1986年、浦崎直次『奥の歩み』沖縄県国頭村奥区事務所、1998年（1951年原稿）、「特集：戦後沖縄の共同店の変容」（『沖縄大学地域研究所所報』第29号、2003年3月）、中村誠司「沖縄・山原の国頭村奥共同店100年覚書」（『東アジア社会教育研究』第11号、2006年）、市村隆紀『「共計在和」に生きる──「奥共同店」100年から考える協同組合と地域の未来』財団法人協同組合経営研究所、2007年、奥共同店100周年記念事業実行委員会・奥共同店『創立百周年記念誌 奥共同店』2008年、宮城能彦『共同売店──ふるさとを守るための沖縄の知恵』沖縄大学地域研究所ブックレット、2009年、真喜志敦「地域のくらしを支える共同売店」（『都市問題』第100巻第9号、2009年）、山浦陽一「地域共同売店の実態と持続可能性」（小田切編、前掲書）、林和孝「コミュニティに埋め込まれた協同組合──沖縄の共同店について」（『まちと暮らし研究』第15号、2012年6月）などがある。また、最近の実態を興味深く示すものとしては、沖縄の共同売店全体を紹介する宮城能彦監修『季刊カラカラ別冊 共同店ものがたり』伽楽可楽、2006年、離島の石垣島、波照間島の共同売店を紹介したものとして、井上英樹「南の島の共同売店繁盛記」（『翼の王国』ANAグループ機内誌、第525号、2013年3月）がある。

4） 安仁屋・玉城・堂前、前掲「共同店と村落共同体(1)(2)」。

5） 島根県の中山間地域の事情については、関満博・松永桂子編『中山間地域の「自立」と農商工連携──島根県中国山地の現状と課題』新評論、2009年、同編『「農」と「モノづくり」の中山間地域──島根県高津川流域の「暮らし」と「産業」』新

評論、2010年、を参照されたい。
6) 玉野井・金城、前掲論文、1ページ。
7) 前掲論文、3ページ。
8) 宮城、前掲書、17ページ。
9) 中村誠司「社会に希望提供」(『琉球新報』2006年1月1日)。
10) 近年の「地域商社」については、高知県四万十町の「四万十ドラマ」、島根県邑南町の「みずほスタイル」が注目されている。四万十ドラマについては、関編、前掲『6次産業化と中山間地域』第7章、みずほスタイルについては、関・松永編、前掲『中山間地域の「自立」と農商工連携』第5章を参照されたい。
11) 奥共同店の店則等については、1917(大正6)年頃のものは、宮城、前掲『共同売店』19-26ページに現代文に直したもの、戦後の1956年のものは、奥共同店100周年記念事業実行委員会・奥共同店、前掲書、588-595ページに掲載されている。
12) 宮城、前掲書、19ページ。
13) 奥共同店100周年記念事業実行委員会・奥共同店、前掲書、13-19ページ。
14) 以下の各事業の動向等については、宮城悦生「共同店の事業及び部落の繁栄に果たした役割」(奥共同店100周年記念事業実行委員会・奥共同店、前掲書)41-61ページによった。
15) 安仁屋・玉城・堂前、前掲「共同店と村落共同体(1)」104-105ページ。
16) この「共同仕入」をめぐる状況については、『沖縄タイムス』2004年3月26日、4月1日、で報告されている。
17) これらについては、安仁屋・玉城・堂前、前掲論文、94-102ページによる。
18) 安仁屋・玉城・堂前、前掲「共同店と村落共同体(2)」185-195ページでは、共同売店ごとの沿革が一覧化されている。
19) 沖縄の地域産業、本土からの進出企業等については、関満博編『沖縄地域産業の未来』新評論、2012年、を参照されたい。
20) 1960年代の中国山地の状況については、中国新聞社編『中国山地【上】、【下】』未來社、1967年、1968年、に詳しい。
21) 安仁屋・玉城・堂前、前掲論文、109ページ。
22) 安仁屋・玉城・堂前、前掲「共同店と村落共同体(1)」111ページ。
23) 離島の共同売店については、安仁屋・堂前、前掲「波照間島・石垣島・西表島の共同店と村落構造」、井上、前掲論文を参考にした。
24) 以下の概要は、琉球大学観光産業科学部観光科学科『沖縄県国頭村楚洲区編』2014年、による。

25) このあたりの事情は、東村史編集委員会『東村史第1巻通史編』東村、1987年、77-79ページを参照した。
26) 山浦、前掲論文。
27) 近年、共同売店の閉鎖が続く中で、復活してくる共同売店もある。2009年2月には、浦添市屋富祖通りに空店舗対策の一貫として1坪店舗9店が集まる「ゆがふ共同売店」がオープンした（『沖縄タイムス』2009年2月15日）。また、2013年7月には、宜野座村漢那区で1992年に閉鎖されていた共同売店が、住民の強い要望の下に再開した。建物は区の予算で建設し、個人に委託した。店名は「デリデリ」という（『沖縄タイムス』2013年8月4日）。なお、これらのいずれも、住民出資によるものではない。また、表10-2の名護市の羽地中部協同売店は、農協の売店の閉鎖後、1979年、周辺5集落の住民出資によりスタートしたものである。
28) 以下の川田区の売店の歩みについては、東村史編集委員会、前掲書、184-185ページを参照した。
29) 国頭村奥共同店の「100周年記念共同店長サミット」における池原善尚氏の発言（奥共同店100周年記念事業実行委員会・奥共同店、前掲書、209-212ページ）。カッコ内は引用者。
30) 前掲書、213ページ。
31) 以下の歴史的な歩み等については、安仁屋・玉城・堂前、前掲「共同店と村落共同体(1)」176～180ページを参考にした。
32) 東村のパイナップルへの取り組みと現状等については、関満博編、前掲書、第5章を参照されたい。
33) この点については、山城定雄「東村／交流型農村による産業おこし──小さな村の大きな挑戦」（関編、前掲書、第5章補論）、同「花と水とパインの村の地域開発」（『地域開発』第606号、2015年3月）を参照されたい。
34) 以下の事情については、東村史編集委員会、前掲書、134-137ページを参照した。
35) 以下の恩納共同組合の経緯等については、安仁屋・玉城・堂前、前掲「共同店と村落共同体(2)」214-216ページを参考にした。
36) デマンド交通、過疎地有償・福祉有償運送等については、本章補論9、10を参照されたい。
37) 買い物代行、移動販売については、本章第1章、第2章、第3章を参照されたい。
38) このような中山間地域における農産物直売、加工、農村レストラン等については、関満博・松永桂子編『農商工連携の地域ブランド戦略』新評論、2009年、同編『農産物直売所／それは地域との「出会いの場」』新評論、2010年、同編『「農」と

「食」の女性起業——農山村の「小さな加工」』新評論、2010年、関満博『「農」と「食」のフロンティア』学芸出版社、2011年、を参照されたい。
39）　眞喜志敦氏の筆者への私信（2015年３月30日）。

補論　各地の多様な取り組み

本論となる先の第1章から第10章までは、現在の中山間地域などの条件不利地域を舞台に取り組まれている「買い物弱者」支援の代表的なケースをみてきた。多様な「移動販売」「買い物代行」が拡がり、バスなどによる「送迎」、さらに多様な形で「店舗」を設けるなどの取り組みが目立った。民間事業者の取り組み、NPOなどの中間組織の支援、住民（組織）の自主的な取り組み、地域の責任のある経済団体である商工会等の取り組み、さらに、行政による支援も組み合わされていた。

　戦後の高度経済成長期においては、北海道の産炭地、中国山地、沖縄の山原などを除いて全国的に人口は増加基調であり、経済成長の成果により人びとの暮らし向きは良くなり、そして、新たなビジネスチャンスの拡がりを受けて、各地に多様な商店、サービス業が拡がっていった。1970年代初頭のニクソンショック（1971年）、第一次オイルショック（1973年）により、日本経済は新たな局面に入るが、1980年代の中頃まで、日本の事業所数は増加基調にあった。

　だが、プラザ合意（1985年）の頃を境に、日本の事業所数は減少期に入っていく。全国の条件不利な中山間地域において、人口減少が目立ち始めたのもこの頃からであった。そして、それに少し遅れながら、中山間地域の商店、サービス業が減少し始めていく。特に、バブル経済崩壊以降、踏ん張っていた商店、サービス業も事業主の高齢化、後継者難により、2000年を前後する頃から一気に閉鎖していく。小さな地区にあった映画館、パチンコ店の閉鎖から始まり、買回り品の店がなくなっていく。そして、小さな食品スーパーがなくなり、個人の食料品店が閉鎖すると、人びとは事の重大性に気付いていく。

　そのような事態に対し、各地でその地域条件を受け止めた実に多様な取り組みが開始されている。この補論においては、各地で取り組まれている多様な移動販売、店舗の開設、さらにデマンド交通などに注目していく。

　人口減少、高齢化、そして買い物の機会の減少という状況の中で、私たちが安心、安全で持続的に暮らしていけるためのあり方が問われているのである。

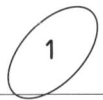

① 島根県雲南市（旧掛合町）／
集落に唯一残った商店が1996年から移動販売
中山間地域の高齢者を週1回訪れる（泉商店）

　島根県雲南市、2004年11月、大東町、加茂町、木次（きすき）町、三刀屋（みとや）町、吉田村、掛合（かけや）町の5町1村の合併により成立した。中国山地の一角を構成する中山間地域の典型的なところである。面積は553㎢を数える。ほぼ全域が山間地域である[1]。雲南市の最近の住基台帳（2015年6月末）人口は4万0702人であるが、合併前の2000年（国勢調査）の人口は4万2416人であった。地方の場合、国勢調査人口と住民基本台帳調査人口では3％程度の誤差（国調の方が少ない）がでることが多く、直接的な比較は難しいのだが、この15年で1714人の減少（4.0％減）となった。さらに、旧掛合町の範囲では、2000年には人口3906人であったが、2015年には3135人と771人の減少（19.7％減）となった。

　この旧掛合町の中心部から北の山間地に入ってところに、松笠地区がある。面積19㎢、標高300mとされていた。合併の2004年には人口407人を数えたが、

松笠地区唯一の商店、泉商店

泉商店の内部

2007年には松笠小学校は掛合小学校（この時には、旧掛合町の範囲にあった五つの小学校が一つに統合された）に統合され、廃校となっている。2014年の人口は356人、高齢化率は37.9％となった。以前にはこの松笠地区には商店が3店あったのだが、現在、開いている店は泉商店だけとなっている。

▶地域の「よろずや」的存在

　泉商店の創業は1914（大正3）年、すでに100年を重ねてきた。泉商店のリーフレットには「地域にとっての『よろずや』的存在、（酒、タバコ、食品の小売）＋郵便局業務。毎週火曜日には移動販売をしています。また、毎日配達もします」と記されてあった。現在の店主は白築史朗氏（1965年生まれ）、平田市（現出雲市）から嫁いできた夫人と母の3人で営んでいる。

　店に入ると明るい店舗で、食料品、酒類、タバコなどの他に、衣料品も数十点つるしてあった。これが比較的よく売れるとのことであった。さらに、店の中には簡易郵便局も設置されていた（1966年から）。白築氏が局長であった。簡易郵便局は過疎地、離島等におけるサービス提供を目指し、個人または法人が日本郵便㈱と業務委託契約を結んで開局するものであり、郵便業務（切手等の販売、ゆうパックの引受等）、貯金業務（貯金の預入、払い戻し、口座振り

衣料品もあり、簡易郵便局もある　　　　　　白築氏夫妻

替えの対応等)、保険業務(かんぽ生命保険の募集、保険料の受入れと保険金の請求手続き)を行う。簡易郵便局は全国に約4300局あるとされている。

▶Uターンし、移動販売を始める

　白築氏は地元の高校を卒業後、広島の食品会社に勤め、家業に戻るが、次第にクルマのない高齢者が増加していくことに着目していく。店で待っているだけでなく、先方に出向くことの必要性を痛感、1996年から移動販売に踏み込んでいる。当初は近くの集落の高齢者宅を回り、客を確保していった。現在では、毎週火曜日、早朝の5時頃から準備を始め、1人で軽のワンボックスカー(富士重工製、660cc)型の移動販売車で9時前には出発している。

　車両には冷凍・冷蔵設備は付いてなく、商品を入れた断熱性の高い発泡スチロールの箱を十数個積んでいた。箱のふたには「野菜」「果物」「惣菜」「パン」「漬物」「惣菜」「ちくわ・ハム・天ぷら」「寿司・おにぎり」「冷凍魚・肉」などの表示が張ってあった。夏にはドライアイスで冷やしたアイスクリームなども運んでいた。お弁当は扱っていない。また、酒、タバコなどは客の要請に応じて、次回に持っていく。さらに、郵便局を併設していることから、葉書、切手の販売、投函の手伝い等もしていた。さらに、高齢者宅の電球の交換等も手伝っていた。

　巡回する範囲は掛合の中心部以外の4地区(クルマで30分圏内)であり、固定客30軒を1軒ずつ訪問していた。白築氏は「30軒が限度。売るだけではない。

警察から預かった「安全安心パトロール」の
ステッカーも貼ってある

積み込まれた発泡スチロールの箱

　客のペースに合わせる」としていた。客が高齢で亡くなることもあるが、全体的には客は増加しているとしていた。30軒のうち12～13軒は独居世帯、1人を除いて全て高齢の女性であった。白築氏は「この人は困っているな」と思えるところに向かうとしていた。夕方17時頃には戻っていた。

　販売価格は店売りと同じにし、ポイントも出していた。平均の客単価は約3000円、2013年の移動販売（盆などを除く48日間）の売上額は336万4000円を計上していた。1日の平均売上額は約7万円ということになろう。軽トラタイプの移動販売の損益分岐点は5～6万円とされるが、それを少し上回っていた。売上の回収は現金だが、人によっては年金の入金時に支払う掛け売りも行っていた。音楽を流さず、定時訪問を心がけていた。移動販売の日以外は、電話注文等に対する配達も行っている。それでも「高齢者に現物をみてもらい、選んでもらうことが大切」と語っていた。ここまでの19年間で2日だけ白築氏が体調を崩し、夫人が代わりに出向いたようであった。高齢の客は移動販売車の来ることを心待ちにしているのである。

▶山間地のライフラインに

　白築氏の苦労は「親戚のように思っていたお客さんが亡くなったとき。ボディブローのように効く」と語っていた。毎日の心配は天気、雨や夏の暑い日。商品が痛まないようにドライアイスを入れるなど気を配っていた。また、現在

の車両は4台目だが、2012年に行政からの補助を初めて受けた。人口減少、高齢化が進み、買い物弱者の増加している島根県の場合は、2008年度から人びとのライフラインとなる移動販売車に対して、県4分の1、市町村4分の1の計2分の1の補助を提供している。泉商店は約150万円の車両代に対してほぼ半額の約75万円の補助を得ていた。

　この掛合地区にも他の移動販売車も入ってくる。それらは長続きしないようであった。このような事業は「信頼関係」が基本であり、白築氏の下には高齢になり、クルマの運転が難しくなってきた人びとが口コミ、紹介でやってくる。それらに丁寧に応えていた。

　白築家の子息は、27歳の長女（東京勤め）と23歳の長男（岡山勤め）。白築夫人は「長男は30歳までは放免しているが」と語り、白築氏は「志ある人にやって欲しい。店、郵便局、移動販売をまとめてやって欲しい」と語っていた。高齢で買い物に出かけることのできなくなった人びとに対し、地区で唯一の商店（よろずや）となった泉商店は、地域の人びとのライフラインとして働いているのであった。

　中山間地域に軽トラで訪れる移動販売車は少なくない。青果・果物、鮮魚等の専業の個人のスタイル。あるいは、この泉商店のように一通り食料品を揃えている場合もある。移動販売専業の場合、仕入れの幅の拡がりから一通りの食品を揃えていくことは難しい。品揃えの豊富な「よろず屋」的な商店以外には、食品スーパー、生協などの独自事業か、あるいは、それら食品スーパー等をベースにするフランチャイズの形もある。いずれにしても、多様な商品を載せていくためには、仕入ネットワークの形成が不可欠とされる。

　人口が急減し、商店が1店しか残っていない旧掛合の地で、泉商店は興味深い取り組みを重ねているのであった。

1）　雲南市の事情、特に地域産業については、関満博「新たな『雲南モデル』の形成——『自立』と『可能性』の芽が『希望』と『勇気』を」（関満博・松永桂子編『中山間地域の「自立」と農商工連携』新評論、2009年、第3章）を参照されたい。

② 島根県松江市／ほっかほっか亭から食品加工、配食・買い物代行サービスへ

故郷の活性化を目指す社会企業家（モルツウェル）

　人口減少、高齢化の急角度な進展は、従来から問題にされていた中山間地域などの条件不利地域ばかりでなく、都市の中でも買い物弱者を増加させている。さらに、買い物ばかりか食事の用意をすることも難しくなってきた。このような事態に対し、各地で移動販売、買い物代行、配食サービス、バス、タクシーなどによる出迎えなどの取り組みが開始されている。ただし、これらの取り組みも民間的な事業ベースに乗りにくく、新たな枠組みの形成が求められている。

　島根県松江市、山陰の魅力的なまちを形成しているが、ここにも人口減少、高齢化、そして買い物弱者が生まれてきた。地元出身の若手企業家が、地域の課題解決に向けて次々に新たな事業領域を切り拓きつつある。

野津積氏

▶真空調理法による介護施設向け調理品をメインに

　野津 積（つもる）氏（1967年生まれ）は出雲市（旧斐川町）の出身、平田高校、福山大学経済学部を卒業後、法務省公安調査庁に入り、公安調査官として情報収集分析技術を学ぶ。幼少の頃から起業を志し、優れたホテルマンであった父の影響を受け、ホテル経営を夢見ていた。1992年には地元島根の代表的なホテルであるホテル一畑に入り料飲部セールス課に勤める。この間、起業に向けて飲食街で飲食店をプチ起業（1993〜1994年）している。

　1996年には、ホテル一畑を退職、個人事業としてほっかほっか亭のフランチャイジーと

なり、夫人と２人で学園通り店として本格起業した。29歳の時であった。当時のほっかほっか亭は弁当のテイクアウトのみの事業であったが、独自に宅配に踏み出し、創業２年目には18坪の店で月商1300万円を上げ、当時のほっかほっか亭全国3400店舗の中で売上額第１位となった。このあたりから野津氏の事業センスが発揮されてくる。

　その後、ほっかほっか亭の既存店の買収再生を重ね、７店舗、従業員数200人を超えたが、同時に競合するコンビニ、スーパーの惣菜、弁当部門の拡大などに直面、新たな事業機会は高齢者市場と受け止め、ほっかほっか亭の店舗は創業の学園通り店のみを残し、意欲的な従業員に譲り渡し、弁当店で培った惣菜製造ノウハウを活かした高齢者向け食材事業に転じていく。

　当初は介護保険による食事加算の助成があったのだが、法改正により廃止されたことを受け、従来のクックチル調理法から「真空調理法」に転換、介護施設向け真空パック再加熱システムによる食事提供事業に展開、現在では北海道から鹿児島までの全国38都道府県、580施設へ島根の食材を盛り込んだ自社調理製造商品を年間250万食納入している。その他の事業を含めてモルツウェル・グループは年間売上額10億円、従業員90人となっているのである。

　この真空調理法は、納入されたカット野菜を組み合わせてそのまま袋に入れ、調味料を加え、真空パックする。それを加熱調理する。人の手や空気にふれないことから、安心、安全が確保される。これだけでは競合も多いが、モルツウェルの場合は、介護施設の厨房コストを５分の１に低減させるシステムを構築、リヒートウォーマーキャビネット（RWC）を一体的に提供している。

　通常、介護施設の調理場では、多くの人手をかけて早朝から調理済みの惣菜を温め、配膳していく。この点、RWCの場合は、前日夕食の時にピッキング、格納しておけば、翌朝の必要な時間には加熱されている。それを取り出して配膳するだけである。冷蔵、保管、加熱の機能を備えている。そして、入居者の朝食中に昼食用の惣菜のピッキングと格納をしておけばよい。その結果、大幅な省力化が可能になり、厨房コストは５分の１となった。モルツウェルは、2014年にはほぼ完全に真空調理法に転換した。

出発前の配食・買い物代行サービス車　　積み込まれた依頼品

▶配食・買い物代行サービスの展開

　この事業に加え、2004年には松江市内の在宅高齢者を意識した「配食サービス」を開始している。当初は100食から開始したが、現在では400食に拡大している。この弁当はほっかほっか亭の厨房を使って生産している。そして、このような配食サービスを重ねるうちに、買い物代行等の必要性を痛感、2011年6月には買い物弱者支援事業「ごようきき三河屋プロジェクト協議会」を結成、その会長に任じている。「三河屋」の名称は「サザエさん」を意識したとしていた。

　この協議会の主要メンバーは、配食サービスのモルツウェル、地元スーパーのみしまや、IT企業のメディアスコープ、行政の松江市市民部、まちづくり関係のNPOまちづくりネットワーク島根、障害者支援のNPOプロジェクトゆうあいなどが参加している。主体はモルツウェルであり、この三河屋プロジェクトには12人（5人が正社員、残りはパートタイマー）の要員が張り付けられている。

　松江市内の世帯数は約8万4000。半年ほど基礎調査と関係各部門との調整を重ね、2012年4月に雑賀公民館区2600世帯を対象に事業を開始。その後、サービス提供エリアを拡大し、2013年4月には松江市全域を対象にし始めた。事業の特徴としては、まず、従来からの「安否確認付き在宅高齢者配食サービスの物流網」を利用し、行政、NPOと連携、地域小売店（事業協力協賛店39店）の商品の取扱い、さらに、3分100円お手伝いサービス、モルツクラブ（管理

三河屋号が出発する　　　　　弁当を配達する

栄養士による無料栄養相談）を組み合わせている。受注方法はコールセンター、FAX、御用聞き受注などからなる。午前9時～10時30分までの受付は当日午後宅配、15時～17時の受付は翌日午前便以降の宅配となる。

　宅配車両の軽のボックスカーは7台、車載冷凍ボックス7台、スタッフ数12人、コールセンター3人であり、2014年現在の登録顧客数は680人であった。3分100円お手伝いサービスとは、電球の取り替え、草刈りなどであり、1日最大15分を限度としていた。また、モルツクラブは、客の栄養指導を伴走型で行うものであり、顧客の体調変化の情報などを医療機関、行政等に提供したり、バランスのとれた食事の指導、新たなニーズの掘り起こしなどを行っている。

▶ごようきき三河屋サービス

　注文を受けた品物については、基本は地元スーパーの「みしまや」がピッキングしてくれている。みしまやだけでは揃わないものは、その他の協賛店から調達する。車載冷凍ボックスは可動式であり、必要に応じて載せる。配食サービスと買い物代行は一緒に行い、午前、午後の2回配達するが、1回は約30軒としていた。

　経験2年という竹下伸也氏（1989年生まれ）の運転する軽自動車に同乗したが、松江市街地中心から15分ほどの住宅街に向かった。1軒目は平日の昼毎日の配達であり、糖尿病食が提供されていた。留守かと思ったが、しばらくして高齢の婦人が受け取りに出てきた。多くのお宅は留守でも玄関が開けてあり、

そこに置き、前日の容器を回収していた。売上の回収は現金払い、ないしは銀行引き落としになっていた。

いずれも立派な住宅であるが、独居世帯が多いようであった。松江は市町村合併により旧町村部も含む面積573km²という広大な面積になっているが、竹下氏によると、客は相対的には都市部に多いということであった。都市部ではコミュニティが希薄になっているのに対し、旧町村部はそれが維持されているのかもしれない。あるいは、このような新たなサービスを受け入れるに、町村部はもう少し時間がかかるのかもしれない。

買い物代行の「ごようきき三河屋サービス」はまだ3年と経験は浅いが、野津氏は「配食サービス、食品、生活用品の買い物代行だけではなく、クリーニング、出張理美容、リフォーム、ガス・電気の検針など、何でも対応できる体制を築きたい」としていた。また、社員の採用条件としては、「共通善を見出せる人」「10年以内に独立を希望する人」「海外赴任了承者」を掲げていた。

真空調理法による全国の介護施設への料理品供給により地域外から所得（外貨）を獲得し、高齢社会に向けた新たな事業を地元で起こし、若い起業家を育てることを意識していた。人口減少、高齢化が際立つ島根の地で、興味深い取り組みが重ねられているのであった。

③ 福島県相馬市／朝市とリヤカー「海援隊」を展開
最後の1人まで支援したい（相馬はらがま朝市クラブ）

　福島県相馬市原釜、国道6号の東側にあり、太平洋と松川浦に面している。北の宮城県に接する福島県相馬郡新地町から、南の双葉郡富岡町に至る相馬、双葉地域の七つの漁協は、2003年に合併して相馬双葉漁協となり、従来の各漁協は支所となった。原釜支所は相馬双葉漁協全体の半分を占める規模であり、組合員数約2000名を数え、水揚額も年間50～60億円を上げていた。この原釜港に揚がる魚は東北きっての「近海高級魚」とされ、東京の築地市場でもとりわけ高い評価を得ていた。また、この原釜は「活魚」の発祥の地といわれ（1952年）、ヒラメ、カレイ、タコ、スズキ、アイナメ、ズワイガニを首都圏に供給してきた。大型の水槽に入れて出荷すると100万円の利益の出た時代もあった。

　約500隻の船舶は津波で約3分の2は流された。そして、放射能問題で被災後は本格操業ができない状況が続いている。2012年6月から試験操業を開始しているが、漁船数、魚種も限定され、本格操業にはほど遠い。

▶被災から「何かをやろう」

　NPO法人相馬はらがま朝市クラブ理事長、㈱センシン食品の代表取締役社長である高橋永真氏（1960年生まれ）は、相馬高校を卒業後、1年ほど東京で暮らしてから帰郷し、半年ほど親の船（底引き網船）に乗り、その後はライフガードなどの仕事に就いていた。その後、本家筋の水産加工企業が倒産したが、その従業員25人ほどを引き連れ、2007年にセンシン食品を設立している。

　3月11日、高橋氏は魚市場に買い付けに行っていた。津波はイメージできなかったが、高台からみていると海が退き、漁船が沖に向かって避難を始めた。300人ほどが高台のホテルに避難したが、周囲から孤立した。従業員のうち女性3人が自宅に戻って犠牲となった。相馬市（2010年10月1日の国勢調査人口は3万7796人、2015年6月末の住基台帳人口は3万5911人）の震災・津波の被

高橋永真氏　　　　仮設住宅に着くと、直ぐに住民が集まってくる

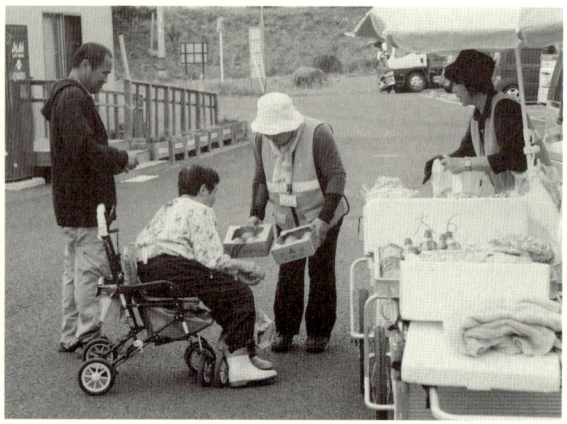

　害は、死者475人（直接死439人、関連死17人、行方不明の死亡届け19人）、住宅の被害は全壊・大規模半壊1806棟であった。
　その頃、宮城県名取市閖上（ゆりあげ）の「ゆりあげ港朝市」が評判になり、視察に赴いた。3000〜5000人が集まっていた。これに刺激されて原釜でも「何かをやろう」と相馬商工会議所、相馬市役所に場所を打診するが、断られた。
　このような高橋氏たちの取り組みが立谷秀清相馬市長の耳に届き、市長室に呼び出され「朝市をやれ、5月3〜5日の連休にやれ。NPOにしろ」といわれた。連休まで1週間しかなかったのだが、仙台魚市場で仕入れ、主催者側100人で対応し、場所は市内の馬陵公園となった。3日間で6000人を集め、売上額は350万円に達した。半分は利益であった。そのうちの100万円を相馬市に寄付し、「儲かるな、またやるべ」ということになり、その後、毎週土日に4回ほど実施したが、次第に客は減っていった。「もうこれは無理だな。それでも何かやりたい」ということになっていく。

　▶はらがま朝市とリヤカー海援隊
　NPO法人相馬はらがま朝市クラブ[1]は2011年4月には設立され、7月に正式に発足（登記）するのだが、その頃から、約1500戸、約4500人が暮らす郊外

の仮設住宅のことが気になっていく。入居者のほとんどはクルマもなく、また、歩くと相馬市街地まで30分から1時間ほどかかる。この仮設住宅の人びとへのモノの供給の必要性が痛感された。立谷市長の祖母がリヤカーで引き売りをしていた経験があり、市長からリヤカーによる販売が提案された。

　当時、朝市のメンバーが20人ほど残っており、相馬市内の八つの仮設住宅を対象に1仮設住宅2人のメンバーの16人（8組）を緊急雇用の対象とし、2011年7月の中旬から「リヤカー海援隊」と称して声かけを兼ねて仮設住宅を回ることになる。当時、この事業には福島県の「絆づくり応援事業」で2000万円の予算がついた。時間あたり900円で8時間勤務にすると、月に14〜15万円ほどになった。仮設住宅までの移動は各メンバーのクルマであり、各仮設住宅の集会場に置いてある市役所提供のリヤカー（各2台）で引き売りをする。メンバーの大半は女性であり、最大時32人（男性5人）であった。クルマによる移動販売の場合、通りすぎてしまうことも多いが、リヤカーの移動は緩やかであり、住民に歓迎された。

▶リヤカー海援隊の仕組み

　リヤカー「海援隊」をスタートさせて4年になる。この4年の間に恒久的な復興住宅も建設され、相馬の仮設住宅4500人の住民のうち約40%はすでに退出している。むしろ、現在残っている人は、「本当に支援の必要な人」とされる。リーダーたちは「最後の1人までみていきたい」としていた。

　2014年度の海援隊の体制は、エリアマネージャーの齋藤正子さんを中心にメンバー16人（女性11人、男性5人）であり、みんな浜の仕事に従事していて、被災している。早朝の8時15分には全員が集まり、ブロックごとに入荷した商品のピッキング、価格の確認等を取っていた。青果、果物、パン、惣菜、飲料などが手際よくまとめられていた。なお、リヤカーには冷蔵庫がないため、別に相馬商工会議所を通じて全国商工会連合会から無償提供された保冷仕様の軽トラック[2]に鮮魚、肉、乳製品が搭載されていた。

　移動販売では仕入れが問題になるが、海援隊の場合、メンバーの1人の両親が地方スーパー（スーパーシシド）を経営しており、その仕入ルートを利用さ

せてもらっていた。青果、果実、菓子等は10％引きで仕入れていた。ただし、パン、ごみ袋等の割引仕入れはない。さらに、酒、タバコは取り扱いができない。仕入商品の販売以外にユーザーの要望に応えて日用品、医療品、園芸用品等も入れているが、これらからは利益はとれない。現状の仕組みでは、緊急雇用の人件費補助によるボランティア的な事業ということになる。

▶リヤカー海援隊の１日

　ラジオ体操、朝礼を終えてからクルマで出発する。2014年５月15日（木）、大野台第６仮設住宅に向かう３人のグループに付いていった。駐車場にクルマを止め、集会所に置いてあるリヤカー２台を取り出す。アルミ製の軽量小型のリヤカーであった。そこに発泡スチロールの箱に詰められた商品を積み込み始め、同時に近くを鐘を鳴らして回ると、直ぐに三々五々、住民が集まってくる。賑やかに始まった。一段落すると日除けのパラソルを立て、バスタオルをかけて鐘を鳴らしながら２台１組で出発する。

　この大野台第６仮設住宅は162戸、約330人が暮らしている。隣の飯舘村から避難してきた人びとであった。地元相馬の人びとは恒久的な復興住宅が建ち始めたことから仮設住宅からの退出が進んでいるのだが、飯舘村の場合は、その

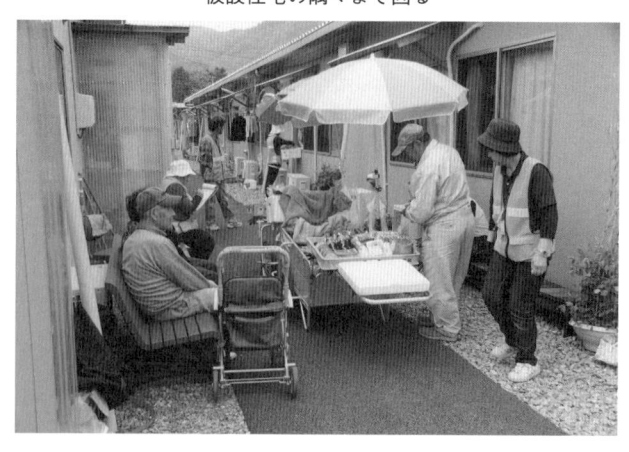

仮設住宅の隅々まで回る

高齢者とのコミュニケーション。右が齋藤正子さん

ような条件にない。最後まで残る仮設住宅の一つとされていた[3]。

　鐘を鳴らしながら、独り暮らしの人、障害者の人の住まいには1軒1軒声かけをしていく。社会福祉協議会から障害者の方々のリストを預かっていた。家から出てくる人、また、椅子に腰掛けて数人で待っている人の前で止まり、バスタオルをのけて商品を拡げる。ゆったりとした時間が流れ、トマト、キュウリ、パン、菓子などが求められていった。客単価は600円前後であった。メンバーは担当の仮設住宅の住民の顔と名前を全て把握していた。

　10時頃から始まるリヤカー販売は13時まで続く、その後、ベースになっている事務所・作業場に戻り、午後は依頼された翌日配達分の物資の調達等に回り、16時15分頃に解散する。売れ残りそうな青果などは価格を下げて販売し、それでも残ればメンバーが買って帰っていた。

▶リヤカー「海援隊」の事業

　この事業の正式名称は「身障者訪問並びにリヤカー引き個別訪問、身障者・買物弱者支援事業、日々の仮設住宅個別訪問による孤独死防止対策事業」といい、活動団体名称は「買物兼生活支援隊」であり、通称を「海援隊」としていた。浜の女性たちを中心にした事業ということであろう。その目的は以下のよ

うに掲げられていた。
① 身障者をはじめとする災害弱者の生活のチェック（声かけ）及び支援。
② 身障者・買い物弱者に対して、食材並びに生活品の購入機会を提供すること。
③ 高齢者の1人暮らしの仮設住民に対して戸別訪問により安否確認。
④ 以上の活動を通じて、仮設住宅集落での「絆」社会を図ること。

そして、「仮設入居者の皆様が、楽しい生活を維持し絆を深めて頂くため、お困りの問題等ご相談頂き、特に障害者の方やご高齢の方へ積極的に訪問し、日常生活の手助けになる様努力しております」と示されていた。

▶仮設以後の継続支援の課題

相馬市内の恒久的な災害復興住宅の建設が進み、仮設住宅から退出していく人びとが増えてきた。仮設住宅入居者のうち相馬市民を中心に40％はすでに退出したものとみられる。ただし、復興住宅の大半は仮設住宅とさほど立地条件の変わらないところにあり、市街地から離れたところで新たなコミュニティを形成していくことが求められている。実際、復興住宅に移っても、閉塞された地域でさらに高齢化が進むことも予想される。買い物弱者問題も持ち越され、事態はいっそう難しくなっていくことが懸念される。そのような状況なのだが、「現状の仮設住宅のための支援事業（予算）は、災害復興住宅には適用できない」とされている。

そのような意味で、仮設以後の問題は、支援体制が仮設住宅の頃よりも手薄になっていく懸念があり、それにどう立ち向かうかという点にあろう。つまり、「移ってからの孤立にどう応えるか」ということである。リヤカー海援隊のような丁寧な移動販売を民間ベースで実施していくことは難しい。民間と行政の協働により新たな形を形成していくことが望まれる。本書の各章でみたように、全国の条件不利地域には多くの経験がある。そして、その相馬の状況にあった仕組み、担い手を含めた取り組みが必要とされよう。

1) 相馬はらがま朝市クラブ全体の活動等については、関満博「福島県相馬市／朝市とリヤカー「海援隊」を展開——最後の一人まで支援したい（相馬はらがま朝市クラブ）」（関満博編『震災復興と地域産業 6 復興を支える NPO、社会企業家』新評論、2015年、第13章）を参照されたい。
2) この軽トラックは、全国商工会連合会が被災地の商工会、商工会議所を通じて102台を無償で貸し出しているものである。詳細については、全国商工会連合会『復興軽トラ』2013年1月、関満博「被災事業者に『軽トラ』を貸与、仮設住宅に移動販売——被災地に102台を無償貸与（全国商工会連合会）」（関編、前掲書、第3章）を参照されたい。
3) 相馬市の仮設住宅は13カ所、全体で約1500戸にのぼる。大半は津波被災した相馬市民向けだが、大野台仮設団地の第6団地（164戸）は飯館村用、第8団地（92戸）は浪江町用、第7団地（162戸）、第9団地（81戸）は南相馬市を中心に、第一原発20km圏などの他の町村からも広く受け入れている。

4　高知県四万十市（旧西土佐村）／地区唯一のJA店を引き継ぐ
住民が出資する株式会社（大宮産業）

　中山間地域において、人口減少、高齢化が進むと、小中学校の統廃合・閉鎖、さらにJA出張所の閉鎖などが問題になってくる。小中学校の閉鎖は離郷した人びとが戻ってくる条件を失わせる。また、JA支所、出張所の閉鎖は併設していた人びとの暮らしを支える日用品売場がなくなることを意味する。学校の閉鎖とJAの撤退は、中山間地域の集落に重大な問題を残すことになる。

　高知県四万十市（旧西土佐村）の最奥の大宮地区で、住民が株式会社を設立、閉鎖されたJAの機能の一部を継承するという興味深い取り組みが重ねられている。

▶人口減少、高齢化の中で、小中学校、診療所の閉鎖

　旧西土佐村の最奥に位置する大宮地区は、大宮上、大宮中、大宮下の三つの集落から構成されている。四万十市の中心の中村までは51km、高知県庁まで132km、愛媛県の宇和島市まで32km、愛媛県庁まで125kmの位置にある。生活経済圏としてはむしろ宇和島圏の中にある。

　1970年代の初めの頃には、170戸、人口約600人を数えていた。当時は小中学生合わせて270～280人が在籍していた。だが、現在、過疎化が進み、2009年末には、137戸、人口301人に減少、高齢化率は46％に達した。1980年代には診療所と中学校が閉鎖された。現在、巡回医療は週2回（月、金）の半日のみ。中学生は20km先の統合校にマイクロバスで通学している。そして、2010年3月末には幼稚園が閉鎖され、2011年3月末には小学校が閉鎖された。

　1972年の頃には、大宮地区には旅館2軒、飲食店3店をはじめとして店が15店存在していた。だが、現在では日用品・ガソリン等を扱う大宮産業の他には、酒店2店、自動車修理1店、タイヤ販売1店のみとなっている。飲食店はない。なお、タイヤ販売店は、最近、酒店の子息が帰郷して開いたものである。

竹葉傳氏　　　　　　　　大宮産業の外観

　地域のリーダーで元JA職員の㈱大宮産業社長の竹葉傳氏（1944年生まれ）は、「若い人は出て行くのみ。学校がなくなると、帰りたくとも帰れない」と呟いていた。竹葉氏の家庭も、90代の母と自分たち夫妻のみであり、子ども2人は都会に出て行き、帰る見通しはない。

　大宮地区の水田は50ha、農家は四十数戸、専業農家は14戸とされていた。専業といっても、男性は、元々、公共工事に関連する土木作業主体であったのだが、現在は仕事がなく農作業（米と一部の自家用野菜）に従事している場合が少なくない。現在、役場などに勤めている人は2人だけである。かつては、このあたりでは男性は土木作業、女性は縫製工場のパートタイマーという場合が一般的であった。

　専業農家の場合、1972年からの転作により、露地野菜栽培に踏み出し、夏は米ナス、子ナス、シシトウ、オクラ等を生産、冬はナバナ類（菜の花）、ブロッコリーを栽培している。

▶株式会社としてスタートする

　このような状況の中で、2004～2005年の頃からJAの出張所の閉鎖の話が持ち上がってくる。燃料や農業資材等を出張所に依存している住民も多く、存続

のための運動を開始した。署名活動、さらに各戸毎月100円を積み立てる運動なども実施したが、2005年10月の幡多郡のJA臨時総代会で出張所14カ所全ての閉鎖が決定、2006年5月11日に閉鎖された。なお、この14カ所のうち、現在、何らかの形で存続しているのは4カ所である。黒潮町（旧大方町）の場合は元JA職員が買い取っている。その他は宿毛市、土佐清水市の場合も個人が代替している。株式会社として存続させたケースは、この大宮地区だけであった。この点、全国的に見ても、株式会社などの形態で存続しているケースは高知県安芸市、広島県安芸高田市川根[1]、京都府京丹後市常吉地区、南丹市美山町（2カ所）など6カ所だけであり、特に住民の出資だけによるものは、この大宮地区のみとされている。

　JA出張所の閉鎖決定後、その機能の継続にあたり会議を重ね、どのように存続させていくかが議論されていく。農事組合法人の形も模索したが、「ガソリンを仕入れて、販売する」行為が認められず、株式会社の形を検討していった。当時は株式会社の最低資本金の1000万円が障害になっていた。ところが、2006年5月1日の新会社法の施行により、資本金は1円でも可能になっていく。

　この機をとらえ、一気に㈱大宮産業の設立に向かっていった。住民に1口1万円以上で出資を募り、結果的に108名、全体で約700万円を集めた。平均6万6000円ほどであった。600万円強はすぐに集まったため、幹部7人（取締役5人、監査役2人）で残りを補充し、資本金700万円でスタートした。2006年5月11日に会社の設立登記、翌週の5月13日に正式にスタートしていった。

▶株式会社大宮産業の機能

　この出張所の継続は「自分たちの店」を作ることであり、地区の「協同組合の再生」が深く意識されていた。元々、この出張所の前身は戦後まもなく自分たちで作った大宮農協であり、その後の合併により住民の手から離れていってしまっていた。それを自分たちの手に取り戻そうとする思いが強まっていった。

　現在、大宮産業の主要な事業は、日用品・農業資材の販売、ガソリン・軽油等の販売、定評のある大宮米の販売から構成されている。一時期、農産物の直売も手掛けたが、年間の売上額が40万円ほどに留まっていたことから停止され

大宮産業の店内　　　　　大宮産業のガソリンスタンド

ている。これらの事業に対して、正社員は地元の若い男性が1人、女性のパートタイマー1人の計2人が従事し、必要に応じて竹葉氏をはじめとする役員が手伝っていた。役員・監査役の7人合計で年間20万円の報酬とされていた。重量物などを週に1回（木）、無料配達サービスをしていた。

　JA出張所の時代は年間売上額4000万円前後であったが、大宮産業になってからは、特に米の扱いを増やし、全体で年間売上額5600万円ほどになっている。設立以来、黒字を計上していた。竹葉氏たちのボランティアの部分が大きく貢献しているものとみられる。

　特に、大宮米産地の復活が強く意識されていることが興味深い。大宮産業の米の年間売上額は1300万円ほど。高知市内の学校法人土佐塾への給食米（年間13トン）、四万十市の学校給食（10トン）、高知市の商系の高知食糧に年間500万円ほど。さらに一部だが、大阪、広島、鹿児島などの個人宛にも販売している。近年のJAの買い取り価格は1袋（30kg）5300〜5800円であったが、大宮産業では株主は6800円、株主外は6200円で買い取っていた。30kgで1000円ほど高く買い取るということであろう。

▶新たな可能性に向けて

　先にみたように、この大宮地区の場合、かつて男性は土木作業に従事し、女性は宇和島方面から進出していた縫製工場（2工場、従業員15人規模、6人規模）で働く形が一般的であった。現在はいずれの機会も乏しい。特に、土木作

業に従事していた男性たちには老齢基礎年金しかない。縫製工場に勤めていた女性たちはいくばくかの厚生年金も受給している。このような形は日本の中山間地域で広くみられるであろう。そして、男性も女性も高齢化し、帰農している。一見、専業農家にみえるが、就業機会の減少、高齢化による帰農型の専業ということができそうである。

このような状況の中で、大宮産業の意義は大きい。竹葉氏は次の課題として、新たな事業機会の創出を意識し、一つに冠婚葬祭事業への取り組み、二つに地元の農産物の外部への販売（地産外商）を強く意識していた。

特に、葬儀については、一般の葬儀屋に頼むと通常100万円ぐらいかかるものを、大宮産業で受けて20万円ぐらいで提供しようというものである。昔から、葬儀用の料理については助け合いの仕組みができており、それを基礎に葬儀全体を取り仕切ることを考えていた。また、2010年からＡ４サイズ１枚程度の『大宮通信』を発行し、大宮地区から出ていった人びとに送って、地元農産物の外販につなげていくことを構想していた。

このように、学校の閉鎖、JA出張所の撤退等の事態を受けて、四万十市の最奥に位置する大宮地区は株式会社を設立、住民の生活支えるものとして興味深い足取りを重ねていた。人口減少と高齢化の中で、学校がなくなり、日用品を調達することも難しくなりつつある中山間地域で、大宮地区は優れたリーダーと住民の力により新たな可能性に踏み出しているのであった。

1）JA売店の閉鎖後、地域住民組織が復活させたケースとしては、この大宮産業の他には、広島県安芸高田市（旧高宮町）の川根振興協議会、京都府南丹市のふらっと美山、京都府綾部市の空山の里、京都府京丹後市常吉地区の㈲常吉村営百貨店の取り組みなどがよく知られている。この中で、川根振興協議会の詳細については、小田切徳美『農山村再生――「限界集落」問題を超えて』岩波書店、2009年、同編『農山村再生の実践』農山漁村文化協会、2011年、第１章、松永桂子『創造的地域社会』新評論、2012年、第１章が有益である。

⑤ 島根県松江市（旧鹿島町）／閉鎖されるJA店を引き受ける
過疎の漁村で雇用とサービスを提供（マルコウ、まるちゃんストア）

　漁業集落において、水産加工企業は基幹的な位置を占め、浜で揚がる魚介類の購入、雇用の場の提供、域外に販売することによる所得（域外からの収入）の獲得といった役割を演じている。この地元の水産加工企業の動きにより、漁業集落は大きな影響を受けていくことになる。

　また、近年、小さな漁業集落の場合、人口減少、高齢化、若者の流出が問題にされている。このような事態が続くと、集落の人びとの生活を支えてきた小さな食料品店、JA・JF等の販売店等が撤退してしまう場合が少なくない。そのため、クルマのない高齢者たちは買物に苦慮する。このような現象は2000年代に入り、地方では大きな問題になっている。

　島根県松江市の郊外の旧町の漁業集落で、そのようなことが起こり、高齢者が取り残された。それに対して、地元の有力水産加工企業が自ら閉鎖された店舗を引き継ぎ、地域住民のためのミニスーパーを運営していた。このことが知れ渡ると、同じような状況にある近隣の漁業集落、さらに、松江市郊外の住宅団地からも依頼が届き、それにも応えているのであった。

▶対面販売を経験し、加工に踏み出す

　近年、日本の地方圏では人口減少、少子高齢化、過疎化が進み、地域の買い物の最後の拠り所であったJA・JF系のミニスーパーが閉鎖されている。そのような事態に対し、各地でその店舗を引き継ぎ、高齢化した地域の人びとを支えようとする取り組みが開始されている[1]。島根県松江市の北側で日本海に面する旧鹿島町の150戸ほどの漁業集落（御津）で興味深い取り組みが重ねられていた。

　この御津のあたりは、小さな入江に小規模漁業集落が展開している。イワシ、ハタハタ、カレイなどが巾着漁によって恵曇漁港に揚げられていた[2]。御津集

落出身の田中宏明氏（1957年生まれ）は地元中学校を卒業後、松江工業高校建築科に進学する。卒業後は6年ほどの間に松江周辺の3社の建築会社に勤めた。その後、浜田市の食品問屋（しますい）の松江営業所に勤め、水産加工品の量販店などでの対面販売を経験していく。

　27歳の時に、その経験を活かし御津で独立創業している。当初は前の勤め先の口座を借りて、1人で量販店の中の小売（対面販売）に従事していく。この仕事は3日から1週間程度場所を借りて対面販売を重ねるというものであり、鳥取から広島の間の量販店を渡り歩いた。このような商売は量販店に売上額の20〜25％程度を納めるものであった。この仕事を3年ほど続けた。

　30歳の頃に、御津の港に面した納屋を借りて水産物の加工に踏み出していく。ただし、設備はなく、イワシ、アジ、カレイなどの天日干し（一夜干し）であった。猫に取られ、夜間に雨が降ると、取り込みに走った。その後、漁協の理事をやっていた夫人の父から現在地を紹介され、1990年には法人化し、同時に加工場を建設した。当時は周辺の海でイワシは豊漁であり、一夜干しして市場出荷すると1週間後に現金が振り込まれてきた。その頃は、イワシだけで生活が成り立っていた。

田中宏明氏　　　　　　　　マルコウの加工職場

▶障害者雇用にも意欲的に取り組む

ただし、その後、イワシの不漁が続いている。また、近年は「市場」がつぶれる時代であり、また、末端市場で干物は売れない時代になってきた。市場出荷の場合、仕入は現金であり、入金は1週間後なのだが、量販店と付き合っていくと、月末締めの次の月末払いであり回収に60日もかかる。さらに、欠品はご法度であり、一定量を保管しておかなくてはならない。その保管料が月に40～50万円ほどかかった。

そのため、十数年前から販売先を地元の中小スーパーに切り換えたが、むしろそのために、多様な製品を提供していかなくてはならなくなった。イワシに加え、アジ、カレイ、さらにハタハタ、スルメイカ、ノドグロなどの干物、また、塩辛も要求されていく。

地元スーパーに加え、関東、関西の荷受人にも出荷しているが、売上の回収に時間がかかる上に、一夜干しを急速冷凍し、松江の保管業者に2000万円分ほど預けている。その保管料負担も大きい。田中氏は「モノづくりは厳しい。従来のままでは厳しい。複合経営が必要」とつぶやいていた。売上額は15年前には鮮魚も含めて2億円ほどあったのだが、現在では1億円に届かない。

田中氏は水産加工・卸販売の「マルコウ」の他に、指定障害福祉サービス事業所（就労継続支援A型）の㈱だんだん工房も経営し、障害者雇用にも意欲的に取り組んでいた。マルコウは田中氏と母が中心であり、従業員数は20人、だんだん工房は夫人と子息、娘を中心に障害者10人を雇用し、マルコウの梱包などの単純作業を提供していた。2013年4月には養護学校の新卒2人を採用していた。

▶地区唯一の閉鎖店舗を再開させる

そのような事情の中で、御津の唯一の商店であったJAくにびきのAコープ店が2012年6月に撤退することになっていく。この店は40年ほど前に設置されたものであり、住民の生活を支えていた。

このような事態に対し、田中氏は「店がなくなると、高齢者が生活できなくなる」として、直後の2012年7月から引き継ぎ、「まるちゃんストア」として

再開させたミニスーパー「まるちゃんストア」　　店内には「卒塔婆」もある

スタートさせた。この部分は夫人と子息が対応していた。店に入ると、野菜から多様な日用品、マルコウの加工品、さらに卒塔婆まで置いてあった。精肉類については、客の要望に応えて個々に入れていた。また、米などの重いものは子息が配達していた。店内には休息スペースも設置してあった。田中氏は「利益は出ないが、必要性が大きい」と語っていた。

また、近くの片句集落のAコープも同じ2012年6月閉鎖になっていた。これに対し、地元からの要請があり、2012年12月から週2回店を開けていた。

さらに、松江市内の古い住宅団地（淞北台団地）から要請があった。10年ほど前までは個人経営のミニスーパーがあったのだが、閉鎖されていた。その後、高齢化が進み買い物に困っていた。店舗があるからやってくれないかとの要請があり、毎月、第1、第3日曜日の9時から10時の朝市を開催している。食料品ばかりでなく、生活用品全般を提供していた。このように、田中氏は本業の水産加工に加え、閉鎖された地域の小さな商店を復活させ、高齢化する地域に大きく貢献しているのであった。

▶「美味しんぼ」で紹介され、ブレーク

また、この御津では昔からサバの塩辛を生産していた。この点に注目し、1990年の頃から、田中氏は工夫を重ねていった。塩辛の材料は鮮魚（サバ）の身とはらわた、そして、塩である。昔の作り方は身と塩を半々にする塩分の高いものであったのだが、工夫を重ね、サバ：塩を5：1に引き下げることに成

好評の鯖の塩辛

功している。

　この「鯖しおから」が『ビックコミックスピリッツ』（小学館）の2012年7月9日の「美味しんぼ」に取り上げられ、一気に注目され、その後、生産が追いつかない状態が続いている。そして、これに勇気づけられ、サバの「魚醤」の生産も開始している。これも大きな評判を呼んでいた。

　このように、マルコウは地元の水産物をベースに加工を重ね、「モノづくりは厳しい」と語りながらも、販売先を変えつつここまで地元の水産加工企業として歩んできた。地元からの雇用も障害者を含めて30人を数えている。雇用にも大きく貢献している。さらに、地元の有力事業者として閉鎖される商店を引き継ぎ、家族総出で高齢化してきた集落の支えとして機能しているのであった。

　近年、全国的にJA・JFの店舗が閉鎖されている。それらは地域における唯一の商店、ガソリンスタンドであった場合が多く、高齢化し、買い物が困難になっている人びとに大きな不安を与えている。このような事態に対しては、個人が引き継ぐ場合、あるいは、住民が出資し、継続させようとしている場合もみられる。ここでみた「まるちゃんストア」のケースは、地域の有力企業が引き継いだものであった。そして、その持続性をどのようにしていくのか、高齢化が進む中で今後のあり方が注目される。

1） JA系のミニスーパーの撤退が各地で進んでいる。このような点に対する興味深い取り組みとしては、本書補論4で採り上げた高知県四万十市（旧西土佐村）の大宮地区の「大宮産業」のケースが注目される。
2） 恵曇漁港については、松永桂子「恵曇漁協女性部／漁食普及へ新たな活路開く」（関満博・松永桂子・尾野寛明『農と食の島根新産業風土記』山陰中央新報社、2010年）を参照されたい。

⑥ 岡山県赤磐市仁美地区／高齢者ボランティアが店舗と配達

「年金をもらっている」人びとの取り組み（まちづくり夢百笑）

　岡山県、平成の大合併の時期に最も意欲的に市町村合併に取り組んだ県の一つとして知られている。10市56町12村（78市町村）が、大合併の後は15市12町2村（29市町村）に減少した。その中で、県東部にあった山陽町、赤坂町、熊山町、吉井町の4町が2005年3月7日に新設合併し、赤磐市（面積209㎢、人口4万3476人［2010年国勢調査］）となった。南の旧山陽町のあたりは岡山市に接し、その通勤圏に入っているが、北の旧吉井町のあたりは岡山を代表する人口減少、高齢化の進む中山間地域を構成している。
　この旧吉井町の中の仁美（じんび）地区で、高齢者ボランティアによる興味深い取り組みが重ねられていた。

▶仁美地区の人口はほぼ半世紀で3分の1に

　仁美地区は1889（明治22）年の町村制施行の際に成立した仁堀（にぼり）村と布津美（ふつみ）村が、昭和の大合併時の1956年に吉井町に編入合併された。旧吉井町（86㎢）は北部の周匝（すさい）地区と仁美地区から構成され、旧町役場をはじめ公共施設、商業施設等は周匝地区に集積していた。仁美地区にはかつては小学校、中学校があったが、中学校はかなり前に統合されて周匝地区に移り、仁美地区に3校あった小学校は、1981年に仁美小学校に統合されている。この仁美小学校は2015年現在、在校生は28人、3・4年と5・6年生は複式学級となっていた。
　この小学校の統合にあたり、仁美地区の中心地の仁堀地区にあった仁堀小学校は閉鎖され、跡地にJA岡山の支所（購買、農産物直売所、農産物加工所）、赤磐市仁堀出張所、仁堀農村振興センター（交流施設）、仁美診療所、そして、市営バスのバス停がまとめて設置されていた。なお、市営バスは2路線、朝夕の2便ずつ。診療所は4kmほど離れた森医院から火曜日、金曜日の2日間（14～16時）医師が派遣されてくる。その日には薬局も付いてきていた。また、必

315

要に応じて薬局が患者宅に薬を配達していた。

　表補6－1によると、旧吉井町の人口は1955年には1万0732人を数えたが、その後、減少を重ね、2010年には4803人と55年間で55.3％減と半分以下になっている（なお、この間、布津美村の1集落が隣の赤坂町と合併している）。さらに、高齢化率も36.9％となった。この点、仁美地区の人口は、1955年には4166人を数えたが、2010年には1361人と67.3％減とほぼ3分の1水準に減少している。高齢化率は42.3％となった。さらに、後期高齢者が2010年には27.8％となっていることも注目される。旧吉井町の中でも、人口減少、高齢化が際立つ地区ということができる。若い人は子供の教育を考えてここからクルマで15分ほどにある岡山市に近い旧山陽町の桜ケ丘団地に移住していく場合が少なくない。若者の流出、人口減少、高齢化が顕著に進んでいる。

表補6－1　岡山県吉井町と仁美地区の人口推移と高齢化

区分	吉井町		仁美地区				
	人口	高齢化率	人口	高齢人口	高齢化率	後期高齢人口	後期高齢化率
	（人）	（％）	（人）	（人）	（％）	（人）	（％）
1955	10,732	8.2	4,166	388	9.3	110	2.6
1960	9,315	8.3					
1965	8,014	11.8					
1970	7,342	14.1					
1975	6,977	16.4					
1980	6,689	18.2					
1985	6,417	21.2					
1990	6,217	24.2					
1995	5,866	29.6	1,810	562	31.0	227	12.5
2000	5,486	32.9	1,675	596	32.9	247	13.6
2005	5,000	35.8	1,536	613	39.9	338	22.0
2010	4,803	36.9	1,361	576	42.3	379	27.8

注：仁美地区を構成する旧仁堀村と旧布都美村が旧吉井町と合併（1町2村合併）したのは1956年。1956年の合併にあたり布都美村の一部（1集落）は隣の赤坂町と合併している。このため、1955年の人口には、赤坂町と合併した集落の人口を含んでいる。
資料：『国勢調査』

▶住民ボランティア組織が「お店」を開店

　まちづくり夢百笑のある仁堀中のあたりには、かつては20～30店ほどの店があったとされている。呉服屋、旅館、美容院、飲食店、居酒屋もあった。ただし、人口減少に伴い店の閉鎖が相次ぎ、2013年3月、最後の拠り所であったJA支所が閉鎖され出張所に変わり、赤字を理由に直売所と農産物加工所は閉鎖、購買は縮小、さらに、金融機能はなくなり、ATMが1台残されるのみとなった。これにより、地区には民間のガソリンスタンド1軒、理容店2店、それと縮小されたJAの購買（酒、タバコはあるが、全体的に品数が少ない）のみとなってしまった。若いクルマに乗れる人は、20分ほど先の赤坂町や山陽町の大型店などに買い物に行けるが、運転のできない高齢者は買い物ができないことになってしまった。

　その少し前の頃から「地区には商店が必要」との話が持ち上がり、リタイアしていた高齢者を中心にボランティア組織の「まちづくり夢百笑運営協議会」が立ち上がっていく。住民を中心に出資を募り、予定の200万円を超える400万円を集め、閉鎖されたJA直売所を月家賃5000円で借り受けて改装し、2013年5月26日に「まちづくり夢百笑」を開店している。この間、JA直売所は閉鎖され、購買部門は縮小して数軒隣に縮小して移転した。なお、この改装にあ

JA直売所を改装したまちづくり夢百笑

たっては、エアコン、トイレはJAが負担してくれ、直売所の奥の倉庫部分のサロンへの改修は住民のボランティアによった。また、2014年には市の補助により冷蔵庫を設置した。当初の協議会の会員は50名であったのだが、その後増加し、2015年春には90名を超えている。それだけ、必要性が認識されてきたのであろう。

　店内に入ると、農産物の直売、日用雑貨、精肉、冷凍品（魚を含む）、惣菜、パンなどの商品が並び、奥はサロンとしてラーメン、うどん、コーヒーなどを提供していた。さらに、その後、2014年からは軒先を拡げて大判焼などのコーナー（屋台）も設置していた。また、奥の調理場では女性たちが毎日弁当30食（400円、おかずのみは300円）、惣菜を作っていた。

▶夢百笑の活動の仕組み

　協議会の理事は平均年齢70歳の男性6人、女性8人（1人は40代）の14人か

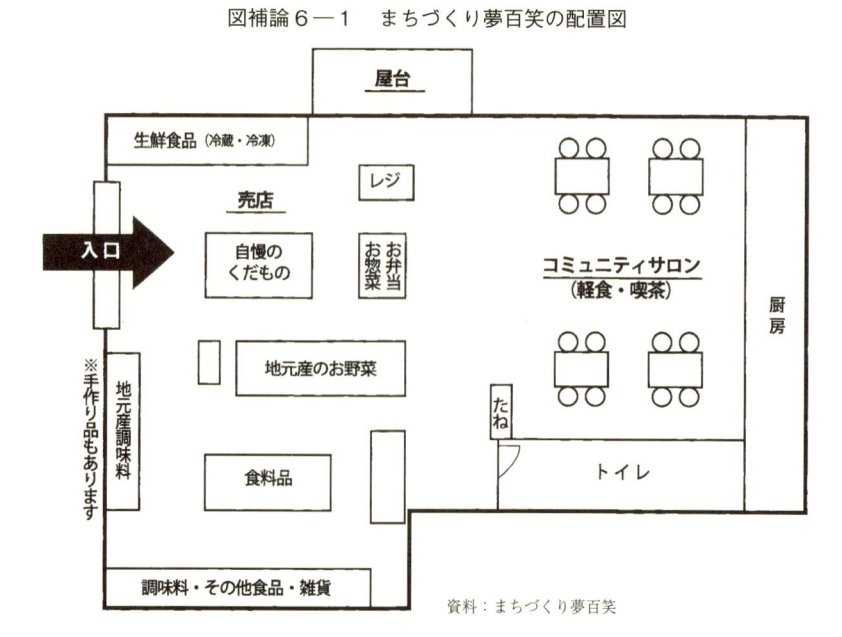

図補論6―1　まちづくり夢百笑の配置図

資料：まちづくり夢百笑

左から、釜口美之氏、平尾暢良氏、歳森正一氏　　　夢百笑の店内

ら構成されている。会長は歳森正一氏（1942年生まれ）、元吉井町議会議員、前仁美地区長であった。その他の理事の多くは町役場職員OB等であった。メンバーの中には商売の経験のある人はいないが、「年金をもらっている人」が担い手となっていた。通常、調理場関係は女性3人、売店（レジ、屋台）は男女1人ずつ、配達は男性2～3人であたっていた。

　精肉、冷凍品、日用雑貨等の商品は備前市の市場から入れていた。市場に参加するにあたり保証人を2人（理事）つけ、週に1回ほど、会長の歳森氏をはじめとする理事が通っていた。また、弁当の材料等は業務スーパーから仕入れていた。惣菜・弁当の製造は女性8人が交代であたっていた。この一連の仕事は理事の無報酬で行われているが、2015年1月からは調理場関係の女性には1人1日3時間換算で最低賃金を支払うところまできていた。

　農産物の直売部門は入会金2000円であるが、現在の会員は90名、手数料は15％に設定されていた。季節柄、竹の子、黄ニラ、生の木耳などが目を惹いた。また、隣の農産物加工所を利用し、週に1回（火）は豆腐を84丁製造していた。全体的には価格は仕入価格に消費税を加え、粗利益率は15～20％としていた。コンビニよりも安いことを原則にしていた。

　2014年3月には、岡山県から軽トラ1台を提供され、この軽トラ（夢百笑カー）と個人のクルマで電話注文を受けたものや重いもの等を午前と午後に配達をしていた。配達先は1日20件ほどであった。この配達には男性6人のメンバーが交代であたっていた。なお、日曜日は休み、平日の開店時間は9時から

16時であった。

スタートの頃は年間売上額800万円を想定していたのだが、初年度は1350万円、2年度目には1500万円に上がっていた。その構成比は、農産物の直売が20％、飲食の部分が25％であり、その他の物販が55％であった。

▶次の世代のあり方

地区の最後の拠り所であったJA売店などの閉鎖に対し、地区の住民が店舗の再開に尽力していくケースが各地でみられるようになってきた。そのような中で、この夢百笑のケースは、年金をもらっている高齢者が集い、ボランティアで店舗を再開、直売所を併置し、サロン（飲食）や屋台も設置、軽トラによる配達まで行っている点が注目される。その主要な担い手は男性6人、女性8人の70代の高齢者。商品の仕入に走り、調理場、レジ、屋台、豆腐の製造、さらに、配達・高齢者の見守りにも従事していた。しかも、調理場担当以外は無報酬で対応していた。近くには診療所もあり、サロンはコミュニケーションの場として機能していた。

70代の理事の方々は「年金をもらっているから」と口にし、楽しそうに集っていた。「年金生活」に入る高齢者の一つの生き方として、このような取り組

農産物の直売部門

配達に向かう軽トラの「夢百笑カー」

みが重ねられていた[1]。リーダーの歳森氏は「次の世代への引き継ぎが問題」と語っていた。特に若い人に期待していたが、「ここ（夢百笑）で働きながら、農業（ハウス）でもやる人がいないと続かない」としていた。70代の志の高い世代の次の世代、そして、次のあり方が残されていた。

この仁美地区のあたりは、中山間地農業地帯、水稲を中心に、野菜も作られているが、大半は3〜4反の零細な農地をベースにする水稲主体の兼業地帯である。若者が定住していくための条件に乏しい。持続性、継続性のためのあり方が問われているのであった。

1) この夢百笑の概要については、『集落大図鑑』（特定非営利活動法人みんなの集落研究所）2014年6月、がある。

7 島根県雲南市（旧掛合町）
廃校に住民組織がマイクロスーパーを開店
ボランタリーチェーンに加入する（はたマーケット）

　近年の人口減少、少子化に伴い、全国的に学校の統廃合が進められている。文科省の調査では、2002〜2013年度の12年間で全国5801校（小中高校、特別支援学校）が廃校になっている。この廃校になった学校施設については、宿泊施設、交流施設等に転用されている場合も少なくない[1]。島根県雲南市の旧掛合町の廃校になった小学校の一角で住民組織による「マイクロスーパー」の「はたマーケット」が2014年10月8日にオープンした。

▶2014年3月に地区の最後の食料品店が閉鎖
　2004年11月1日、大東町、加茂町、木次町、三刀屋町、吉田村、掛合町の5町1村が対等合併（新設合併）し、雲南市が誕生した。合併の少し前の2000年の国勢調査人口は4万6323人であったが、その後、減少し、2010年には4万1917人となっている。この10年間に4406人の減少となった。減少率は9.5％を数えた。高齢化率は32.9％となり、島根県全体の29.1％を上回っている。
　この雲南市西端を構成する旧掛合町の中で、さらに西端の大田市に接して波多地区が展開している。この波多地区、1959年が人口のピークであり1400人を超えていたのだが、その後、急減し、1995年600人、2005年474人、そして2015年6月末には151世帯、339人にまで減った。高齢化率は50％に達している。
　昭和40年代の頃には、呉服屋2店、豆腐屋3店、魚屋3店、旅館2軒、タクシー会社など二十数軒の店があったのだが、次々に閉鎖され、平成の初めの頃には、魚屋、食料品・雑貨店2店、理容店2店、美容店1店に減少していた。そして、2014年3月には個人の食料品・雑貨店が閉店し、現在は理容店が1店残るのみとなってしまった。現状、軽トラの鮮魚専門の移動販売車2〜3台、食料品（日配品）の移動販売車1台が来ているが、価格が少し高めであり、鮮

度にも問題がある。比較的近い出雲や飯南の商店にはクルマで20分ほどかかる。高齢でクルマの運転のできない人は、買い物ができないことになった。

▶廃校後の「交流センター」

　他方、少子化に伴い小中学校の統廃合が進んでいるが、特に市町村の広域合併が行われると統廃合が促進される場合が少なくない。雲南市の旧掛合町の範囲では大字の単位で五つの小学校が設置されていたのだが、2008年3月、掛合小学校一つに統合されていった。波多地区には明治時代から波多小学校があり、1993年4月には新校舎が完成していたのだが、その頃から小学生の数が減り、複式学級4クラスで授業が行われていた。一般に、1学年13人以上の場合は単式となり、12人以下の場合は複式となる。統廃合前の波多小学校は1、2年生は単式、3・4年生は複式、5・6年生も複式であった。統廃合時の波多小学校の全校生徒は15人であった。統廃合後はスクールバスで通うことになる。

　廃校後は2年ほど地域の活性化センターとして使用され、2010年からは実質的には公民館機能を有する「交流センター」に衣替えしていった。旧掛合町時代の昭和30年代の頃から、波多には自治会があったのだが、1978年頃から掛合町はコミュニティ協議会の設立を推進していた。これに応じて、1982年には波多コミュニティ協議会が結成されていた。この協議会の活動は以下の3本柱とされていた。①防災を含めた地域づくり、地域振興、②社会学習などの公民館機能、③地域福祉、であった。特に、波多地区は土砂災害に苦しめられてきたことから、防災意識が高い。

　現在、この協議会に対して、雲南市から交付金（年間800万円）が支払われ、さらに廃校を利用した交流センターの指定管理料として年間170万円が支払われている。波多交流センターは当初、センター長、センター主事、地域福祉推進員、地域マネージャーの4人でスタートし、その後、指定管理人として1人加わり5人体制となっている。センター長は波多コミュニティ協議会会長の山中満寿夫氏（1945年生まれ）、その他の4人は女性であった。交流センターのメンバーの雇用主は波多コミュニティ協議会であり、先の交付金・指定管理料で人件費を支払っている。

山中満寿夫氏　　　　廃校になった波多小学校／現波多交流センター

▶ボランタリーチェーンの「マイクロスーパー」

　以上のような枠組みの中で、地区に食料品、日用品を買える商店がなくなってしまった。このような事態に対して、雲南市は中国経済産業局から「人口密度の低い買い物不自由地域における店舗運営を目指す」全日食チェーンを紹介される。全日食とは1961年にスタートしているボランタリーチェーンであり、現在、全国に約1800店舗を組織している。生鮮食料品から日用品までを品揃えし、北海道から沖縄までを365日カバーしている。

　そして、この全日食チェーンは、近年「買い物不自由地域の買い物弱者」が「自宅において当たり前の生活を送る」という視点から、「高齢社会に対応した店舗開設」を目指していく。

　そして、その一つが「小商圏スーパー（シティマーケット）の店舗開設」であり、2007年から取り組みを開始している。店舗から300〜1000mの範囲の人口4000〜5000人程度の地域を対象に、近隣の競合店との商圏が重複しない範囲で、売場面積45〜70坪、販売商品3500品目を想定、日商40万円以上で採算が合うものを目指している。このタイプのものは全国で約30店舗が運営されている。先の第9章でみた島根県美郷町の「産直みさと市」はこのケースにあたる。

　もう一つが「極小規模スーパー（マイクロスーパー）」であり、店舗から5

はたマーケットの店内

kmの範囲の人口が1000人程度で、売場面積10坪程度、販売商品は1000品目、日商10万円で採算が合うものを目指している。このマイクロスーパーの第1号は、2013年11月に茨城県大子町に開設（個人営業店）されている。

▶住民の大半から2000円の寄付金を受けて開店

　この全日食チェーンの情報を中国経済産業局から受け取った雲南市は、食料品店のなくなった波多地区の交流センター（廃校跡）で実施するのが適切と判断、波多交流センターと調整を重ね、3カ月で開設を目指していく。施設の改装、什器備品の手当て等、初期投資が500万円ほどかかったが、ふるさと島根定住財団から200万円の助成を受け、協議会の積立金50万円、日本政策金融公庫から協議会会長の保証をつけて250万円（半年据え置き、5年6カ月返済、年利1.8％）を借り入れた。さらに、波多地区150世帯のうちの130世帯から1人2000円、協議会役員からは2万円の寄付金を集めていった。

　店舗は交流センターの玄関を入り、靴を脱いで1階右側の奥の教室が使われていた。教室50㎡が店舗、外の廊下部分をレジ等に使用していた。アイテム数は約700、生鮮食品からレトルト食品、日配品、生活用品が並べられていた。これらの仕入れ等については、自動発注による全日食の商品管理システムを利

「配達致します」   「たすけ愛号」

用していた。日曜日は休みであり、その他は9時から17時30分まで開けていた。商品価格はスーパー並みに安く、粗利益率は18〜20％、1カ月の売上目標を100万円に置いていた。開店した10月8日から30日までの間に客は904人、売上額は92万円（税抜）を計上していた。客単価はほぼ1000円、1日平均40人強の客ということになろう。

また、このはたマーケットの開店にあたり、島根県の全額補助により中古の軽自動車（ボックスカー）を1台寄贈してもらっていた。「たすけ愛号」の名称をつけ、波多地区限定で配達、お客の送迎に利用していた。はたマーケットの買い物のための送迎の場合は往復で100円、それ以外の用事の場合は片道100円を徴収していた。配達無料は1000円以上の買い物の場合とされていた。

なお、交流センターには4人の女性職員が在籍しているが、彼女たちが交代でレジに立ち、商品の管理を行っていた。さらに、先の「たすけ愛号」の運行も彼女たちが適宜対応していた。このはたマーケット事業に対して、彼女たちの人件費は無償であった。このような形で、商店が一つもなくなった波多地区において、全日食チェーンのメンバーとして、はたマーケットは興味深いスタートを切った。なお、ボランタリーチェーンの全日食チェーンにおいて、住民組織が加入してきたのは初めてのケースでもあった。

▶住民自治組織とボランタリーチェーン

　全国の中山間地域などの条件不利地域では、人口減少、高齢化が急角度に進んでいる。地区や集落によっては人口が4分の1、5分の1になっている場合も少なくない。人口が減るに従い、地域の商店が閉鎖を重ねていく。最後に残った食料品店が閉鎖されると事態の深刻さが理解されてくる。クルマを運転できる人は10～20km先の商店に向かうことができるが、高齢化した人びとにそれは難しい。豆腐1丁、熨斗袋1枚買うためにタクシーで数千円かかるということになる。

　このような事態に対して、どのように対応したらよいのか。経済産業省がいうように、①「店」を作る、②商品を「届ける」、③店に「連れて」くる、などが求められていこう。ただし、これらのいずれも単体では十分なものではない。これらの組み合わせの試行錯誤によって、より持続可能なあり方がみえてくるのであろう。

　そのような意味で、「高齢社会に対応した店舗開設」を目指すとする全日食チェーンの取り組みは始まったばかりだが、条件不利地域の中で経験を重ね、また、地域の側も主体的にかかわって、迫りくる高齢社会に対応できるあり方を模索していかなければならない。住民の自治組織がボランタリーチェーンに加盟するという興味深い取り組みが、島根県雲南市の旧掛合町の山間部で取り組まれているのであった。

1）　学校施設の交流施設、工場（縫製、電子組立などの軽作業）、宿泊施設としての再利用はかなりみられるが、商店としての再利用のスタイルはあまりない。典型的なケースしては、高知県津野町床鍋集落の「森の巣箱」が知られている。無人の商店、飲食店を展開している。詳細は、畦地和也「高知県津野町／コンビニ、居酒屋、宿泊施設となった学校——『森の巣箱』の『床鍋集落』」（関満博・松永桂子編『「村」の集落ビジネス』新評論、2010年、第4章）を参照されたい。

⑧ 北海道／地元最有力コンビニチェーンが過疎地に進出
最後の500mまで来ている（セイコーマート）

　先の第6章でみたように、地勢的、歴史的に本州、四国、九州とは大きく異なった条件にある北海道、「買い物弱者」への取り組みは、なかなか小さな市町村レベルでは起こりにくい。それでも、各地で興味深い取り組みが開始されている[1]。そのような事情の中で、現在、最も期待されているのが、第6章でみたコープさっぽろと、もう一つ、コンビニエンスストア・チェーンのセイコーマート（Seicomart）の取り組みであろう。

　第6章でみたコープさっぽろは全道をカバーする巨大生協であり、セイコーマートは全道に1000店を超える店舗を展開する北海道最大の店舗網を備えるコンビニエンスストア・チェーンである。この両者は競合関係にあるが、いずれも北海道の責任のある有力事業体として、それぞれ独自に買い物弱者問題に取り組み始めている。本州、四国、九州にも生協、コンビニエンスストアは拡がっているものの、コープさっぽろ、セイコーマートほどの意識で取り組んでいるケースはない。それは北海道の特殊事情かもしれないが、本州等の生協、コンビニエンスストアへの一つの大きな示唆となるであろう。

▶セイコーマートの輪郭

　セイコーマートとは、札幌を中心とした酒類関係者が集まって結成されたものであり、アメリカのコンビニエンスストアに刺激されて1971年8月、札幌市北区で第1号店を開店している。それはセブンイレブンのスタートの3年前のことであった。現存する日本のコンビニエンスストアでは、最も古い取り組みであった。2015年6月現在、北海道における店舗数は1068店、さらに本州の茨城県（85店）・埼玉県（13店）で96店を展開している。北海道におけるコンビニ店舗数のシェアは約35％と最大規模である。

　北海道では1日平均63万人（レジ通過者）が訪れ、売上額は年間1800億円に

セイコーマートの本社　　　　本社の１階にある店舗内部

達する。広大な北海道は179市町村から構成されるが、このうちの175市町村に店舗を設置している。市町村別人口でみたカバー率は99.5％に達する。離島の利尻（３店）、礼文（１店）、奥尻（１店）にも設置している。2015年７月現在、店舗を設置していない町村は、幌加内町、月形町、浦臼町、神恵内村の４町村のみであった。従業員は本部だけで約2000人、農場、工場、物流、店舗などの従業員数は約２万人（パートタイマーを含む）を数える。なお、開店時間は18時間（６～24時）が多く、24時間営業の店は４分の１ほどであった。

　セイコーマートの一つの大きな特徴は、豊かな資源に恵まれた北海道の原料をベースに、原料生産・仕入、加工製造・商品づくり、卸・物流、小売までを一貫して行っていることであろう。そして、小売のセイコーマートを中心に、各段階にグループ企業を組織、一大サプライチェーンを展開している。農業法人は北海道に３法人（長沼アグリ、滝川アグリ、上常呂アグリ）、関東に１法人（桜川アグリ）があり、ビニールハウスは全体で180棟に達し、トマト、キュウリ、ピーマン、レタス等の生産量は年間560トンを超える。また、グループ企業の北嶺は北海道内の漁港６カ所のセリ権を保有し、サケ、イカ、サンマ等の水産物を直接調達している。

　惣菜、サンドイッチ、乳製品、水の製造、水産物の加工、包装資材の製造等

もグループ企業の工場で行っている。それらは北海道内に17工場を数える。札幌市の北燦食品（食品）、梅澤製麺（麺類）、三栄製菓（和菓子）、シェフグランノール（洋菓子、パン）、小樽市の北海千日（玉子焼、豆腐）、北源（タレ、味付肉）、京極町の京極製氷（氷、水）、函館市の北燦食品函館工場、苫小牧市の北燦食品（バナナ倉庫）、根室市・標津町の北嶺（水産加工）、北見市の北香（漬物）、豊富町の豊富牛乳公社（牛乳）、羽幌町のダイマル乳品（アイスクリーム）から構成されている。セイコーマートの店頭に並ぶ商品は約4000種、そのうち約1000種がセイコーマートのオリジナル商品とされていた。

　そして、これらは札幌の北海道配送センターを中心に道内12カ所の配送センターをネットワーク化し、約180台のトラックで各店舗に配送されていく。

▶コンビニエンスストアとしての際立った特徴

　以上のように、北海道の原材料をベースに原料生産・調達、製造、物流を一貫させていることがセイコーマートの一つの大きな特徴だが、店舗サイドからみると、さらに興味深い特徴がある。一つは、通常のコンビニエンスストアでは脆弱な「生鮮」が豊富であること、さらに、「HOT CHEF（ホットシェフ）」という店内調理・販売部門を備えていることであろう。

　通常の市街地にあるコンビニエンスストアの場合、生鮮3品（野菜、鮮魚、精肉）をおいている場合はほとんどなく、消費者は食品スーパーに頼らざるをえない。セイコーマートの場合は、加工工場があることから、鮮魚（パック包装か冷凍）、精肉（チルド）が供給されている。また、惣菜工場があることから、多様な惣菜が供給されている。特に、小包装のポテトサラダなどの「100円惣菜」が人気を呼んでいる。このよう商品構成であることから、地域から食料品店がなくなった場合、セイコーマートへの期待は大きくなる。

　もう一つの店内調理のホットシェフは、1994年12月に足寄店でスタートしたものであり、現在では北海道の1068店のうち約880店に設置されている。駅前食堂の感覚であり、定番商品としてはカツ丼、カツカレー、親子丼、おにぎり、フライドチキン、フライドポテトに加え、焼きたてのクロワッサンを提供している。また、店内にはイートインの施設を用意している場合が少なくない。新

店内調理のホットシェフ

たな店舗の場合、基本的に5席を標準としている。

なお、2011年3月の東日本大震災に際し、セイコーマートの大洗店（茨城県）が被災した。このような状況に対し、茨城県のセイコーマートのホットシェフを基点に、北海道から米、牛乳等を送り込み、震災5日後には、塩おにぎりとクロワッサン、牛乳等を提供した。物流が途絶えている中で、コンビニエンスストアとしては最も早い対応であった。惣菜工場（土浦）もあり、惣菜、水の提供を行った。この点、群馬県で甲類焼酎を委託生産していたが、そこで用いられる4ℓの大型ペットボトルの在庫が大いに役立った。

▶条件不利地域への出店

以上のように、セイコーマートはコンビニエンスストアとしては非常に特徴のある形を形成している。「人がいる限り、やるしかない」（丸谷智保社長）構えであり、条件不利地域への進出も果敢に行っている。

北海道北部の留萌支庁管内の初山別村、日本海に面し、国道232号が南北に貫通しているものの、鉄道路線はない。人口約1300人の人口減少、高齢化地域である。主たる産業は漁業と林業であったのだが、いずれも不振であり、2014年6月に食料品店が全てなくなった。村長は2013年の頃から出店要請の陳情に

来ていた。セイコーマート側はその頃から検討していたが、採算が合わないという判断であった。

　コンビニエンスストアの出店条件として、コスト面では「建物の償却」「物流コスト」「地代」が三大要素＋人件費とされている。土地は村有地（280坪）であり、年間3万円の地代ということになった。「物流コスト」については、この国道232号に沿ったあたりには13店舗があり、初山別村を通過していた。物流ルートに乗っていた。問題は店の償却であり、約8000万円の投資に対して、1日30万円の売上額が必要と試算された。

　初山別村は南北に長い形をしており、集落が大きく三つに分かれていた。一番南の集落（約400人）は羽幌町に近く、比較的買い物条件に恵まれていた。この点、北部の二つの集落が問題であった。セイコーマート側は「通常のコンビニの客単価は600円ほどだが、対象となる900人のうち、3人に1人が毎日1000円分買ってくれれば大丈夫」との判断であった。一般に条件不利地域の方が客単価は高い。「トントンで行くかもしれない。多少の赤字でもいいか」との判断を下し、「村をあげて応援して欲しい」と要望して、2014年12月に出店していった。

　出店して半年、1日30万円の売上額となり、収支はトントンになってきた。

夕張市のセイコーマート店、配送センターのトラックが到着

村から店がなくなるという事情の下で、セイコーマート側も頑張るが、村民も積極的に利用してくれていた。セイコーマートの方針は「条件不利地域で競合する店があれば、出店しない」というものであり、初山別村の唯一の店として、地元に支持されて船出していった。村長からは「村が明るくなった」と感謝されていた。

この点、同じ頃にセイコーマートのまだ出店していない浦臼町からも出店要請があったのだが、街の中で61歳の店主が小さなよろず屋を経営していた。セイコーマート側は「まだ商店が残っている」との判断で、出店を断っていた。

▶ラスト500mの課題

北海道の市町村の大半に出店し、住民ベースでは99.5％をカバーしているセイコーマート。生鮮から豊富な惣菜、そして、店内調理のホットシェフを展開、特に条件不利地域で生活していくための一通りの条件が揃っている。そのため、買い物弱者問題が懸念される地域では、セイコーマートへの期待が大きい。このような点は、セイコーマート側でも責任ある立場として理解されており、先にみた初山別村のような対応となった。

「買い物弱者」問題の世界では、このような「店をつくる」に加え、「商品を届ける」ことがもう一つの課題とされている。この点、セイコーマートは移動販売は実施していない。ただし、商品の配達については店主の判断で200店ほどが実施している。その多くはオーナー店であり、元々、米店、酒店として配達の経験が長い店のようである。ただし、コスト的な負担は大きい。セイコーマート側としては、利益が確保できる方法があれば考えたいとしていた。

人口減少と高齢化が進む現在、店まで来られない高齢者が増えていく。とりわけ、北海道の場合は、住宅がまばらな場合が多く、移動距離が長く、物流コストもかかる。また、中国山地や四国山地のような濃密なコミュニティは形成されていない。このような事情の中で、買い物弱者問題にどのように取り組んでいくのかが問われている。

セイコーマート側の判断では「出店そのものが、最後の1マイルに近づいており、ラストの500mが難しい」としていた。北海道最北の稚内市（人口約3

万7000人）では、食料品スーパーが1店舗、コンビニエンスストアはセイコーマートの11店のみである。他のコンビニエンスストアは進出していない。「稚内では500mに近づいた」と語っていた。この「500mの先」が次の課題なのであろう。広大な北海道の地で、地元資本のコンビニエンスストア・チェーンが興味深い取り組みを重ねているのであった。

1） 北海道経済部『北海道内での買い物弱者対策及び流通対策の取組事例』2015年3月。

9 島根県美郷町（旧邑智町）／山間地集落のデマンド交通の取り組み

地元 NPO が住民をワゴンで有償輸送（別府安心ネット）

　島根県美郷町、平成の大合併時の2004年10月1日に、旧邑智町、大和村が合併して成立した。その旧邑智町の北の外れに位置し、大田市と接するところに別府地区が展開している。国道375号が地区を貫通しており、大田市街地まで約20km、美郷町役場と中心市街地のある粕渕地区までやはり20km、いずれにもクルマで約20分の距離となる。JR 三江線の粕渕駅と大田市街地を結ぶ石見交通バスが国道375号を1日6往復しているが、別府地区ではバス停まで4.5kmの集落もある。

　このエリアには集落ごとに自治会が八つ設置され（別府上城自治会、別府中城自治会、別府下城自治会、小松地東自治会、小松地西自治会、寺谷自治会、惣森自治会、志君自治会）、これら八つの自治会をまとめるものとして、別府地域連合自治会が設置されていた。この八つの自治会の範囲の世帯数（2014年3月末）は145、人口358人、高齢化率38.8％であった。

▶別府地区の課題と取り組み

　この別府地区の課題について、別府地域連合自治会は以下のように掲げている。

- 過疎、高齢化が進み、農地の荒廃が目立つようになってきた。
- 過疎化が進行し、日常の移動が難しい。
- 高齢者が住居周りの草苅りができない。
- 高齢者が畑の耕作もできなくなっている。
- 若者の定住がなくなってきた。
- 空き家の増加。
- 空き家の管理ができない。

図補9—1　別府地区の概念図

　このような点は、別府地区に限らず、全国の中山間地域で顕著にみられる現象であろう。これに対し、別府地区では「定住促進」「交通空白地帯解消」「集落営農・新規就農者受入」の取り組みを重ねてきた。例えば、定住促進については、2009年4月には若者定住住宅（やなしおニュータウン）として5戸が建設され、5世帯、27人が居住している。さらに、2014年度には3戸の建設が計画されている。

▶デマンド交通のスタート

　このような事情の中で、2009年には総務省の「地域おこし協力隊」の制度が開始されるが、別府地区は島根県で最初に手を上げ、2009年10月、3人の協力隊員（男性、20代から30代後半、3年任期）を受け入れ、地域の活性化に取り組むことになる。協力隊員は農作業、住民の生活支援等にあたった。

　2010年4月には、美郷町を通じて島根県から10人乗りの普通乗用車（ワゴン

パチンコ店もあったかつての商店街。今は田中商店のみ　　　集落に最後に残った田中商店

車）が連合会に無償提供される。別府地区の中心部にはかつては商店が立ち並び、パチンコ店が2店もあったのだが、現在では酒・雑貨店（田中商店）が1店残るのみである。中山間地域の集落で店舗が閉鎖されていくと、最後に残るのは酒店、理・美容店とされている。別府地区の場合は、酒・雑貨店1店のみが残っている。

地区には国道のバス停まで4.5kmの集落（10世帯）もあることから、デマンド交通用（無償）に利用することを考え、協力隊員に運行してもらった。ただし、2014年3月には協力隊員の任期も切れることから、地域の高齢者の支援を続けるために、地域公共交通会議を開き、過疎地有償運送と福祉有償運送の許認可をとることにし、研修等を受け、2013年4月には会費と運賃で運営する過疎地有償運送と福祉有償運送の認可を取得している。

▶NPO法人別府安心ネットの設立

また、これより先の2012年3月にはNPO法人別府安心ネットを設立している。理事7人、監事2人から構成され、別府地域連合自治会の範囲の全世帯が加入している。入会金2000円、年会費2000円であり、年間約40万円となる。これに加え、美郷町から年間150万円の助成を受けている。後に、6km隣の地区の交通空白地帯である君谷地区の15世帯が加入してきている。

車両は先の10人乗りのワゴン車と4人乗り軽自動車の2台を用意、運転従事

別府地域自治会輸送車　　　別府安心ネットの輸送の予定表

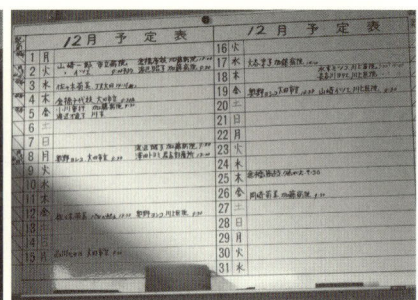

者は7人（無償）、原則2日前の電話予約制、自宅発自宅着の乗合制で開始した。土日、祝祭日を除いて8時30分から17時までの営業としていた。ただし、2日前予約といっても、そのようなわけにはいかず、当日の要請に応えることもある。また、ボランティアの運転従事者の7人は運行の認定（無償）をとっているが、手が空かない場合は他の人に頼むこともある。その場合は運転手に最低賃金を支払うことになる。

　利用者の料金は、1km50円としていた。20km先の大田市街地の往復は2000円ということになる。スタートの2013年4月から翌2014年3月までの1年間の実績は、利用者約800人（月60〜70人）、料金収入約80万円であった。ガソリン代が約40万円かかり、車両の維持費、事務所経費、人件費等を差し引くと約40万円の赤字となった。そのため、2014年9月に料金の改定を行い、新たに待ち時間料金500円を設定している。2010年4月から試験運行から4年、2013年4月からの本格的な有償運行から1年半、高齢者の通院、買い物の足として重要な役割を演じているのであった。

▶NPOの事業と理事長

　このNPO法人別府安心ネットをリードしているのは、地元出身の樋ケ昭義氏（1942年生まれ）。樋ケ氏は隣町の川本高校を卒業後、日本製紙（東京本社）に入社、転勤族として北は北海道、南は熊本の工場に勤務し、海外もシンガポール、インドネシア、マレーシアに通算4年ほど駐在してきた。最終の勤め

樋ケ昭義氏　　　　　　NPO法人別府安心ネットの拠点

　は山口県岩国市の工場であり、2005年、63歳で退職した。と同時に夫人と2人で別府の実家にUターンしてきた。子供3人は東京、広島、徳島で独立している。

　Uターンしてみると、実家の農地は荒廃していた。他方、別府地区の隣の小松地区では1998年頃から、14戸の農家で13haほどの面積の集落営農（当初は水稲のみ）に取り組んでいた。この集落営農の集団を2006年には農事組合法人の小松地営農倶楽部として再編していく。2009年には協力隊員も参加してきた。その頃から休耕田に蕎麦を栽培し始めていく。

　樋ケ氏は2010年から2011年には連合自治会の会長を務めていた。その後、NPO法人別府安心ネットの設立を契機に、その理事長の役に任じている。このNPO法人は『別府地区のご案内』というリーフレットの中で「地域住民が安心して住み続けることができるよう、住民に対して生活支援に関する各種サービスを提供する事業を行い、個人や地域が自立連携し、誇りを持って暮らす社会の実現に寄与することを目的」としている。

　具体的には、「生活サポート事業（高齢者宅等の草刈や農作業支援等）」「移動サポート（過疎地有償運送、福祉有償運送）」「資源調査・地域計画づくり」「6次産業研究」とされていた。草刈り、農作業支援等の生活サポート事業に

関しては、理事は無償で対応しているが、2012年4月から入っている第2次の地域おこし協力隊員（2人）等の場合、有償にしており、NPOの少しの収入にしていた。

▶集落営農組織が協力隊員OBを雇用

　地域おこし協力隊員の任期後の去就に関心が高まっているが、別府地区の場合は第1次隊員3人のうち20代中盤の1人が残った。彼は益田市の出身であり、愛知県で働いていたのだが、故郷に近い別府地区に赴任してきた。これに対し、地区として就業の場の提供が課題になったが、集落営農組織の小松地営農倶楽部が雇用した。

　集落営農の場合、次第に関係者が高齢化し、農業機械に乗れない人も増えてくる[1]。事実、小松地営農倶楽部のメンバーには50代はいない。全て65歳以上である。近い将来、自力で耕作できなくなる懸念もある。そのような場合、外部の大規模受託経営に全てを任せるか、あるいは、集落営農組織として外部の人を雇用するかということになる。ただし、雇用するならば季節が限られる水稲だけでは難しく、通年の仕事が必要になる。それでなければ通年で賃金は払えない。

　このような事情から、小松地営農倶楽部はハウスによる花卉栽培に取り組んでいく。このような起業（新規事業参入）に対して、美郷町は補助金を提供している。ハウス10棟で2300万円がかかったが、島根県、美郷町の助成が付き、足りない分は中山間地域直接支払制度の戸別補償金を積み立てていた分で対応した。なお、協力隊員OBは花卉栽培に就農する前の1年間は大田市の農業大学校で研修してきた。栽培花卉は島根県の県花であるトルコギキョウ等であった。これらは大阪、広島の花卉市場に投入されていた。協力隊員が地元に残る場合、結婚の問題があるが、この隊員は自分で夫人（鹿児島出身）を連れてきており、すでに、別府地区で3人の子供をもうけていた。

▶「小さな役場」の形成と人材育成

　このように、NPO法人別府安心ネットは、次第に地区の「小さな役場」的

な存在となり、地域の人びとの生活支援に加え、地域資源の掘り起こし、産業化も視野に入るようになってきた。この地区の国道沿いには「やなしおの里」という任意組合の農産物直売所（加工所も併置）があるのだが、いま一つ精彩にかけている。NPOの次の課題は、地域資源を活かした6次産業化と農産物直売所の再編に置かれていた。6次産業化については連合自治会の中に青壮年による「松青会」が設置され、40代までの若手約40人が組織されており、そこで検討を重ねている。

　別府地区には国道375号の他に、旧道の「やなしお道（銀山街道）」が通っている。美郷町内の目立った立ち寄り施設としては、美郷町南部の旧大和村に道の駅グリーンロードがあるだけであり、石見銀山～道の駅の間にはトイレもない。このような点を視野に入れ、6次産業化と農産物直売所の再編が次の課題とされていた。

　人口減少、高齢化が進む中国山地の一角の美郷町別府地区は、地区の連合会を母体にしたNPO法人別府安心ネットの設立、協力隊員の受入れと定着、デマンド交通の展開、集落営農の法人化、地域資源を見直した6次産業化、農産物直売所の再編と、新たな局面を生み出しているのであった。このようなうねりを引き起こすにあたり、全国から海外まで経験してきたUターン人材の樋ケ昭義氏の存在は大きい。次の課題として、樋ケ氏は「後継者の養成」と語っていた。持続的で安心、安全な地域を作っていくためには、人材の育成が最大の課題になっているのである。

1）　集落営農については、楠本雅弘『進化する集落営農』農山漁村文化協会、2010年、関満博・松永桂子編『集落営農／農山村の未来を拓く』新評論、2012年、を参照されたい。

10　島根県吉賀町／山間地でデマンドバスを運行
通学と通院を意識した展開（吉賀町バス）

　島根県の奥出雲町から雲南市、飯南町、美郷町、邑南町、浜田市南部、益田市南部、吉賀町、津和野町といった出雲から石見にかけての中国山地のあたりは、かつてのたたら製鉄、その後の薪炭産地として繁栄した時期があったのだが、1960年代のエネルギー革命、他方における日本経済の高度経済成長に伴う関西都市圏、瀬戸内沿岸地域の発展により、人口流出が激しく、急激に人口を減らしたことで知られている[1]。各市町村共に1960年から70年のわずか10年の間に人口の3分の1前後を失っている。1970年以降はそれ以前に比べて緩やかになったものの、1970年から2010年までの40年間でさらに人口が2分の1程度に減少している場合が少なくない。石見地方は日本の人口減少、高齢化の象徴的な地域なのである。

　島根県吉賀町、平成の大合併時の2005年10月1日に旧六日市町と柿木村が合併して成立した。合併時の人口は7362人、面積336km²となった。島根県の西南端に位置し、中国山地に包み込まれている。軌道交通はなく、中国縦貫自動車道のインターチェンジはある。域内交通の主要幹線道路として、益田市と広島方面をつなぐ国道187号が南北に貫通している。この国道を通るバス路線の広益線（石見交通）は、1日6往復であり、ほぼ2時間おきに走っている。ただし、この国道から枝状にそれた地域には、公共交通網はない。

　このような中で、少子化による小中高校の統廃合に伴う通学の遠距離化、また、住民の高齢化に伴う通院、買い物などに関して、吉賀町域内での公共的なバス路線の設置が求められていく。そのため、吉賀町、津和野町では2004年度以降、『公共交通計画業務』をスタートさせ、2006年4月から「吉賀町内デマンドバス」を運行してきた。ここでは、8年強の実績を重ねるこの事業について、全体の概要、特徴、さらに今後の課題というべきものをみていくことにする。

▶吉賀町の人口動態、高齢化と地域産業

　表補10-1は、島根県と吉賀町の人口、高齢化の推移をみたものである。島根県は人口減少、高齢化の際立った県として知られている。1960年には88万8886人を数えた人口は、1985年を最後のピークにして2010年には71万7397人と、この50年で人口は17万1489人の減少、減少率は19.3％に及んだ。この間、高齢化率は1975年の12.5％から急上昇を重ね、2010年には29.2％（全国は22.8％）に達した。

　そして、吉賀町の人口は、1960年の1万3876人から70年には9667人へと4209人の減少（減少率30.3％）となり、1980年に少し回復したものの、その後は減少を続け、2010年には1960年の半分以下の6810人となっている。この50年間の人口減少率は半減を超える50.1％となった。高齢化率も、1985年の22.7％から、2010年には40.0％となっている。石見地方の各市町はこの50年の間に人口を3分の1前後に減少させたところもあるのだが、吉賀町の場合は、中国縦貫自動車道が貫通し、六日市インターチェンジがあることから広島方面からのアクセ

表補10—1　吉賀町の人口推移と高齢化

区分	島根県		吉賀町		
	人口 （人）	高齢化率 （％）	人口 （人）	高齢人口 （人）	高齢化率 （％）
1960	888,886	8.4	13,876	1,185	8.5
1965	821,620	9.7	11,242	1,236	11.0
1970	773,575	11.2	9,667	1,386	14.3
1975	768,886	12.5	9,122	1,550	17.0
1980	784,795	13.7	9,415	1,712	18.2
1985	794,629	15.3	9,165	2,082	22.7
1990	781,021	18.2	8,725	2,409	27.6
1995	771,441	21.7	8,600	2,700	31.4
2000	761,503	24.8	8,179	2,902	35.5
2005	742,223	27.1	7,362	2,812	38.2
2010	717,397	29.1	6,810	2,717	40.0

資料：『国勢調査』

表補10—2　吉賀町の産業(大分類)別事業所数、従業者数

区分	1986 事業所数(件)	1986 従業者数(人)	1999 事業所数(件)	1999 従業者数(人)	2012 事業所数(件)	2012 従業者数(人)
全産業	542	3,398	481	2,901	391	2,530
農林漁業	6	71	6	75	15	175
非農林漁業	536	3,327	475	2,826	376	2,355
鉱業	—	—	—	—	—	—
建設業	74	660	75	541	59	307
製造業	47	934	51	802	35	520
電気・ガス等	4	7	—	—	—	—
情報通信業	—	—	—	—	—	—
運輸業	19	122	14	129	11	110
卸売・小売業、飲食店	211	626	186	624	117	430
金融業、保険業	6	42	6	29	6	18
不動産業、物品賃貸業	5	5	1	1	8	18
サービス業	152	749	142	790	—	—
学術研究、専門・技術サービス業	—	—	—	—	7	13
宿泊業、飲食サービス業	—	—	—	—	34	189
生活関連サービス業、娯楽業	—	—	—	—	36	65
教育、学習支援業	—	—	—	—	5	22
医療、福祉	—	—	—	—	18	429
複合サービス事業	—	—	—	—	7	53
サービス業(他に分類されないもの)	18	182	—	—	41	298

注：『事業所統計』『経済センサス』では、業種区分が変更になっている。「卸売・小売業、飲食店」が「卸売・小売業」「宿泊業、飲食サービス業」に分かれ、「サービス業」は「学術研究」以下、細分化された。
資料：1986年、1999年は『事業所統計』各年2月1日。2012年は総務省統計局『平成21年経済センサス－基礎調査』7月1日。

スが良く、自動車部品のヨシワ工業などのいくつかの製造業の進出があり、他の島根県中国山地の市町に比べ、人口減少が和らげられたことが指摘されている。それでも、全国的にみれば人口減少、高齢化の勢いは強い。

　表補10－2は、吉賀町の事業所統計（経済センサス）の1986年、1999年、

2012年を表示してある。この間、業種区分の変更等があり、直接的な比較は難しいのだが、ある特徴は読み取れる。事業所数は1986年には542あったが、2012年には391事業所と151減となった（減少率27.9％）。従業者数はこの間868人の減少、25.5％の減少率であった。

製造業が比較的健闘しているが、「卸売・小売・飲食店」の減少が目を引く。1986年には211事業所が観察されるが、99年には186事業所、2010年には151事業所（「卸売・小売」に「宿泊業・飲食サービス」を加えた）となった。この間の減少は60事業所、減少率は28.4％であった。16年間で30％近い商店、飲食店が退出したことになる。一般的に、商店・飲食店の減少は人口減少にタイムラグを示すことから、今後、吉賀町の商店・飲食店の減少は加速化していくことが予想される。

▶デマンドバスの目標と前提

以上のような点を背景に、デマンドバスの吉賀町バスの運行が開始される。運行にあたっては、特に以下のような点が強く意識されていた。
- 全町民に対して、最低限の移動機会を提供。
- 町民の経済的負担を少なく、利便性を向上。
- 交通確保にかかる経費削減。
- スクールバス機能の確保（最優先）。

さらに、前提条件として、次の点が指摘されていた。
- 域内移動では、デマンド乗合タクシーとする。
- デマンド乗合タクシー運行路線計画に当たっては、現在の自治体中心部までの運行を基本とする。
- スクールバスとして利用している便など、デマンド運行が適切でない便では、従来型の運行を行う。通学便、帰宅便（低学年、高学年）を確保する。
- デマンド乗合タクシー運行が困難な地区では、タクシー助成（実施していない）や80条福祉移送サービス[2]等を検討する。

以上のような考え方に立ち、当初、町内に6路線を運行、現在では7路線に拡大している。なお、運行事業者は六日市地区の場合は六日市交通㈲、柿木地

六日市交通の村上智孝社長　　六日市中心部の「道の駅ゆ・ら・ら」のバス停

区の場合は柿木産業である。六日市交通は従業者12人、バス7台（9ｍ×2台、7ｍ×4台、6ｍ（ハイエース）1台、さらに乗用車（クラウン）3台の規模であり、柿木産業は個人営業であり、乗用車1台の規模である。

▶吉賀町のデマンドバスの運行上の特徴

　各路線共、1日4〜5往復が多いが、路線によっては1往復、3往復もある。4〜5往復のところは、通学時間帯はスクールバス対応となり定時運行になり、通学時間外の便はデマンド運行ということになる。日曜日、祝祭日、年末年始は運休であり、乗車料金は一律300円（子供150円）であった。
　なお、現在、各地で実施されているデマンドバス（タクシー）には、「ダイヤありの路線迂回型」「ダイヤありの送迎型」「ダイヤなしの送迎型（フルデマンド）」があるが[3]、吉賀町バスの場合は「ダイヤありの路線迂回型」である。基本的に直線型の路線が設定されており、要望があれば、枝線として設定されているところを迂回し、決められたバス停で停車する。希望者は始発駅出発の1時間前（旧柿木村内の路線は30分前）までに運行事業者に電話予約する。基本的には決められた迂回路線のバス停に停車するのだが、場合によっては玄関まで寄せることもある。ケース・バイ・ケースであった。六日市町内の3路線

を受け持つ六日市交通の場合は、マイクロバス（29人乗り）2台、ハイエース（12人乗り）の3台で運行していた。

また、町の中心の六日市から東に蔵木、深谷大橋まで向かう「蔵木線」の場合、深谷大橋を渡ると山口県（岩国市）となる。その深谷川（渓谷）の先には吉賀町の金山谷（十数戸）、河津（3戸）の集落がある。この部分については地元がボランティアの長瀬愛好会を結成、深谷大橋の停留所まで輸送してくれている。この長瀬愛好会には町から補助金を提供している。

スタートして9年を経過するが、人口減少を反映してか、利用者は年々減少気味である。例えば、「日原線」の利用者は2009年には1万1127人であったが、2013年には9281人と1846人の減少、減少率は16.6％であった。また、最大の乗客数を示す「高尻線」は2009年は1万1091人であり、2011年には1万0946人に低下したが、その後回復し、2013年には1万3178人となった。この点は、吉賀町は2012年以降、高校生に対して無料パスを配ったが、高校生の利用の多い

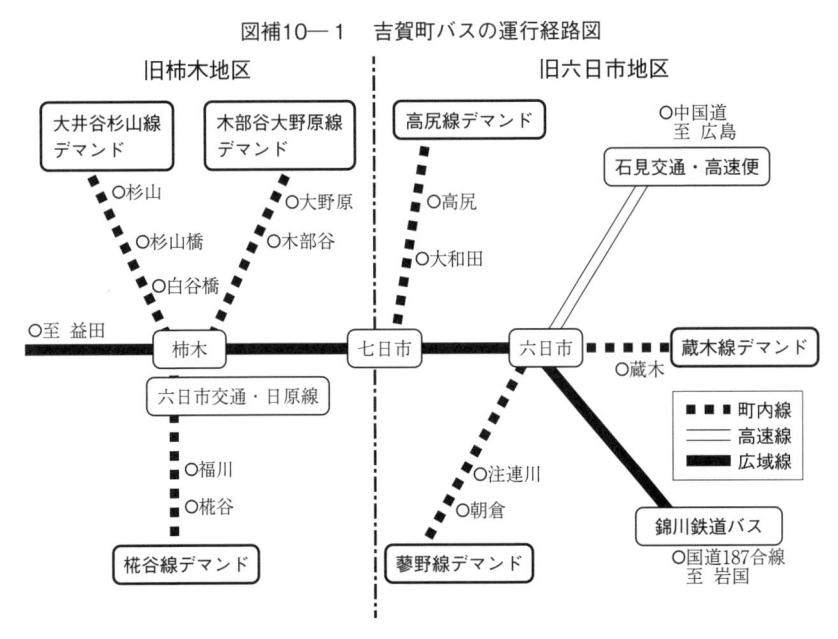

図補10―1　吉賀町バスの運行経路図

資料：吉賀町

山口県との県境の「深谷大橋」　　1日4本

「高尻線」の利用が拡大する結果となった。ただし、全般的にはどの路線も利用者数は減少傾向にある。

　2013年度の運行実績は、全体で27万7099km、輸送人員は4万0828人であった。運行事業者のコストと適正利益を引いた損益額は4000万円を超える。バス代を経費で割った収支率は25％前後であった。また、路線が島根県津和野町や山口

吉賀町の六日市病院

県岩国市に入っている部分もあり、県の算定対象額約3400万円となり、県の補助金は約770万円となった。結果的に吉賀町の負担分は約2400万円ということになる。なお、この中にはスクールバスの負担部分も含まれている。このように、吉賀町の場合は、スクールバスとデマンドバスの複合というスタイルで運行しているのであった。

▶デマンド交通の次の課題

　この事業に対して、吉賀町、運行事業者、住民代表（4人）で半年に1回、地域交通協議会を開催している。そこで路線、迂回路の見直し等が進められている。デマンドバスの利用者の大半は六日市病院（民間）への通院、ついでに買い物という場合が多い。「もっと先まで入って欲しい」「日曜日も走って欲しい。特に連休中は1日ぐらい走って欲しい」等の要望もある。これに対し、「日曜日の利用は非常に限定的」、「もっと先まで」の要望については「ケース・バイ・ケース」との判断であり、新路線の開設には当面、応えられないとの判断であった。

　また、吉賀町（旧六日市町）の街の構造からして、焦点とされる六日市病院と商店街が500mほど離れており、この距離は高齢者が歩くには辛いことが指摘されていた。このような点を抱えながら、吉賀町バスが運行されている。

　なお、2014年8月には、利用者に対するアンケート調査を実施した。運転手が配布し、返信用封筒で回収する方式をとった。有効回収は70通、男性7人（10％）、女性63人（90％）であった。利用者は60代が7人（10％）、70代が11人（15.7％）、80代以上が52人（74.3％）となった。また、一人暮らしが40人（57.1％）を占めた。「女性」「80歳以上」「一人暮らし」が大半を占めることになる。

　利用の目的（複数回答）としては、通院48人、買い物29人、銀行や郵便局18人等であった。目的地は六日市地区（55人）の場合は、六日市病院21人、スーパーのサンマート（山口資本）10人が多いが、その他では松浦医院、役場、郵便局、JAなどが目立った。

　自由意見では「不満や問題はない」24人、「休日に運行していない」15人、

「本数が足りない」11人、「乗りたい時間にバスがない」13人、「近くに停留所がない」5人などが指摘されていた。

　通学と通院を強く意識してスタートした吉賀町バスは、一定の役割を果たしているが、人口減少と高齢化はさらに進む。2014年12月の町の最大の話題は、旧六日市町と旧柿木村との間（七日市）にあるスーパーのセブンマートが12月いっぱいで閉鎖されることであった。吉賀町内には幾つかの食料品店、小さなスーパーはあるが、配達をしてくれるのは、このセブンマート、斎藤商店（朝倉地区）、活鮮（六日市）の3店だけである。セブンマートの後には代わりのスーパーが決まったが、そこは配達等はしていない。

　これから増える高齢者、買い物弱者の問題は、吉賀町の新たな課題として受け止めていく必要がありそうである。デマンドバスの次の展開が求められているのであった。

1）このような事情については、中國新聞社編『中国山地【上】【下】』未來社、1967年、1968年、が詳しい。
2）80条福祉移送サービスとは、「福祉有償運送及び過疎地有償運送に係わる道路運送法第80条」によるものである。
3）箱島孝太郎「人口低密度地区におけるデマンドバス導入可能性の検討」前橋工科大学、平成17年度卒業論文。なお、このオンデマンド交通に関しては、工学系の研究者の間で広く検討、実証実験が重ねられている。代表的なものとしては、東京大学大学院新領域創成科学研究科設計工学研究室（代表大和裕幸教授）による「東大オンデマンド交通プロジェクト」が知られる。

終章　条件不利地域の暮らしを支える

　人口減少、高齢化が進み、買い物の条件が危うくなってきた地域が少なくない。そこでは、人びとの暮らしを支えるための多様な取り組みが重ねられている。移動販売、買い物代行、宅配、配食サービス、送迎バスといった移動型の取り組み、あるいは、閉鎖する店舗を引き継ぐ、新たに店舗を設置するといった取り組みもみられるようになってきた。また、それらの取り組みは、本書で示したように各地の地域条件、それは置かれている地理的、歴史的条件、さらに地域の力などによるが、実に様々なものであった。いずれのケースも、関連する人びとの「思い」と「知恵」が注ぎ込まれていた。

　本書を締めくくるこの章では、ここまでの10章と10の補論で採り上げた約30のケースを振り返り、今後ますます際立ってくる人口減少、高齢化の中での「暮らしを守る」ためのあり方を考えていくことにしたい。なお、本書は日本の国土面積の約70％を占める中山間地域を焦点にしているが、高齢化の中で、買い物弱者問題は都市部の中でも発生し始めているなど、局面をさらに拡大させているのである。

１．買い物弱者を支える「方式」と「担い手」

　本書で採り上げたケースは、全国各地で取り組まれている多くの中のわずかなものにしか過ぎないが、これらの中からも幾つかの注目すべき点が浮かび上がってくる。

　古いものとしては、本書第10章で採り上げた100年以上前から設置されている沖縄の共同売店があるが、多くのケースは、この５〜10年の間に開始されていたことは示唆的であろう。沖縄の共同売店の場合は本島北部の山原という辺境の地の開発、産業化、暮らしとの関連で生まれてきた。だが、この５〜10年

の間に開始された取り組みの多くは、明らかに人口減少、高齢化に伴い地域に買い物の場が無くなり、人びとの暮らしを維持することが難しくなってきたことを背景にしている。

そのような意味で、その少し前の20～30年前から取り組みが開始されている四国山地の高知県のサンプラザ（本書第2章）、中国山地の安達商事（第3章）、泉商店（補論1）、さらにコープさっぽろ（第6章）の夕張のケースなどは、全国に先駆けて人口減少、高齢化に直面した地域の取り組みであったことが指摘される。それらは人口減少、高齢化、さらに商店の閉鎖などに対し、残された食品スーパー、商店、生協店が地域の人びとの暮らしを支えるために自立・自主的に開始されたものであった。

そして、このような過疎化が早い時期から進んだ地域の後を追いかけるかのように、全国の中山間地域の人口減少、高齢化が進み、各地で死活的なものとして地域条件に沿った形で多様な取り組みが開始されてきたようにみえる。

本書で取り扱ったケースを、「方式」と「担い手」に分類すると表終－1のようになる。「方式」は、「移動販売」「買い物代行・宅配」「配食サービス」「送迎バス・デマンド交通」「店を作る・店を引き継ぐ」などに分類できる。また、「担い手」としては、「個人・事業者」「食品店・スーパー」「商工会等の経済団体」「住民組織・社会福祉協議会、NPO、生協」等が登場してきている。これらの組み合わせの中で、具体的な取り組みが積み重ねられてきたのであろう。

▶進化する「移動販売」

かつては店を持てない人びとが、荷物を担いで行商することが多かった。だが、現在では近くの店舗が閉鎖され、あるいは高齢化などにより買い物の手段を失った人びとに対して、売り手（商店、スーパー、生協など）の側が一通りの食料品をクルマに載せて出向いていくものが増えている。この食料品の移動販売は、人びとが自宅の近くで直接「現物をみて選べる」ところに最大の特色がある。

このような食料品全般を載せて現地に赴くというスタイルに加え、農家など

表終—1 「買い物弱者」を支える「方式」と「担い手」

区分	移動販売	買い物代行 宅配	配食サービス	送迎バス デマンド交通	店を作る 店を引き継ぐ
個人 事業者	ママサン号 (1-3) 山中家 (1-4) 泉商店 (補1)	ヤマト運輸 (5) モルツウェル (補2)	モルツウェル (補2)		マルコウ (補5) 安達商事 (3)
食品店 スーパー	サンプラザ (2) 安達商事 (3)	オセン (5)		マルシメ (4)	安達商事 (3) セイコーマート (補8)
商工会 経済団体		番匠商工会 (1-1) なんでもや (7)			なんでもや (7) 産直みさと市 (9)
住民組織 社協 NPO 生協	コープさっぽろ (6) 海援隊 (補3)	西和賀社協 (5) コープさっぽろ (6) 夢百笑 (補6)	宇目まち協 (1-2) コープさっぽろ (6)	はたマーケット (補7) 別府ネット (補9)	あぐり夢くちない (8) 沖縄共同売店 (10) 大宮産業 (補4) 夢百笑 (補6) はたマーケット (補7)
行政				吉賀デマンドバス (補10)	

注：( ) 内は、本文の章、補論

　が季節の果物等をクルマに載せて売りに行く、あるいは、パン、鮮魚、野菜、灯油などの特定の領域の移動販売、さらに、出張（移動）美容室、出張歯科などもこのような範疇に入るであろう。

　なお、最も必要性の高い生鮮食品から食料品全般、日用品までを載せる移動販売の場合、幅広い商品の調達（仕入）が最大のポイントになる。そのため、

既存の商店（よろず屋）、スーパー、生協など品揃えの豊富な母店、あるいは卸売市場等をベースにしないと事業的に成り立ちにくい。仕入価格は移動販売そのものの経営を大きく左右することになろう。価格は従来からの個人事業者の場合は少し高めに設定されていた場合が多いが、情報社会の進展の中で、母店の価格と同じであることが普通になってきた。移動販売の価格は、低価格のスーパー価格と定価（希望小売価格）販売のコンビニエンスストア価格の間が基本であり、それを超えると利用者の支持を得られなくなる。

　車両は日本独特の軽トラから1.2～3トントラック、マイクロバス、大型バスなどを基礎にした改造車によっている。囲いの跳ね上げ式から、車両に乗り込むもの、低床型のものなど地域条件に合わせて採用されている。また、生鮮品を積み込む移動販売車の場合、冷凍庫、冷蔵庫が必要とされる。なお、衛生上の問題から移動販売車の中では加工はできず、精肉、鮮魚等は冷凍品かチルドの場合はパック詰めとされていた。また、酒類、タバコは免許の関係から販売できない。このような制約はあるものの、移動販売車は移動スーパー、移動コンビニとして地域条件に合わせ、利用しやすい形に進化を重ねているのである。

▶「宅配」「買い物代行」「配食サービス」

　「宅配」はカタログ等により注文されるものであり、ネットスーパー、通販などもあるが、各地のスーパー、生協が対応している場合も少なくない。店までいけない人、買い物の時間的余裕のない人に歓迎されている。ネットの普及、宅配業者の進化が「宅配」の領域を拡大させてきた。

　この点、「買い物代行」はスーパーや商店街がベースになって取り組まれている場合が少なくない。先の「宅配」やこの「買い物代行」は配達という要素が加わるため、手数料、配達料といったコストがかかってくる。資金的余力に乏しい高齢者を対象とする場合、このコストをどこで吸収していくかが課題になる。現状では、店側の負担、あるいは、第1章の佐伯市宇目地区のように、行政からの人件費負担などによって対応している場合もある。また、サンプラザ、安達商事、コープさっぽろなどでは、移動販売車をベースに電話等による

注文を受けていた。いわば移動販売と買い物代行を兼ねている場合が少なくない。そして、移動販売車の行けないような場所では、「宅配」「買い物代行」は最後の砦となるであろう。

　また、このような「宅配」「買い物代行」に加え、「移動販売」のような「移動型」の取り組みの場合、高齢者等の「見守り」も重要な要素になってきた。これら移動車が走っている地域では、すでに多くの実績が報告されている。

　そして、高齢等で食事の用意も難しい場合、「配食サービス」の必要性は高い。大手の配食サービスの場合、現状では地域的に限定され、さらに、週に6日の夕食のみのサービスに限られていることが少なくない。ただし、食事は毎日のことであり、また、朝食、夕食の提供の必要性もあろう。このような点にどのように応えていくのかも問われるであろう。

▶「送迎バス」「デマンド交通」

　人口減少、高齢地域では、店舗が閉鎖され、路線バス等が削減、廃止されていくことが少なくない。移動手段を失った高齢者等は買い物をすることもできなくなってしまう。このような事情を背景に各地でスーパーなどによる「送迎バス・タクシー」、NPOや自治体による独自の「デマンド交通」が提供されるようになってきた。

　第4章でみた巨大なモールをベースにする横手市のマルシメの場合は、マルシメ側の負担により「送迎バス」を中山間地域に向けて9路線展開していた。中山間地域の住民からは歓迎されているが、このようなケースはまだ限られたものである。小さな集落に暮らす人びとにとって、多様な店舗、商品が拡がるモールに通うことは大きな楽しみであろう。買い物の幅が拡がっていく。次の進化の方向としては、地域条件にもよるが、自宅、あるいはその近くまで必要なモノを載せてきてくれる「移動型」と、多様性を提供してくれる「送迎型」の組み合わせが課題なのかもしれない。

　また、多店舗展開をしているスーパーなどの特定の店舗が閉鎖される場合、閉鎖店から継続店への無料の「送迎バス・タクシー」が用意されることが少なくない。買い物の機会は維持されるものの、時間的制限等、買い物の利便性は

低下していくことが指摘される。

　2006年の「福祉有償運送及び過疎地有償運送に係わる道路運送法第80条」により、各地で「福祉・過疎地有償運送」が行われるようになってきた。本書の中でも、第8章の北上市口内町、補論9の美郷町別府地区などでは、このような取り組みがなされている。住民からは歓迎され、今後各地で拡大していくことも予想されている。ただし、いずれの場合も担い手は地域の高齢者であり、「高齢者が高齢者を送迎」している。そして、実際の担い手の人びと、その方々は65歳を超えている場合が多いのだが、彼らからは「自分たちの世代はできるが、次の世代はわからない」と「後継者」の問題がつきまとっていることが指摘されている。

　「デマンド交通」については、人口減少、高齢化の中で進められる路線バスの縮小・閉鎖などによりスタートしていく場合が少なくない。通院、通学、買い物問題が底流にある。近くに病院、学校、店が無くなったこと、住民が高齢化してきたことが、このような対応を必要としてきた。各地の実情に合わせ、試行錯誤を重ねながら、「ダイヤありの路線迂回型」「ダイヤありの送迎型」「ダイヤなしの送迎型（フルデマンド）」などの方式を導入している。

　基本的には行政の負担をベースに地元のバス・タクシー会社に運行を委託している場合が多い。ただし、人口減少と高齢化に伴い、利用者は年々減少していく。行政のコスト負担は年々相対的に増加していく。それでも、このようなデマンド交通は人びとが暮らしていくための地域の基本的な交通インフラであり、持続性が求められている。この点は近年、工学系での研究が進んでおり、空バスを走らせるようなことは少なくなりつつある。このような交通インフラは人びとの暮らしにとって基本的なものであり、その上に立って「買い物弱者」問題が検討されていく必要がある。

　▶「店を作る」「店を引き継ぐ」
　表終－1によると、「店を作る」「店を引き継ぐ」というケースは多岐にわたっている。「担い手」としては、「個人・事業者」「食品スーパー」「商工会」「住民組織・NPO」にまで至っていた。「住民組織」の典型的なものとしては

100年以上前から実施されている沖縄の共同売店があり、近年の大宮産業、なんでもや、あぐり夢くちない、はたマーケットもそのような範疇に入る。その他は、マルコウや安達商事のような個人・事業者、セイコーマートのようなコンビニエンスストア・チェーン、コープさっぽろの生協店、さらに、商工会が主導したなんでもや、産直みさと市、そして、NPO的なものとしてはまちづくり夢百笑のケースがある。

　沖縄の共同売店とセイコーマート、はたマーケットの場合は、独自に店を開いてきたものだが、その他のケースは閉鎖される店を引き継いだものが少なくない。しかも、その閉鎖店の多くはJA系の店舗であった。2000年代に入ってから、経営の悪化している各地のJAは、一気に店舗の閉鎖に踏み切っている。残された地域の人びとは買い物の機会を失っていく場合が少なくない。

　このような事態に対し、個人、事業者、商工会、住民組織、NPO的組織が立ち上がり、「JA店が経営できずに閉鎖したのに、やれるわけがない」といわれながらも、新たな可能性を切り拓いていった。そこには、地域の人びとの暮らしを守ろうとする強い「思い」が横たわっていたようにみえる。いずれのケースにおいても、そのような「思い」を胸に取り組んでいった人びとがいた。

　彼らは自分で責任をとり、新たなサービスを付加し、人びとに受け入れられていった。閉鎖される店舗を引き継ぎ、多様な移動販売にまで踏み込んでいった安達商事、農林産物直売所から日用品、精肉、鮮魚等の生鮮品の提供まで進め、さらに、市街地に残されたJA店を引き継いでいったあぐり夢くちない、商工会の有志によってリードされたなんでもや、産直みさと市、また、特産の米のブランド化に努め、新たな可能性を導き出した大宮産業、JA店を引き継ぎ、「年金をもらっているから」として無報酬でサロンから配達までを展開しているまちづくり夢百笑、そして、廃校跡に住民組織がマイクロスーパーを設置、送迎まで行っているはたマーケットなど、いずれも引き継いだ店に新たな風を吹き込んでいた。

　そこには、人口減少、高齢化が進む条件不利な地域で、人びとの暮らしを守り、安心・安全な暮らしを持続させていくことに強い「意思」が込められていた。それは地域の「力」ということになろう。そのような「力」の結集が新た

なうねりを引き起こしているのである。

　ただし、このような仕組みを持続させてくことは容易なことではない。それは、「店を作る」「店を引き継ぐ」というやり方ばかりではなく、移動販売をはじめとする「移動型事業」にも共通する課題であろう。
　人口減少、高齢化がさらに進むと、「後期高齢地域社会」に入り、高齢者の絶対数が減少し、事業採算性は悪化していく。さらに、求められるサービスの質も大きく変化していく。そのような事態にどのように応えていくのかが問われることになろう。このような取り組みは「仕組み」だけでは動かない。それを担う人びとの「思い」が基本的な要素となる。事業を重ねながら、携わる人びとの「思い」を高め、それが人を育て、信頼されるものになっていくのであろう。これらの取り組みが、人口減少、高齢化、市場縮小が重なる中で、さらに中山間地域で進化していくことが期待される。

2．中山間地域と買い物弱者問題を追い求めて
――あとがきにかえて

　大分県佐伯市、12年ほど前の2004年1月7日、魚を鍼灸の針で眠らせて販売する「おさかな企画」という企業を訪ねていった。それは、ある経済雑誌の企画に応えるものであった。47都道府県からそれぞれ1社ずつ、興味深いモノづくり企業を採り上げ、毎月連載していった。4年で47の都道府県を一周した。通い慣れた県から始め、最後に残った47県目が大分県であった。
　紹介されたおさかな企画に連絡すると、「大分空港からホーバークラフトで別府湾を渡り、そこからリムジンバスで大分市内に出て、バスターミナルで路線バスに乗ってほしい。停留所は○○で、その近くだ」というのであった。水産系の企業であることから、海岸に向かうのかと思っていたのだが、路線バスはどんどん山の中に入っていく。○○登山口などの停留所を過ぎていった。1時間を過ぎてもまだ着かなかった。バス代の表示も1500円を超えていった。ようやくたどりついたバス停の周りには人気がなく、途方に暮れたが、たまたま

通りかかった年配の婦人に尋ねると、100mほど先とのことであった。田舎の人の100mは500mと認識しているが、やはり500mほど先の「道の駅やよい」の駐車場の一角に魚販売（眠らせている）の移動販売車が停まっていた。東京を早朝に出て、着いたのは午後2時過ぎであった。これが、私と大分県佐伯、そして、移動販売車との出会いであった。

▶震災復興の「現場」から

その後、しばらく時間が空いたのだが、佐伯で地元中小企業の若手経営者、後継者を集めた「塾」を開くことになり、2000年代の終わりの頃から年に数回の佐伯通いが始まっていく。併せて、臨海部の造船業関連、水産加工業、奥行きの深い中山間地域の農業、農産物加工などの「現場」の訪問を重ねていった。佐伯は地域産業問題研究を目指すものにとって、実に幅広く、奥行きの深い地域であった。そして、2013年の秋、ふとしたことから、佐伯市番匠商工会による「買い物代行」と個人事業者による移動販売車（バス型）の「ママサン号」のことを知る。中山間地域問題に深入りし始めて十数年が経ち、商店が全て無くなった中国山地や四国山地の現実に衝撃を受けており、買い物の問題が気になっていた。そして、佐伯の「買い物弱者」支援の現場には目が覚めた。ここから、移動型の販売方式に関心を惹かれていった。

その間、2011年3月11日には、岩手県釜石市で東日本大震災に遭遇、避難所にお世話になった。以来、この先の自分の仕事は被災地の産業、中小企業復興と見定め、2015年夏のこの時期までの4年ほどの間に300日は被災地の「現場」に立ってきた。特に津波被災地では、避難所から仮設住宅へと進んでいったが、仮設住宅の多くは市街地から離れた高台に孤立的に設置され、人びとは買い物に苦慮していた。あたかも中山間地域の高齢化の著しい集落を思わせるものがあった。

そして、そこでは、早い時期から青空市場、仮設店舗を設置した地元スーパーが移動販売車を走らせていた。人びとの暮らしの再建は食料品の調達ということからであった。仮設の小さな食料品店、そして、一通りの食料品を運んでくる移動販売車、そこではその重要性が強く認識された。

ここから、非日常である被災地の生活再建、そして、日常化している中山間地域の「買い物弱者」問題に関心を深めていった。佐伯を掘り起こしていくと、第1章で示したように実に多様な取り組みが重ねられていた。買い物代行、バス型移動販売、軽トラ〜2トン車による移動販売、配食サービス、さらに、出張美容室までが拡がっていた。

　そして、全国に目を転じると、本書で採り上げたケースがみえてきた。全国の条件不利地域で実に多様な取り組みが重ねられていたのであった。訪れる「現場」では、できるだけ移動車に乗せてもらい、あるいはクルマで同行を重ねた。当初は気負って乗り込んだものだった。当たり前のことだが、現場はごく普通に動いていた。移動車は農山村の「点景」となり、人びとの普通の暮らしの中に溶け込んでいた。

▶沖縄共同売店の「現場」から

　その頃（2013年3月3日）、佐伯からの帰途に搭乗したANAの機内誌の特集で沖縄の「共同売店」のことを知る。沖縄の条件不利の地域で100年以上前から、住民出資による小さな「共同売店」が形成されているというのであった。沖縄の友人を通じて資料を取り寄せ、本文に目を奪われながら、さらに、冊子の端に紹介されていた宮城県南端の丸森町大張地区の取り組みを知る。沖縄型の共同売店を沖縄、奄美大島以外で初めて設置しているというのであった。そこは、私が被災地訪問で通っている福島県相馬市、南相馬市の目と鼻の先であった。

　さっそく丸森の「現場」を訪れると、住民出資の沖縄型の共同売店が設置され、さらに、移動販売、買い物代行、惣菜・弁当の提供まで行われていた。そこでは担う人びとも、集う人びとも、実に幸せそうにみえた。そして、これを起点に、沖縄の共同売店の発祥の地である国頭村奥区から山原一帯の共同売店の現地訪問へと重ねていった。沖縄の共同売店については、沖縄国際大学南島文化研究所を軸にする壮大な研究成果があり、また、実際の共同売店の「現場」も大きく拡がっていた。ここでも人びとの「思い」と「営み」に目が覚める思いをした。

「条件不利地域の買い物弱者支援」とでもいうこの領域、沖縄の共同売店を除くと、まだ系統的な研究は開始されていない。研究者が訪ねてくるのは初めてという現場が多かった。この間、南は沖縄本島の辺境の山原から、九州山地の最奥の一つの佐伯市宇目、限界集落という言葉の生まれた四国高知の仁淀川上流域、急激な人口減少と高齢化に直面している中国山地の島根県石見地方から鳥取の岡山県境、さらに、東北の奥羽山脈の最奥の西和賀から津波被災地、そして、人口が10分の1まで減少している北海道の夕張までを訪れた。この2年ほどの間に、日本の辺境をほぼ一周したのかもしれない。

　条件不利の各地では、その置かれた地域条件を受け止め、地域の知恵を結集してコトにあたっていた。それぞれの地域条件を受け止めたあり方が問われているようであった。そして、そこには、それを担う人びとがいた。条件不利地域の「買い物弱者支援」という社会課題に対して、「思い」を込めて取り組んでいた。このような課題に対しては「仕組み」も大事だが、それだけではうまくいきそうもない。携わる人びとの「思い」と集う人びととの「コミュニケーション」が、それを動かしていくことを痛感させられる日々であった。
　これから復興に向かう東日本大震災の現場、さらに、人口減少、高齢化に向かう日本の各地にとって、このような取り組みの経験の意味は深い。それは、私たちの「人と暮らしの未来」を映し出しているように思えた。

著者紹介

関　満博（せき　みつひろ）

1948年　富山県小矢部市生まれ
　　　　成城大学大学院経済学研究科博士課程単位取得
現　在　明星大学経済学部教授　一橋大学名誉教授　博士（経済学）
　　　　岩手県東日本大震災津波からの復興に係わる専門委員
　　　　宮城県気仙沼市震災復興会議委員
　　　　福島県浪江町復興有識者会議委員
著　書　『「農」と「食」のフロンティア』（学芸出版社、2011年）
　　　　『「交流の時」を迎える中越国境地域』（共編著、新評論、2011年）
　　　　『地域を豊かにする働き方』（ちくまプリマー新書、2012年）
　　　　『沖縄地域産業の未来』（編著、新評論、2012年）
　　　　『鹿児島地域産業の未来』（新評論、2013年）
　　　　『6次産業化と中山間地域』（編著、新評論、2014年）
　　　　『東日本大震災と地域産業復興Ⅰ～Ⅳ』（新評論、2011～2014年）
　　　　『震災復興と地域産業 1～6』（編著、新評論、2012～2015年）
　　　　『地域産業の「現場」を行く 第1～8集』（新評論、2008～2015年）他

受　賞　1984年　第9回中小企業研究奨励賞特賞
　　　　1994年　第34回エコノミスト賞
　　　　1997年　第19回サントリー学芸賞
　　　　1998年　第14回大平正芳記念賞特別賞

中山間地域の「買い物弱者」を支える
移動販売・買い物代行・送迎バス・店舗設置

2015年10月30日　初版第1刷発行

著　者　関　　満　博
発行者　武　市　一　幸
発行所　株式会社　新　評　論

〒169-0051　東京都新宿区西早稲田3-16-28
http://www.shinhyoron.co.jp
電話　03（3202）7391
FAX　03（3202）5832
振替　00160-1-113487

落丁・乱丁本はお取り替えします
定価はカバーに表示してあります
印刷　神谷印刷
製本　松岳社
装訂　山田英春

Ⓒ関　満博　2015
ISBN978-4-7948-1020-5
Printed in Japan

JCOPY　〈(社)出版者著作権管理機構　委託出版物〉

本書の無断複写は著作権法上での例外を除き禁じられています。複写される場合は、そのつど事前に、(社)出版者著作権管理機構（電話 03-3513-6969、FAX 03-3513-6979、E-mail: info@jcopy.or.jp）の許諾を得てください。

好評刊　地域の産業と暮らしの未来を見つめる本

関 満博 編
6次産業化と中山間地域
日本の未来を先取る高知地域産業の挑戦

「辺境の条件不利地域」高知県がいま，成熟社会の先端県として注目されている。農・食・商工連携のありうべきモデルを詳細に提示。
（A5 上製　400 頁　5500 円　ISBN978-4-7948-0970-4）

関 満博 編
沖縄地域産業の未来

豊かな自然資源，東アジアの中心的な位置。本土復帰 40 年を迎え新たな方向へ向かう沖縄の「現場」から，地域産業の未来を展望。
（A5 上製　432 頁　5300 円　ISBN978-4-7948-0911-7）

関 満博 著
鹿児島地域産業の未来

日本の食料基地がいま，食・農・工の取り組みを深めている。その瞠目すべき挑戦に，地域産業の未来と指針を読みとる。
（A5 上製　408 頁　5400 円　ISBN978-4-7948-0938-4）

松永桂子 著
創造的地域社会
中国山地に学ぶ超高齢社会の自立

条件不利地域における産業化・自治・コミュニティ再生の独創的で多彩な取り組みに，超高齢社会の鍵となる「創造性」を学ぶ。
（A5 上製　240 頁　3000 円　ISBN978-4-7948-0901-8）

関 満博・松永桂子 編
集落営農／農山村の未来を拓く

女たちの直売所・加工の一方で，男たちが拡げていた「農業の共同化」の動き。農山村の新時代を先取りした実践を詳細報告。
（四六並製　256 頁　2500 円　ISBN978-4-7948-0889-9）

＊表示価格はすべて税抜本体価格です